JN085910

Theory and Practice of

Educational Psychology

学校現場で役立つ

教育
心理学

教師をめざす人のために

藤原 和政／谷口 弘一 ［編著］

藤原健志／大内晶子／金重利典／谷口康祐／石井　僚
川俣理恵／村上達也／大谷和大／西村多久磨　　　［著］
鈴木雅之／福住紀明／野中陽一朗

北大路書房

まえがき

　グローバル化の進展や人工知能（AI）の飛躍的な進化など，社会の変化が加速度的に進む現在，学校現場では子どもの学びの質を高めることを目的に，さまざまな教育活動に取り組んでいます。たとえば，Society 5.0 に向けた人材を育成するため，PC やタブレットなどを活用した授業が積極的に行われています。また，子ども同士の学び合いをうながすために，グループを活用した学習なども多く取り入れられてきました。2020 年から世界的な問題となっている新型コロナウイルスのパンデミックの中で，感染を予防しながら子どもの学びを保障するための方策として，ICT の活用は急速に学校現場に浸透し，感染対策をしたうえで学び合いの環境を確保していくためのさまざまな工夫が検討されています。

　さらに，多様な個性を尊重し，すべての子どもが共に学べる共生社会の実現を目指す中で，近年ではさまざまな特徴を持った子どもが一緒に学校生活を送るようになりました。さまざまな特徴を持った子どもが，学級という集団の中で一斉に教育活動に参加していることから，教師には集団をまとめ教育活動を進める対応とともに，子ども一人ひとりの特徴を踏まえた対応を同時に行う必要があります。

　そのため，教師がこのような教育活動を実現するためには，子どもの発達と学習に関する専門的な知識を学び，その知識に裏づけられた指導・援助スキルを活用しながら，日々の教育活動を展開していくことが求められているといえるでしょう。

　本書は，子どもの発達と学習を支えるための背景となる理論や最新の研究知見を紹介しています。このような構成とした理由として，文部科学省が示している教職課程コアカリキュラムの内容に準拠し，子どもの理解を深めより具体的な対応を導き出すためではありますが，何よりも発達と学習は切っても切り離せない関係にあるからです。たとえば，本人なりに努力をしてもよい点数が取れないなどの理由から，勉強を嫌いになってしまった子どもがいたとします。この理由からは学習に対する支援のみが必要なように思われますが，実はその背景に，これ

までの学習場面での傷つき体験や発達障害が関連していることもあるのです。つまり，この例が示唆することは，表面に現れている現象だけに注目してしまうと根本的な解決にはつながりにくく，その背景にどのようなことが関連しているのかについても理解し対応をしなければならない，ということなのです。

　以上のような背景から，本書は大きく分けて3つの内容から構成されています。第1章は，教育心理学の概要や学校教育との関連などについての内容となっています。第2章から第8章（第1部）は，子どもの発達に関連する内容（言語や認知，発達的課題など）から，第9章から第15章（第2部）は，学習に関連する内容（学習過程や知能・学力，教育評価など）から，それぞれ構成されています。教職課程を受講している大学生には第1章から順番に読んでいただくことで，「教育心理学」に関する知識と学校教育との関連性についての理解を深めることができるかと思います。また，現在，教師として勤務されている方には，ご自身の興味関心のある章から読んでいただくことで，日々の実践に役立てていただけるのではないかと思っています。

　学校教育を考えるうえで重要なキーワードの1つに「主体的・対話的で深い学び」があげられます。主体的・対話的で深い学びでは，学ぶことに対する興味や関心を高め，他者との対話や協働を通して自己の考えを広げ深め，学習内容のより深い理解，情報の取捨選択ができるようになることなどが目指されています。このような学びを実現するためには，発達と学習に関するより深い知識と，その知識に裏づけされた指導・援助を実践することが求められているといえるでしょう。このような現状において，本書が，教育心理学に関する知識と実践を結びつけるうえでの一助になることができましたら幸いです。

　最後に，本書の姉妹本となる『学校現場で役立つ教育相談─教師をめざす人のために─』から引き続き執筆の機会くださった谷口弘一先生，各章をご執筆いただいた先生方，および北大路書房編集部若森乾也氏には本書の企画段階から編集までのすべてにわたり多大なるご支援をいただきました。心より感謝申し上げます。

　2021年9月吉日

藤原和政

目 次

3. 学習評価の実践上の留意点／4. 児童生徒の学びを創る学習評価の視点／
5. 学習評価を教師として学び続ける意義

第 **1** 章

学校における教育心理学の必要性と意義

1 教育心理学の目的・対象・領域

　教育心理学は，教育事象について心理学的手法を用いることにより実証的・客観的に解明し，教育改善に資する心理学知見ならびに技術を提供する学問である。言い換えるならば，教育心理学は，教育という営みに関する基礎的・科学的知見を探究する側面と，効果的な教育実践を行ううえで必要となる科学的知見や技術を提供する側面の2つを併せ持つ学問ということができる。

　教育には，小・中・高等学校における学校教育をはじめとして，家庭教育，保育，高等教育，社会人教育，生涯教育などさまざまな形態がある。どのような形態の教育であったとしても，教育という営みそれ自体が価値を追求する実践過程であることから，価値の置き方によって，教育の目標（何のために何をどの程度まで教えるか）や教育の方法（何を利用してどのように教えるか）は異なってくる。教育の目標の妥当性を検討したり，所与の教育目標に基づいて教育方法の効果性を検討したりするといった価値的な視点は，一般心理学とは異なる教育心理学の独自の視点である。

　教育心理学の研究領域としては，伝統的に，発達（身体，言語，認知，性格，社会性など），教授・学習（指導法，学習法，動機づけなど），人格・適応（いじめ，不登校，非行など），測定・評価（教育測定・評価の種類，方法など）の4つの領域に大別される。現在では，集団・人間関係（学級風土，友人関係，教師のリーダーシップなど），臨床・障害（カウンセリング，心理療法，特別支援など），教師の適性（教師の専門性，教師のストレス，教師の職能発達など）

といった研究領域も含まれるようになってきている。

　教育心理学と対象・領域が重なる学問体系として学校心理学があげられる。学校心理学は，学校教育において一人ひとりの子どもが学習面，心理・社会面，進路面，健康面などにおける課題の取り組みの過程で出会う問題状況の解決を援助し，子どもの成長を促進する心理教育的援助サービスの理論と実践を支える学問体系と定義されている。心理教育的援助サービスは，教師，スクールカウンセラー，保護者，医療・福祉・司法・産業領域の専門家などからなる「チーム学校」が家庭や地域と連携して行う。この心理教育的援助サービスは3段階から構成されている（図1-1）。まず，入学時のオリエンテーションや社会的スキルを高めるための授業実践などを通じ，すべての子どもに対して，一次的援助サービス（開発的活動）が行われる。次に，登校しぶりや学習意欲の低下などから配慮を要する一部の子どもに対して，おもに担任教師が二次的援助サービス（予防的活動）を行う。さらに，不登校・いじめ・学習障害・非行などにより困難さを持つ特定の子どもに対して，スクールカウンセラーなどを交えた援助チームが三次的援助サービス（治療的活動）を行う。

図1-1　3段階の心理教育的援助サービス（中川，2019より引用）

2　教育心理学の歴史

　教育心理学の祖として名前があげられるのは，19世紀初頭から中頃にかけて活躍したヘルバルト（Herbart, J. F.）である。彼は，1806年に刊行された自身の著書『一般教育学』において，科学としての教育学の確立を目指し，その基礎として実践哲学（倫理学）と表象力学（心理学）の2つの科学を置いた。前者は教育の目的，後者は教育の方法の根拠となるものである。ヘルバルトは，教育の目的を「強固な道徳的品性の陶冶」と考えており，その目的を実現するために，教育の方法として，管理，教授，訓練の3つを提示している。管理とは，教育がスムーズに行われるために，教育環境（秩序）を整えることである。その方法としては，実際上の権威（尊敬），愛情（共感），監視，脅かしなどがあり，前二者が後二者よりも有効であると考えられている。教授は，教材を介して知識を授与し，道徳的品性の陶冶につながる多面的な興味（個性を中核とした多様な知識内容の結合）を開発することである。多面的な興味は，明瞭（新しい事物を明瞭に見る），連合（明瞭となった事物と古い事物を比較する），系統（連合された事物を体系化する），方法（体系化された事物を実際に応用する）の4段階を経て形成される。これは4段階教授法と呼ばれるものであり，現在の教案の書き方（導入，展開，まとめ）の起源ともなっている。最後に，訓練は，道徳的品性を陶冶しようとする意図を持って，子どもの心情に直接的に働きかけることである。子どもに深い賛成を示し，喜ばせることは優れた訓練の技法であるとされている。ヘルバルトは，「教授のない教育などというものの存在を認めないし，また逆に教育しないいかなる教授も認めない」という言葉を残している。

　1879年には，ヴント（Wundt, W. M.）によって，ドイツのライプチヒ大学哲学部に世界最初と見なされている心理学実験室が開設された。ヴントは，意識を対象とする学問として心理学をとらえ，内観という方法によって意識を構成要素に分解し，要素間の結合法則を見いだそうとした。こうした考え方は構成主義と呼ばれている。当時，彼のもとには，ヨーロッパやアメリカを始めと

して世界各国から多くの研究者が集まり，ライプチヒは心理学のメッカと謳われた。

　ヴントとほぼ時を同じくして，アメリカでは，ジェームズ（James, W.）がハーヴァード大学において同国初の心理学の講義を行い，研究室を開設した。彼は，心的現象を有機体が環境に適応するために生じる機能ととらえ，心的現象（感情，情緒，欲求）と身体的過程との関係を解明しようとした。「悲しいから泣くのではなく，泣くから悲しい」という言葉で表される情緒の末梢起源説（ジェームズ＝ランゲ説）は有名である。ジェームズの学問的立場は機能主義と呼ばれている。

　アメリカの心理学者であるホール（Hall, G. S.）は，ハーヴァード大学のジェームズのもとで学び，1878年にアメリカ初の心理学博士号を取得した。また，ライプチヒ大学に留学し，ヴントのもとで直接心理学を学んで帰国した最初の世代でもあった。彼は，1887年に『アメリカ心理学雑誌（*American Journal of Psychology*）』，1891年に『教育学セミナー（*Pedagogical Seminary*）』を創刊した。また，1892年にはアメリカ心理学会（APA）の設立に伴い初代会長に就任した。研究では，1883年に，児童研究の先駆けとなる『児童精神の内容』を発表し，アメリカにおける当該研究のパイオニアとなった。彼は，研究手法に「質問紙法」を用いて，子どもの生の声を多数収集したうえで，子どもの特徴や欲求（nature and needs）に則して行動の意味を解明しようとした。また，子どもには，「児童期」と「青年期」の2つの発達段階があり，とりわけ，後者は人格の健全な発達にとって重要な時期であることを指摘した。ホールは，児童心理学，青年心理学，老年心理学，宗教心理学といった新たな研究領域を創出し，アメリカにおける応用心理学の発展に多大な貢献をした。

　アメリカのソーンダイク（Thorndike, E. L.）も，ホールと同様に，ハーヴァード大学のジェームズのもとで学んだ。彼は，動物を用いた学習研究を行い，練習の法則（学習には動物の能動的な行動を必要とする）や効果の法則（学習には動物の行動が満足や不快といった何らかの効果を持つ必要がある）を提唱した。1903年には，教育心理学の最初のテキストとなる『教育心理学（*Educational Psychology*）』を出版した。この書籍は，学習や評価を中心に構成されたもので，

大学における教員養成教育のテキストとして幅広く利用された。翌年には『精神的社会的測定学序説（*Theory of mental and social measurement*)』を出版した。「およそ存在するものは何らかの量をもって存在する。完全に知ることは，その質だけでなく量を知ることを含む」といった彼の主張（Thorndike, 1918）は，教育に客観的な測定を導入し，教育の合理性を高め，教育効果の向上を図ろうとする教育測定運動，さらにはその後の教育評価論へとつながった（詳細は第15章を参照）。こうしたこともあり，ソーンダイクは「教育測定運動の父」とも呼ばれている。

　1913年に，ワトソン（Watson, J. B.）は，当時主流であった意識心理学（第三者に観察不可能な意識を研究対象とし，その方法として内観法を用いる）に対抗して，科学的心理学は自然科学と同様の客観的手法を用いて直接観察可能な行動を研究対象とすべきであると主張した。こうした彼の主張は行動主義と呼ばれ，1910年代から50年代において，アメリカを中心として心理学に多大な影響を及ぼした。行動主義では，刺激と反応の関係における法則性の解明が目的とされ，学習は刺激と行動の連合の形成と見なされる（詳細は第9章を参照）。

　1950年代後半になると，情報科学やコンピュータの急速な進歩により，人を一種の情報処理システムとみなし，学習や記憶などの認知活動を情報処理過程として解明しようとする認知心理学が新たに出現した。行動主義が観察可能な刺激と反応を研究対象とする一方で，認知心理学は心的な情報処理過程を研究対象とする。認知心理学では，学習を情報処理により獲得した知識を記憶する過程ととらえており，現在では，こうした記憶過程を解明するアプローチが学習研究の主流となっている（詳細は第11章を参照）。

3　教育心理学の必要性・意義

　教育現場からは「教育心理学の理論は教育実践に役立たない」といった声がよく聞かれる。学校適応上の問題（学業不振，非行，不登校など）を抱えた児

童生徒がいる場合，教師はその原因を把握したうえで，個に応じた対応や指導を行うことになる。原因を探る際には，教育心理学の理論ではなく，教師自身の経験知に頼ることが多いかも知れない。教育心理学の理論は，児童生徒の一般的な特性や傾向を述べたものである。そのため，目の前にいる個々の児童生徒に対して，そうした理論が必ずしも当てはまるわけではないと受け取られる可能性がある。教育実践と教育心理学の理論との間に存在するこうした乖離が先に述べたような声を生み出す一因となっていると推測される。

　しかしながら，教師は，自分自身の経験知だけでなく，教育心理学の理論も参考にしながら，幅広い視野をもって，児童生徒の特性や学級構造を把握し，教育実践を行うことが望ましいといえる。そのほうが，個々の子どもの特異性に惑わされることなく，問題の原因を正しく特定し，適切に対応することができるようになるからである。

　たとえば，原因帰属（詳細は第10章を参照）に関する知識があれば，テストの成績が悪く落ち込んでいる児童生徒に対して，動機づけを下げないように適切な対応ができるであろう。また，不登校（詳細は第8章を参照）に関する知識があれば，個人差による多少の違いはあるにせよ，その発症経過についてある程度正確な見通しをもちながら，不登校の児童生徒に対して，自信をもって対応することができると思われる。

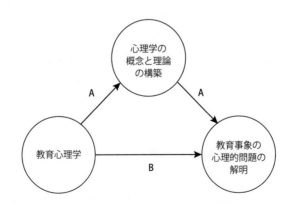

図1-2　教育心理学のアプローチ（北尾，2006 より引用）

　教育実践と教育心理学の理論との乖離を埋めるためには，教師の経験知が教育心理学の研究を刺激し，教育心理学の研究成果が教育実践に直接的に役立つような相補的・互恵的な関係を構築する必要がある。その1つの方法として，教育心理学の研究者が直接学校現場に出向き，教師と一緒に授業場面に参加ししながら理論的・実践的課題を探るといった共同研究（アクションリサーチ[*1]）に取り組むことは有効といえよう（図1-2のB）。

4　教育心理学の研究法

　教育心理学の研究において，研究対象となる変数を測定しデータを収集するための主要な方法には，観察法，面接法，実験法，調査法，検査法がある。一般的には，研究目的に最も適した研究法を1つ選択して使用することが多いようであるが，各研究方法には長所と短所があるため，複数の研究法を組み合わせて使用することも決して少なくない。以下では，それぞれの研究法について簡潔に説明する[*2]。

●●● 1. 観察法

　観察法は，通常の生活空間において，観察対象者の行動をコントロールする

　[*1]　アクション・リサーチは，実践の場で起こる問題を分析して探究し，そこから導かれた仮説に基づき次の実践を意図的に計画・実施し，それによって問題への解決・対処を図り，その解決過程も含めて評価していく研究方法である（秋田・市川，2001）。具体的には，収集された情報をもとに計画を立て，具体的な行動を起こし，その結果を観察し，得られたデータに基づいて内省を行う。こうした過程（計画→行動→観察→内省）を「反復的・螺旋的」にくり返すことによって，問題解決を図っていくのである。教育におけるアクション・リサーチには，授業改善，指導力向上，カリキュラム開発などを目的として，教師同士あるいは教師と大学研究者が協働して行うものに加えて，教師自身が個人で行うものもある。詳細は，秋田（2005），佐野（2005），横溝（2000）を参照されたい。

ことなく自然のまま観察し，客観的に記録する方法である。観察法には，時間見本法（特定の時間内において，対象行動が生じたか否かを記録する方法），場面見本法（対象行動が生じやすい場面を事前に選択し，当該場面において対象行動を記録する方法），事象見本法（対象行動がどのように生じ，どのような経過をたどり，どのような結果に至るかを記録する方法）がある。観察法の長所としては，①日常生活上の自然な行動を対象にできる，②言語能力が未発達な子どもを対象にできるなどがあげられる。一方，短所としては，①対象行動が生じるのを待つ必要がある，②観察の視点やその解釈が主観的になりやすい，③観察者の存在自体が対象行動に影響を与えやすいなどがあげられる。

●●● 2. 面接法

　面接法は，比較的自由で制限の少ない状況のもとで，面接者が対象者と直接対面して会話を行うことによって，データを得る方法である。対象者が語る回答の内容に加えて，しぐさや口調，表情などの非言語的情報も得ることができる。面接者と対象者との間には，ラポール（信頼関係）が確立されていることが重要である。面接法は，量的・質的データを収集するための調査的面接と診断・治療のための臨床的面接に大別される。調査的面接には，事前に質問項目が準備されている構造化面接，事前に質問項目が準備されているが，会話の流れに沿って柔軟に質問を変更・追加する半構造化面接，事前に質問内容や回答が想定されているが，質問のような明確な形を取ることなく，回答者に自由に

＊2　教育心理学の研究法について，さらに理解を深めるためには，以下の書籍を参照されたい。『心理学の研究法―実験法・測定法・統計法―』（加藤，2008）は，本章で取り上げた5種類すべての研究法を網羅的に扱った入門書である。『Progress & Application 心理学研究法』（村井，2012）と『心理学研究法』（大山ら，2005）は，検査法を除く4種類の研究法について解説している。また，『心理学マニュアル観察法』（中澤ら，1997），『心理学マニュアル質問紙法』（鎌原ら，1998），『心理学マニュアル要因計画法』（後藤ら，2000），『心理学マニュアル面接法』（保坂ら，2000）では，それぞれの研究法について詳細な解説が行われている。『臨床心理アセスメントの基礎』（沼，2009）は，検査法について，種々の心理検査を取り上げながら具体的に解説している。

自分の思うままに回答してもらう非構造化面接がある。面接法の長所は，①質問内容に対する回答者の理解状況に応じて柔軟な対応ができる，②直接的・相互的なコミュニケーションにより，対象者の内面をより深く具体的に理解できるなどである。一方，短所は，①費用と時間がかかる，②回答内容に客観的な保証がない，③面接者の特定の意識や態度が対象者の回答を歪める危険性があるなどである。

●●● 3. 実験法

　実験法は，ある1つの刺激条件について，それ以外の条件を統制したうえで，意図的に操作した場合に，その刺激条件の変化によって，対象者の反応にどのような変化が生じるか，すなわち，刺激条件が反応に及ぼす影響（因果関係）を調べる方法である。実験では，刺激条件を与える群（実験群）と刺激条件を与えずにその他の条件をまったく同じにする群（統制群）を用意し，2群間で反応の差を比較する場合や，複数の条件変化を用意し，その群間で反応の差を比較する場合がある。たとえば，暴力番組の視聴が児童の攻撃行動に及ぼす影響を検討するために，あるグループ（実験群）には暴力番組を，あるグループ（統

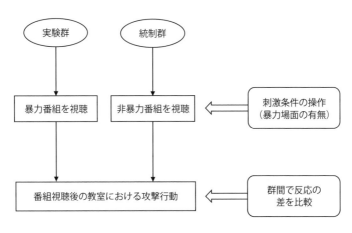

図 1-3　実験手続きの概略

制群）には非暴力番組を視聴させて，その後の教室における攻撃行動の生起を比較する実験が行われる（図1-3）。実験法の長所としては，①同一の実験状況を用意し，くり返し追試することができる，②刺激条件と行動の因果関係を明らかにできるなどがあげられる。一方，短所としては，①実験場面が非日常的（人工的）なものになりがちである，②実験操作が簡単にできない変数がある，③一度に多数の要因を検討することが難しいなどがあげられる。

●●● **4. 調査法**

調査法は狭義の意味では質問紙法であり，紙面上で質問項目を提示し，対象者から回答を得る方法である。最近では，Web 上で質問項目を提示し，対象者に回答を入力してもらう方法も用いられる。質問紙法を用いる場合は，信頼性（何度測定しても同じ結果が出ること）と妥当性（測定したいものが間違い

表 1-1　対人ストレスコーピング尺度（Kato, 2013）

項目	種類
1　話をしないようにした。	D
2　表面上の付き合いをするようにした。	D
3　よく話し合うようにした。	C
4　そのことにこだわらないようにした。	R
5　普段どおりに過ごした。	R
6　こんなものだと割り切った。	R
7　その人と付き合わないようにした。	D
8　気にしないようにした。	R
9　相手の機嫌が悪くならないように努力した。	C
10　反省した。	C
11　自分のことを見つめ直した。	C
12　その人の気持ちを考えるようにした。	C
13　何とかなると思った。	R
14　無視するようにした。	D
15　かかわり合わないようにした。	D

C：コンストラクティブコーピング，D：ディスタンシングコーピング，
R：リアセシングコーピング

なく測定できていること）が高い既存の心理尺度を使用することが多い。表
1-1 に示す心理尺度は，対人ストレスコーピング尺度（Kato, 2013）と呼ばれ
るもので，対人関係の嫌な出来事に対する対処方法を測定する尺度である。こ
の尺度では，コンストラクティブコーピング（関係を改善・維持する），ディ
スタンシングコーピング（関係を放棄・終結する），リアセシングコーピング
（関係を再評価する）の 3 種類の対処方法が測定可能である。質問紙法の長所は，
①一度に多くのデータを収集できる，②比較的簡便に実施できる，③意識して
いる内面を幅広くとらえることができるなどである。一方，短所は，①因果関
係を特定できない，②回答を故意にゆがめることができる，③言語能力が未発
達な子どもを対象にできないなどである。

●●● 5. 検査法

　検査法は，主として，個人のパーソナリティ特性や精神的状態を理解するた
めに，標準化された検査を用いる方法である。「標準化」とは，①検査の実施
に際して，参照すべき統一されたマニュアルがある，②多数の回答者に対する
事前の検査結果から，年齢や性別ごとの得点分布が明確になっている，③信頼
性と妥当性が高いということを意味する。検査法には，質問項目を与えて自己
評価させる質問紙検査法（MMPI，YG 性格検査など，詳細は第 7 章を参照），
一定の具体的作業を与えてその経過や結果を見る作業検査法（内田クレペレリ
ン精神作業検査など），比較的あいまいな刺激素材を与えて自由な反応を引き
出す投影法（ロールシャッハ・テスト，P-F スタディなど）がある。
　質問紙検査法は，①多数の人に一斉に実施できる，②結果の処理が客観的に
行われる，③個人の内面を知ることができるなどの長所がある。その一方で，
①自己評定のため回答をゆがめやすい，②質問の意味を読み違える場合がある
などの短所がある。作業検査法は，①実施が容易，②対象者の言語能力に依存
しない，③回答をゆがめにくいなどの長所がある一方で，①作業意欲に左右さ
れる，②性格の一側面しかとらえることができない，③単調作業のため対象者
に苦痛を与えるなどの短所がある。投影法の長所は，①回答をゆがめにくい，

②性格の無意識の側面を理解できるなどであり，短所は，①客観的な採点が困難，②検査者に十分な訓練と経験が必要などである。

5 教職課程コアカリキュラムにおける教育心理学

　2017年に，大学の教職課程で共通的に修得すべき資質能力を示すものとして，「教職課程コアカリキュラム」が公表された。そして，2019年より，教育職員免許法及び同法施行規則の改正が施行され，全国の大学では，教職課程コアカリキュラムに則った新たな教職課程が実施されることとなった。教職課程コアカリキュラムでは，「全体目標」（履修することによって学生が修得する資質能力），「一般目標」（全体目標をまとまりごとに分化させた内容），「到達目標」（学生が一般目標に到達するために達成すべき個々の規準）の3つの目標が示されている。各大学では，教職課程コアカリキュラムの定める内容を学生に修得させたうえで，これに加えて，地域や学校現場のニーズに対応した教育内容や，大学の自主性や独自性を発揮した教育内容を修得させることも可能とされている。

　教職課程コアカリキュラムにおいて，教育心理学に該当する科目は「教育の基礎的理解に関する科目」の中に含まれる「幼児，児童及び生徒の心身の発達及び学習の過程」である（表1-2）。当該科目では，全体目標として，「幼児，児童及び生徒の心身の発達及び学習の過程について，基礎的な知識を身につけ，各発達段階における心理的特性を踏まえた学習活動を支える指導の基礎となる考え方を理解する」ことが掲げられている。また，「幼児，児童及び生徒の心身の発達の過程」と「幼児，児童及び生徒の学習の過程」の2つの内容に関わる一般目標として，「幼児，児童及び生徒の心身の発達の過程及び特徴を理解する」こと，「幼児，児童及び生徒の学習に関する基礎的知識を身に付け，発達を踏まえた学習を支える指導について基礎的な考え方を理解する」ことがそれぞれあげられている。

　この教職課程コアカリキュラムの内容に合わせて，本書も「発達」と「学習」

表 1-2　幼児，児童及び生徒の心身の発達及び学習の過程（文部科学省，2017）

全体目標	幼児，児童及び生徒の心身の発達及び学習の過程について，基礎的な知識を身につけ，各発達段階における心理的特性を踏まえた学習活動を支える指導の基礎となる考え方を理解する。
(1) 幼児，児童及び生徒の心身の発達の過程	
一般目標	幼児，児童及び生徒の心身の発達の過程及び特徴を理解する。
到達目標	1）幼児，児童及び生徒の心身の発達に対する外的及び内的要因の相互作用，発達に関する代表的理論を踏まえ，発達の概念及び教育における発達理解の意義を理解している。 2）乳幼児期から青年期の各時期における運動発達・言語発達・認知発達・社会性の発達について，その具体的な内容を理解している。
(2) 幼児，児童及び生徒の学習の過程	
一般目標	幼児，児童及び生徒の学習に関する基礎的知識を身に付け，発達を踏まえた学習を支える指導について基礎的な考え方を理解する。
到達目標	1）様々な学習の形態や概念及びその過程を説明する代表的理論の基礎を理解している。 2）主体的な学習を支える動機づけ・集団づくり・学習評価の在り方について，発達の特徴と関連付けて理解している。 3）幼児，児童及び生徒の心身の発達を踏まえ，主体的な学習活動を支える指導の基礎となる考え方を理解している。

の 2 部構成となっている。第 1 章（本章）では，導入として，教育心理学の概要・意義・研究法について解説する。第 2 章から第 8 章までが第 1 部を構成し，「発達」の内容を扱う。第 2 章では遺伝や環境といった発達を左右する諸要因ならびに主要な発達段階理論について，第 3 章では乳幼児期から青年期における身体・運動の発達ならびに子どもと運動・スポーツの関わりについて，第 4 章では乳幼児期から児童期における言語（話す，聞く，書く，読む）の発達ならびに語彙・文法獲得に関する理論について，第 5 章では胎児期から青年期初期における認知発達の神経基盤・関連理論ならびに物体概念の獲得過程について，第 6 章では乳幼児期から青年期における社会性（道徳性，共感性，役割取得能力，向社会的行動）の発達について，第 7 章ではパーソナリティの特性ならびに児童期から老年期おけるパーソナリティの発達について，第 8 章では心理障害・学校不適応の発達的要因（発達課題の未達成と発達障害）ならびに問題行動（非行，暴力，いじめ，不登校，自殺，虐待）についてそれぞれ解説する。これらの内容を学ぶことによって，「幼児，児童及び生徒の心身の発達の過程」に関する 2 つの到達目標である「幼児，児童及び生徒の心身の発達に対する外

的及び内的要因の相互作用，発達に関する代表的理論を踏まえ，発達の概念及び教育における発達理解の意義を理解している」こと，「乳幼児期から青年期の各時期における運動発達・言語発達・認知発達・社会性の発達について，その具体的な内容を理解している」ことが達成できる。

　第2部は第9章から第15章で構成されており，「学習」の内容を扱う。第9章では行動主義的学習理論（古典的条件づけとオペラント条件づけ）ならびにその他の関連する学習理論（洞察学習，潜在学習，社会的学習）について，第10章では動機づけの主要理論（達成目標理論，期待・価値理論，マインドセット理論，自己決定理論）とそれらの教育への応用について，第11章では記憶のメカニズム（感覚記憶，短期記憶，長期記憶，ワーキングメモリ）ならびに有意味学習について，第12章では知能・学力の内容とそれらの測定方法（知能検査と学力調査）について，第13章では構成主義的学習理論・状況的学習論とそれらの理論に基づく教育方法（協同学習，発見学習，問題解決学習，体験学習）について，第14章では学級集団の特徴・機能・発達・構造ならびに学級集団に及ぼす教師の影響について，第15章では教育評価（学習評価）の時期・目的・基準・方法・実践上の留意点についてそれぞれ解説する。これらの内容を学ぶことによって，「幼児，児童及び生徒の学習の過程」に関する3つの到達目標である「様々な学習の形態や概念及びその過程を説明する代表的理論の基礎を理解している」こと，「主体的学習を支える動機づけ・集団づくり・学習評価の在り方について，発達の特徴と関連付けて理解している」こと，「幼児，児童及び生徒の心身の発達を踏まえ，主体的な学習活動を支える指導の基礎となる考え方を理解している」ことが達成できる。

第 **1** 部

発　達

第 **2** 章

子どもの発達を理解する

第1章で触れたとおり，教職科目としての「教育心理学」では，発達と学習の双方を学ぶことになる。本章では，学習を支える発達について，その基本的性質と発達を左右する諸要因について，基本的な理論を紹介する。

1 発達とは

●●● 1. 発達の定義と区分

発達とは，一般に，受精から死に至るまでの人の心身の量的および質的変化・変容とされている（新井，2000）。つまり，生まれる前から死ぬまでを幅広く扱うことに他ならない。さらに，長い人生は複数の時期に分けて扱われることが多い。分け方やその名称について，さまざまな定義やとらえ方があるが，おおむね表2-1のとおりである。教育心理学では幼児期から青年期までの内容が取り扱われることが多いが，発達のつまずきや困難さを理解するためには，胎生期や乳児期といったそれ以前の発達段階を理解しておくことも必要となる。また，青年期の特徴ともいえる第二次反抗期やアイデンティティ形成の課題について考える際には，彼らと関わる大人，すなわち成人期や老年期の人々の特徴についても理解を深めることが有益である。

表 2-1　生涯発達における区分と時期

時期	期間	
胎生期	受精から出生まで	胎生期はさらに,「卵体期」(受精から約 2 週間まで),「胎芽期」(受精後 3 週から 8 週頃),「胎児期」(受精後 9 週から出生まで) に分類することができる
乳児期	生後 1 年頃まで	出生から生後 1 か月頃までを「新生児期」として扱うこともある
幼児期	6 歳頃まで	乳児期と幼児期を合わせて,「乳幼児期」と呼ぶ場合もある
児童期	12 歳頃まで	10 ～ 18 歳頃までを「思春期」と呼ぶこともある
青年期	中学生から大学生頃	
成人期	20 代から 60 代頃	「成人前期」(20 ～ 40 代頃),「中年期」(40 ～ 60 代頃) などを分類する場合がある
老年期	65 歳以上	「高齢期」と呼ぶ場合もある また,「前期高齢者」(65 ～ 74 歳),「後期高齢者」(75 歳以上),「超高齢者」(90 代以上) などの呼称もある

注) 各時期の年齢は目安

●●● 2. 発達の原則

　人間の発達の進み方については，複数の原則が知られている（表 2-2）。たとえばヒトの指は，生まれたときはジャンケンの「グー」の形をしており，それぞれの指を独立して動かすことができず，ほとんどの時間を握ったままで過ごす。その後，親指とそれ以外の指を独立に動かしてモノを掴めるようになり，しだいに 5 本すべてを独立して動かせるようになる。そしてそれぞれの指の動かし方を変えながら，（箸を使う，ピアノを弾くなどの）目的に応じて一つひとつの動きを統合することができる（順序性，分化と統合）。また，指の動きの発達は，腕や脚といった体幹に近い部分よりもやや遅れて発達する（方向性）。手先が器用な者もいれば，不器用な者もいるが（個人差），不器用であっても，練習によってある程度の上達をみることができる（順応性）。

　また，発達には臨界期（敏感期あるいは最適期）が存在する。ローレンツ（Lorenz, K.）は，生まれて初めて見た動く対象の後を追う性質を有するハイイロガンを用いた実験を行った。生まれて初めて見た対象がローレンツであったハイイロガンのヒナはローレンツを後追いすることとなったが（これをインプリンティング（刷り込み）と呼ぶ），この行動は生後しばらく経ったヒナで

表 2-2　発達の原則（新井，2000 を参考に作成）

分化と統合	心身の機能の発達は，細かく分かれて起こり，その後それらが統合される
方向性	発達は，頭部から体の下側へ降りていき（頭部から尾部へ），また体幹から手足に向かって起こる（中心部から周辺部へ）
順序性	発達は，一定の順序に従って起こる 例：首のすわり→はいはい→つかまり立ち→独歩
臨界期（最適期）の存在	その時期だけに有効な発達があり，その時期を逃すと発達が困難になる
個人差の存在	個人によって，発達には差異がある
成長率の違い	心身の種類によって，成長率に違いが生じる 例：スキャモンの発育曲線
順応性	発達が遅れても，条件が整えば回復する

は確認されなかった。このことから，発達上，特定の時期にのみ獲得される行動があると考えられ，この時期は臨界期と呼ばれる。ヒトにおいても，たとえばボウルビィ（Bowlby, J.）は，生後1年ほどまでの養育者との関係が，その後の対人関係（友人関係や恋人関係）のパターンを形成すると考えており，その後の行動を強く規定しやすいという点で，発達の敏感期もしくは最適期と呼ばれる。

2　発達を生み出す諸要因

●●● 1.「遺伝か環境か」

　発達心理学においては，発達をもたらす要因として，遺伝と環境の役割について，議論が交わされてきた。遺伝か環境か（氏か育ちか；nature or nurture）の議論は今日まで続き，発達心理学における中心的テーマの1つとなっている。

　まずは，発達において，人間に普遍的に備わった成長・発達のプロセスを重視する立場（成熟優位説）を紹介する。ゲゼル（Gesell, A.）は，双生児法と呼ばれる方法を用い，生後約10か月の乳幼児の双子を対象に，複数段の段

差をのぼるためのトレーニングを行った。ただし，最初に練習を行ったのは双生児の一方のみであり，一方がのぼれるようになったあと，もう一方に対して同一の練習を行った。その結果，最初に練習した子どもは，のぼれるようになるまで約6週間を要した。一方，その後に訓練を行った子どもは，わずか2週間ほどでのぼれるようになった。つまり，幼いうちから訓練を開始するよりも，筋肉や骨格がある程度発達（成熟）してからの訓練が有効であることが示された。このように，遺伝あるいは成熟を重視する立場では，人間に生まれながらに備わった要因があり，ある時期になることでその特徴が表現されると考える。

　一方，古くはジョン・ロックが「タブラ・ラサ」と述べたように，人間の発達は置かれた環境における経験（学習）によって左右されると考える立場もある。20世紀初頭，行動主義を提唱したワトソン（Watson, J. B.）は，心理学の研究対象について，観察可能な行動に焦点を当てるとともに，人間の行動は，生まれてからのあらゆる学習によってもたらされるものと考えた。行動主義の流れはスキナー（Skinner, B. F.）に受け継がれた。彼はスキナー箱を用い，道具的条件づけのメカニズムを明らかにした（学習理論や条件づけ理論の詳細は第9章参照）。

●●● 2.「遺伝か環境か」を超えて

❶ たし算か，かけ算か

　「遺伝か環境か」についての議論の中で，両者のうちのいずれかによって発達がもたらされるというよりも，発達は両方を含んで行われるという考え方も生まれている。たとえば，シュテルン（Stern, W.）は輻輳説を提唱し，発達は，遺伝と環境がそれぞれ車の両輪となって進むものであるとし，発達を両者の加算的なものとしてとらえた。またジェンセン（Jensen, A. R.）は環境閾値説を提唱し，一定程度の環境要因がもたらされることで発達が起こる（すなわち，環境からもたらされるものがない場合には発達が進まない）と考えた。このように，両者が互いに影響を及ぼし合うという考え方は相互作用説と呼ばれる。

❷「どちらか」あるいは「両方大事」の向こう側

　ピアジェ（Piaget, J.）が提唱した認知発達理論は，発達における遺伝と環境の影響を認めつつも，環境に対する人間の積極的な働きかけを重視している（詳細は第5章参照）。子どもが新たな概念を獲得する際には，もともと個人が有している既存の概念（シェマ）をさまざまな対象に当てはめて概念を広げていく（同化）。その中で，既存の概念に当てはまらないものは新たな概念として構成される（調節）。同化と調節をくり返すこと（均衡化）を通じ，私たちはさまざまな概念を獲得していくことになると，ピアジェは説明している。たとえば，言葉を覚えたばかりの幼児は，4本足の動物をなんでも「ワンワン」と呼ぶかもしれない。白いイヌも耳が垂れたイヌも，大型犬も小型犬もすべて「ワンワン」である（同化）。ところが，ネコやウサギを「ワンワン」と呼ぶと，周囲の大人が訂正する。ここで子どもは，世界には「ニャンニャン」や「うさちゃん」がいることを学ぶのである（調節）。このプロセスをくり返すことで（均衡化），私たちはさまざま概念を獲得することが可能になる。ピアジェの理論は，遺伝または環境が発達の源泉であるというよりも，発達の条件として両者が存在し，発達の源泉は子ども自身の行為に求められる，と考えている（Piaget, 1970）。

　また私たちの発達は，身の回り（比較的狭い）環境のみならず，子ども自身が属する文化や社会から受ける影響によっても左右される。たとえば，「高校生にもなって，○○ができないなんて……」あるいは「もう大人なんだから……」というように，周囲からの期待に合わせて発達する（ことを求められる）こともしばしば起こる。感情の表現の仕方についても，日本では感情を抑えることが好ましいことと考えられがちだが，このことを外国人が見ると，「日本人は何を考えているのかわかりにくい」ととらえられることもある。このように発達は，個人が属する社会や文化の影響が強く反映される。

　子どもにとって，できないことができるようになるためには，まわりの人の手助けが重要となる。自転車に乗れない子どもは，後ろを支えてもらいながら練習することで補助輪から解放され，泳げない子どもは，水に沈まないように支えてくれる人の存在があって，ひとりで泳げるようになる。このように，誰

かの助けを得ることによって，できることとできないことの間を乗り切ることができる。この領域のことを，ロシアの心理学者ヴィゴツキー（Vygotsky, L. S.）は「発達の最近接領域」と呼び，成熟や学習を超えた，発達における社会や文化の重要性を説明している。

3　発達を左右する諸要因

●●● 1．行動遺伝学の立場から

　前節で述べたとおり，発達において，「遺伝か環境か」に関する議論は長年行われてきた。近年では，人間のさまざまな能力や性格（心理学ではパーソナリティと呼ばれる）を含めた幅広い側面について，その遺伝的な影響を探る試みがなされている。

　今日における遺伝的影響の検討は，かつてゲゼルが行ったように，双子を対象に研究が行われる。遺伝情報がまったく同じ一卵性双生児と，遺伝情報が一般的なきょうだいと同じだけ共通している二卵性双生児を対象に，人間のさまざまな側面について，その類似度を測定する。もし一卵性双生児の類似度が高く，二卵性双生児の類似度が低かったとしたら，その要素は遺伝的な影響を強く受けていることになる。両者の類似度がともに高かったとしたら，それは遺伝的な影響よりも生まれ育った環境の影響が強く影響することになる（共有環境）。また，一卵性・二卵性双生児ともにその類似度が低かったとしたら，その要素は遺伝や環境から受ける影響よりも，子ども一人ひとりの独自性によって決定されると考える（非共有的環境）。

　イギリス人の双子を対象に行われた研究結果を図2-1に示す。これによると，知能（IQ）やパーソナリティ，健康度といった多くの変数において，遺伝で説明される割合が大きいことがわかる。一方で，学業成績や自己効力感など，共有環境が2〜3割ほど影響している要素もある。つまり，学業成績は，子どもが置かれた環境に多分に影響を受けるということになる。この影響とは，た

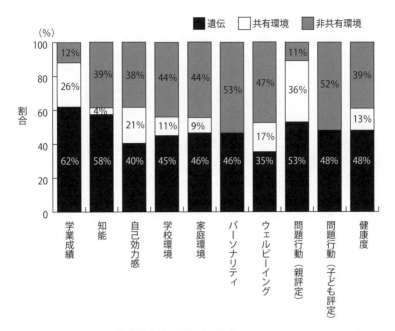

図 2-1　心理・社会的変数の遺伝率（安藤，2018; Krapohl et al., 2014）

とえば家に本がたくさんある，塾や習い事に通うなど，学習に取り組む環境が整っているかどうかなどによって左右される。また，知能を規定する遺伝の影響は，児童期から青年期にかけて増大することも明らかになっている（Haworth et al., 2010）。つまり，児童期においては，知能に対する遺伝の影響は相対的に小さく，環境から受ける影響の割合が多い一方，大人になると，環境から受ける影響は小さくなるということである。発達の初期に学習環境を整えることは，知能の発達を少なからず左右するといえる。ただし，遺伝率の数値は調査に協力した対象者や分析に用いた指標による変動が大きいため，図 2-1 の数値が唯一絶対でないことに留意する必要がある。

●●● 2. 初期経験の重要性

受精時点で決定する遺伝情報に加え，その後しばらくの間に起こる環境から

の影響が発達を左右することもまた，多くの研究から指摘されている。

　前節で述べたとおり，発達には最適期と呼ばれる時期が存在し，特定の領域の発達において環境からの影響を非常に敏感に感受する時期が存在する。有名な事例に「アヴェロンの野生児」があげられる。18 世紀末のフランスで，約10 歳と推定される裸の少年が発見された。言葉は話せず，思考力や記憶力も貧困であった。保護されたあと，彼には人間らしさを取り戻すための教育が行われたが，言葉を話したり書いたりすることはほとんどできず，知的発達は未熟なままであったという。また日本で報告されているネグレクト（育児放棄）の事例では，被虐待環境から保護されたあとに身体・運動発達や情緒的発達の回復がみられる一方，言語発達や認知発達の遅れは比較的長く続くとみられることが示されている（藤永ら，1980）。こうしたことから，言語の獲得においては臨界期（敏感期）が存在し，発達初期に言語的な環境に置かれなかったことで，その後の言語獲得や発達に重大な影響を与えたのではないかと考えられている（アヴェロンの野生児については，何らかの理由でもともと発達に遅れがあった子どもが遺棄されたのではないか，という議論もあり，その真相は定かではない）。

　同様に，人間関係の形成においては，乳幼児期における親子（とくに母子）の関係性（愛着）が重要であると考えられ，この時期に形成された人間関係のパターンが，人生の長きにわたって影響を与える（内的作業モデル）とされている（第 6 章参照）。かつて，保護者のいない環境（施設）で育てられた子どもにおける，死亡率の高さや発達の遅れの多さが認められており，スピッツ（Spitz, R. A.）はこれをホスピタリズムと呼んだ。後にボウルビィは，親子の情緒的交流の不足や特徴的な親子関係の観点から，これをマターナル・デプリベーション（母性剥奪）ととらえ，愛着行動の研究を行っている。

　近年では，個体が環境からさまざまな影響（たとえば，養育環境の違いや栄養状態の悪化）を受けることで，「DNA のメチル化」や「ヒストンのアセチル化」といった化学的変化が生じることにより，個体がもともと有している遺伝情報の発現が左右されることが知られるようになった。つまり，どのような環境に置かれるかによって，もともと持っている遺伝情報が表現されるかどうか決ま

るということになる。これはエピジェネティクスと呼ばれ，「遺伝か環境か」の議論を超えて，人間を含む多くの生物の発達を左右する新たなアプローチとして期待されている。

●●● **3. 生態学的環境**

　ヴィゴツキーのように，発達における社会や文化を重視する立場は他にも存在する。ブロンフェンブレナー（Bronfenbrenner, 1979）は，発達における環境との相互作用に注目した，生態学的な発達モデルを提唱している（図2-2）。私たちは，家族や友人，クラスメイトや担任の教師，習い事で一緒の友だちなど，多くの人々とともに生活している（マイクロシステム）。私たちがそれら人々と関わりを持つだけでなく，彼ら自身もお互いに関係し合っている（メゾシステム）。また，私たちが直接関わりを持たなくても，私たちの発達に間接的に影響を与えるコミュニティがあり（エクソシステム），社会全体の制度やシステムが私たちの発達に影響を与えることもある（マクロシステム）。

　たとえば，友だちが不機嫌であなたに八つ当たりしたのは，友だちが先生に怒られたからかもしれないし（メゾシステム），その友だちのお姉さんのクラスが学級崩壊を起こしており（エクソシステム），友だちがお姉さんの八つ

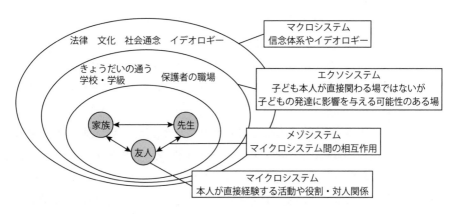

図2-2　**生態学的システム理論**（Bronfenbrenner, 1979 ／磯貝・福富（訳）1996 に基づいて作成）

当たりを受けていたからかもしれない。あるいは COVID-19 流行時のように，政府から外出自粛や休校要請があれば（マクロシステム），外に遊びに行くこともできず，不満がたまり，イライラしていたのかもしれない。このように，私たちの発達は環境から一方的に影響を受けるのではなく，互いに影響を及ぼし合いながら，有機的に変化していると考えるのが，生態学的発達モデルの考え方である。

4　発達のステップ

　表 2-1 にあげたとおり，長い人生をいくつかのステップに分けるアプローチは数多く存在する。もちろん，人間の発達は連続的に進むため，あるときに突然別の局面へ移行するわけではないが，長い人生をいくつかの段階に分けることでその理解は容易になる。ここでは，各理論家が行ってきた発達の分類と，その中で起こるさまざまな困難や課題について，簡単に説明する。

●●● 1．発達段階に関する理論

❶フロイトの心理 ＝ 性的発達段階説

　精神分析を創始したフロイト（Freud, S.）は，誕生から青年期にわたって人間の持つ心のエネルギー（リビドー）がどこへ向かうのかによって，人間の発達を 5 つの段階に分類した。

　生まれてから 1 歳頃までは，ミルクを飲んだり，あらゆるものを口に入れて確かめたりといった，口や唇の活動にリビドーを振り向け，生き残ることができ，外界を知ることができる。この時期を口唇期という。2 歳を過ぎると，子どもは一人で排泄できるよう訓練（トイレットトレーニング）を行う。その中で，不快感を我慢し，トイレに行って排泄することで快感を得ることを学ぶとされる。リビドーは肛門に向かう（肛門期）。3 歳を過ぎる頃になると，世界には自分を世話してくれる母親という女性の他に，男性が存在することに気づ

き，男女の違いに目が向くことになるという（男根期）。そこで子ども（男の子）は，これまで母親の愛を独占してきたところに父親が現れて争いが生じ，弱い自分は争いに敗れて父親から去勢されてしまうのではないかという不安を抱くと考えられている（これをエディプス・コンプレックスという）。6歳頃になると，この不安は心の奥底に抑え込まれ，代わって始まる学習や社会化にリビドーを振り向けるようになる（潜伏期）。第二次性徴が始まると，潜伏期に抑圧された性的欲求が再び現れ，他者への愛情へ向かうようになるという（性器期）。

❷ピアジェの認知発達理論

　前述したピアジェは，個体と環境の相互作用の中で発達が起こると考え，さまざまな概念の獲得や操作，論理的思考といった認知能力の発達について，青年期までを4つの段階に区分した。

　生後2年ほどの感覚運動期では，触覚や視覚，聴覚などの感覚を使ったり，何度もくり返し運動すること（循環反応）によって外界を理解しようとする。幼児期にあたる前操作期（前概念的思考期と直観的思考期）では，言葉やイメージなどの象徴を使って他者と関わることが可能となるが，認知発達は未熟で，保存概念の未獲得や外界のとらえ方が自己中心的であるという特徴がある。小学生の頃にあたる具体的操作期では，他者の視点を取ることができるようになり（脱中心化），具体的対象の操作によって論理的に考えることが可能になる。小学校高学年以降では，数学における文字式や目に見えない抽象的な概念などを用いて論理的な思考が可能になる。これを形式的操作期と呼ぶ（ピアジェの理論に関する詳細は第5章参照）。

❸エリクソンの心理社会的発達理論

　フロイトやピアジェの提唱した理論は，いずれも青年期までの理論化にとどまった。しかしながら，私たちの人生はその後も続き，発達心理学では「生涯にわたる成長や変化」を扱う。エリクソン（Erikson, 1963）は生涯にわたる人生を8つの段階に分け，各段階における発達的課題と直面する発達的危機（人生における転機）をあげている（図2-3）。

　生まれてから1年程度の間，ヒトは自分で身の回りの世話をすることができ

		1	2	3	4	5	6	7	8
老年期	Ⅷ								自我の統合 対 絶望
壮年期	Ⅶ							生殖性 対 停滞	
成人期	Ⅵ						親密さ 対 孤独		
青年期	Ⅴ					同一性 対 役割混乱			
学童期	Ⅳ				勤勉 対 劣等感				
幼児後期	Ⅲ			自発性 対 罪悪感					
幼児前期	Ⅱ		自律性 対 恥と疑惑						
乳児期	Ⅰ	基本的信頼 対 不信							

図 2-3　エリクソンの心理社会的発達理論（Erikson, 1963 ／仁科（訳）1973 より作成）

ず，まわりの養育者に頼ることになる。おむつが汚れている，おなかが空いたなどを泣いて訴え，これに周囲が答えてくれるかどうかが，自らの生存を左右することになる。その際，適切な世話を受けることができれば，他者や外界，ひいては自分自身に対して信頼感を有し，反対に世話を得られなければ，信頼感を抱くことはできない（不信）。

　2歳頃になると，排泄のコントロールを身につけるため，トイレットトレーニングが行われる。筋肉を使って排泄を我慢し，トイレで用を足すことができるようになると，自らを律してコントロールすることができる（自律性）。失敗すれば，恥ずかしさを抱いたり，「自分は出来が悪いのではないか」と自らを疑うことになる（恥や疑惑）。4歳から5歳頃の子どもは，何かと大人の手伝いをしたがったり，それまで誰かにやってもらっていたことを自分でやりたがる時期である（自主性）。一方，自分で行うことに対しては失敗も経験し，それに伴う罪悪感を抱くこともある。

　小学校に入学すると，学習や運動，絵画や工作など，クラスメイトとの競争にさらされる。「足が速い」，「勉強ができる」，「絵が上手」など，真面目に取り組むことが求められる（勤勉性）。一方で，誰かと比べてできないことに気づく時期でもある（劣等感）。

　青年期は，アイデンティティ（自我同一性）を形成する時期であると言われる。アイデンティティとは，簡単にいえば「自分らしさの感覚」である。より具体的には，他者と異なる独自性やユニークさを持ち（斉一性），過去・現在・未来を通じてそれが一貫している（連続性）状態ととらえることができる。この自分らしさの感覚を探し求め，ときに「自分とは何か」という問いに混乱し（役割困難），周囲と対立したりひとりで思い悩んだりしつつも，自分らしさの感覚を形成していくのが青年期の特徴である。

　確固たる自分らしさを獲得できると，多少の妥協や犠牲を払っても他者とつながり，関係を続けることができるようになる。他者と親密な関係を築き，人生のパートナーを見つけるのが，成人期の発達的課題となる。反対に，自分が脅かされることに用心し，自分の領域から人を遠ざけることは，孤独を生む。その後，社会では後進を，家庭では子どもを育てる時期を迎える。一方で，そういう機会に恵まれなかったり，機会があっても自分のことばかりに注力し，他者に力を注がない場合には，ひとりよがりな発達となる（自己陶酔または停滞）。

　老年期は，これまでの人生のさまざまな側面を振り返り，1つの物語としてまとめあげる時期である（統合）。その中で，悪いことばかりに目が向くと，自分の人生に絶望することもある。「いろいろあったけど，よい人生だった」と思えることが，人生のフィナーレにおいて重要である。

●●● 2.　発達の各ステップで直面する課題

　エリクソンと同じように，生涯を通じて各段階に存在する課題を示したのが，ハヴィガースト（Havighurst, 1953）である。彼は，人生を6つの段階に分け，それぞれに複数の発達課題を配置した（表2-3）。この理論は20世紀中頃のア

表2-3　ハヴィガーストの提唱する発達課題（Havighurst, 1953／荘司（監訳）1995より作成）

1. 乳幼児期 （～6歳）	①歩行の学習 ②固形物をとることの練習 ③話すことの学習 ④排泄方法の学習 ⑤性の違いを知り，性に対する慎みを学ぶ	⑥生理的安定を得ること ⑦物や社会に対する簡単な概念を形成すること ⑧他者と情緒的な結びつきを形成すること ⑨善悪の判断と良心を身につけること
2. 児童期 （6～12歳）	①普通の遊戯に必要な身体的技能の学習 ②自己に対する健全な態度を養う ③友だちと仲良くすること ④男子として，または女子としての社会的役割を学ぶこと ⑤読み・書き・計算の基礎的能力を発達させること	⑥日常生活に必要な概念を発達させること ⑦良心・道徳性・価値判断の尺度を発達させること ⑧人格の独立性を発達させること ⑨社会の諸機関や諸集団に対する社会的態度を発達させること
3. 青年期 （12～18歳）	①同年齢の男女との洗練された新しい交際を学ぶこと ②男性として，または女性としての社会的役割を学ぶこと ③自身の身体構造を理解し，身体を有効に使うこと ④両親や他の大人から情緒的に独立すること ⑤経済的な独立について自信を持つこと	⑥職業を選択し準備すること ⑦結婚と家庭生活の準備をすること ⑧市民として必要な知識と態度を発達させること ⑨社会的に責任のある行動を求め，それを成し遂げること ⑩行動の指針としての価値や倫理の体系を学ぶこと
4. 成人期 （壮年初期： 18～30歳）	①配偶者を選ぶこと ②配偶者との生活を学ぶこと ③第1子を家族に加えること ④子どもを育てること	⑤家庭を管理すること ⑥職業に就くこと ⑦市民的責任を負うこと ⑧適した社会的集団を見つけること
5. 中年期 （30～55歳）	①大人としての市民的・社会的責任を達成すること ②一定の経済的水準を築き，それを維持すること ③10代の子どもたちが信頼できる幸福な大人になれるよう助けること	④大人の余暇活動を充実すること ⑤自分と配偶者とが人間として結びつくこと ⑥中年期の生理的変化を受け入れ，それに適応すること ⑦年老いた両親に適応すること
6. 老年期	①肉体的な力と健康の衰退に適応すること ②隠退と収入の減少に適応すること ③配偶者の死に適応すること ④自分の年頃の人々と明るい親密な関係を結ぶこと	⑤社会的・市民的義務を引き受けること ⑥肉体的な生活を満足に送れるように準備すること

メリカの文化や生活様式を反映したもので，ジェンダーや結婚，子育て経験の有無といった，今日では的外れあるいは再検討の余地があるものも散見されるが，今日においても一定程度通じるものがあるように思われる。

5　本章のまとめ

　本章では，「教育心理学」の一翼を担う発達について，これを学ぶ意義やその原則，遺伝と環境をめぐるこれまでの議論と今日の動向，発達を説明するいくつかの理論について紹介した。次章以降では，身体や心の諸領域における発達について詳しく解説する。

第 **3** 章

身体・運動の発達

1 乳幼児期の身体・運動の発達

　ヒトの身体と脳の形成は，1個の卵子と精子の受精によって開始される。0.1mm 程度の受精卵が約 280 日かけて母親の胎内で成長し，生まれるときには，体重は 3kg 前後，身長は 50cm 弱となる。ヒトの発達は，胎生期からすでに始まっており，脳の神経細胞はこの時期にほとんど作られ，母体をとおして，外の環境の影響を受けていることが明らかになっている。

●●● 1. スキャモンの発育曲線

　解剖学者のスキャモン（Scammon, 1930）は，身体の部位を大きく 4 つに分類し，誕生時を 0，成人（20 歳）時の発育状態を 100 としたとき，その発育パターンを図 3-1 のように示した。「一般型」とは，身長や体重などの全身の骨格や筋肉，内臓などを指し，生後約 4 年間と 10 歳頃からの思春期と呼ばれる時期の 2 回，その発育のピークがある。「神経型」とは，脳の重量や頭囲で計り，出生直後から急激に発育し，4・5 歳頃には成人の 80％までに達する。「リンパ型」とはおもに免疫系に関与するリンパ組織であり，生後から 12・13 歳までに急激に発育して成人のレベルを超えるが，その後減少する。「生殖型」は精巣・卵巣などの生殖器であり，14 歳頃から急激に発育する。

　この発育曲線から見て取れるように，ヒトの身体は部位によって発育のピークが異なるため，各発達段階における発育の特徴を十分に把握しながら子ども

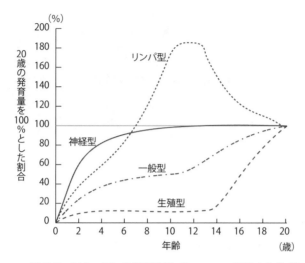

図 3-1　スキャモンの発育曲線（Scammon, 1930 より作成）

と関わる必要がある。乳幼児期は，その発育が最も目覚ましい時期であるとい
えるだろう。

●●● 2. 乳幼児期の身体の発達

(1) 身体発達

　厚生労働省（2010）のデータに基づき作成した出生時から 6 歳までの身体発
育曲線を図 3-2, 図 3-3 に示す。これを見ると，生後半年間は急激なスピードで，
その後は緩やかになりつつもほぼ一定のスピードで発育することがわかる。体
重は，誕生時と比較して，1 歳で約 3 倍，5 歳で約 6 倍になる。身長は，1 歳
までに約 20cm 伸び，その後 1 年に 7 ～ 10cm 増加し，4 ～ 5 歳で誕生時の約
2 倍になる。男女差はほぼない。

(2) 脳・神経の発達

　神経は中枢神経系と末梢神経系に分けられる。中枢神経系とは，脳と脊髄を
指し，末梢神経系とは脳と脊髄から出て全身に広がっている神経を指す（図

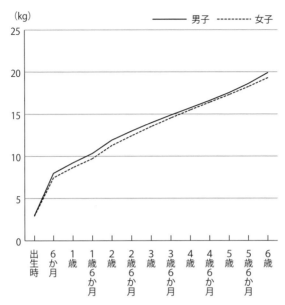

図 3-2　乳幼児の体重の身体発育曲線（中央値）（厚生労働省，2010 より作成）

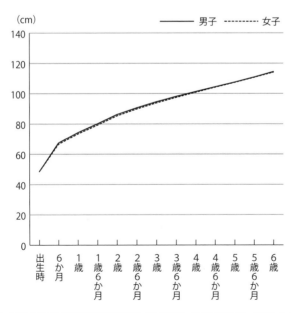

図 3-3　乳幼児の身長の体重発育曲線（中央値）（厚生労働省，2010 より作成）

3-4）。末梢神経は大きく次の3種類に分けられる。知覚神経は，感覚器が受けた刺激を中枢神経に伝える働き（知覚が生じる），運動神経は，中枢神経からの指令を骨格筋に伝える働き（運動が生じる），自律神経は，中枢神経からの指令を内蔵などに伝える働き（心臓，血管，内分泌腺などの活動を調整する）をしている。神経を構成する細胞をニューロン（神経細胞）という（図3-5）。

　脳のニューロンは胎生期のうちに増殖して出生時には数百億個に達する。出生後の脳のニューロンは，海馬や扁桃体などの領域を除けば，ほとんど増えることはなく，むしろ死滅し続ける。ニューロンが増えないのであるならば，出生後の脳はどのように発達することで機能を高めていくのだろう。ニューロン

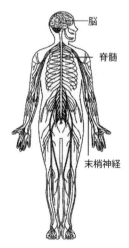

図3-4　脳，脊髄と末梢神経（田中，2019）

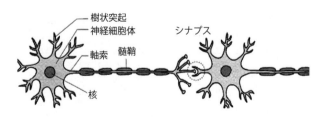

図3-5　ニューロン（田中，2019）

はそれ同士がつながり神経回路を形成することで働くことができる。このニューロン同士の接合部分をシナプスと呼ぶ（図3-5）。出生後のさまざまな経験をとおして（環境からの刺激を受けて），シナプスの数や密度は急増するものの，その後必要のないシナプスは減少する。このように一度増えたシナプスが減っていくことをシナプスの刈り込みといい，無駄なく効率的に指令が伝達される回路を形成・整備するために重要な変化の1つである。たとえば，1歳でじゃんけんのチョキの手ができないのは，人差し指と中指を突き出そうとすると，他の指にも指令が伝わって動いてしまうためである。不要なシナプスの刈り込みが起こることで，2歳頃にはチョキが出せるようになる。他にも，軸索が髄鞘で包まれる髄鞘化によって（図3-5），ニューロン間の情報伝達速度が著しく向上する。乳児期から幼児期にかけて髄鞘化は急速に進み，青年期に至るまで続く。幼児の情報処理速度の発達が目覚ましいのはこのためである。

●●● 3. 乳児期の運動の発達

　乳児期初期は，原始反射とジェネラルムーブメントという2種類の特徴的な運動がみられる。原始反射は，特定の外的刺激によって引き起こされる不随意運動であり，口の中に乳首や指を入れると吸い始める「吸啜反射」，手のひらを刺激するとぎゅっと握る「把握反射」，乳児を直立させて，足が床の面に触れるようにすると歩くような動作をする「足踏み反射」などがある。その多くは中枢神経系の発達に伴い，生後5か月頃までにみられなくなる。脳からの指令を必要とせず生じる原始反射は，脳が未熟で，自らの認知や判断によって行動の指令ができないこの時期に，生きていくために必要な反応として備わっているのではないかと考えられている。

　一方，ジェネラルムーブメントは，脳からの指令によって，外的刺激を受けずとも生じる「自発運動」である。在胎40週（満期時）から生後2か月前後までは，手足を含む全身をねじって身もだえするように動く「ライジング・ムーブメント」がみられ，その後，頭，体幹，手足をあらゆる方向に円を描くように動かす「フィジティ・ムーブメント」に移行する。ジェネラルムーブメン

トの名づけ親であるプレヒトルは，正常発達の乳児と脳機能にリスクのある乳児のジェネラルムーブメントでは，出現頻度に大差はないが，その質が異なっていることを見いだしている（Prechtl & Nolte, 1984）。たとえば，ライジング・ムーブメントの時期において，動きが単調でありパターンに多様性がない場合や，動きに滑らかさがない場合，フィジティ・ムーブメントの時期においてそれが観察されない場合や，速度や振幅，ぴくぴくした動きが誇張されている場合などは異常と判定され，何らかの脳障害の可能性が疑われる（中野, 2016）。

　生後5・6か月頃，原始反射やジェネラルムーブメントがみられなくなると，自らの意思によって目的的に生じる随意運動の発達がみられるようになる。身体の大きな筋肉を使った粗大運動と，手や指先といった小さな筋肉を使う微細運動の発達をそれぞれ見ていこう。

(1) 粗大運動の発達

　粗大運動の発達は「頭から足への方向」に向かって進む。首がすわるのは4〜5か月，寝返りは6〜7か月，ひとりすわり（腰がすわる）とはいはいは9〜10か月，つかまり立ちは11〜12か月，ひとり歩きは1歳3〜4か月に，90％以上の子どもができるようになるが（厚生労働省, 2010），この時期の運動発達は個人差が大きく，早い子と遅い子では約6か月程度の開きがある。

(2) 微細運動の発達

　微細運動の発達は「中心から末端への方向」に進む。最初に肩の部分の動きが自由になり，腕を大きく動かす。次にひじの運動のコントロールが可能になり，最後に手の運動が発達する。6か月頃はまだ親指がうまく使えないため手のひら全体をつかって熊手のようにつかみ取ろうとするが，やがて親指とその他の指でつかもうとするようになり，1歳になる頃までには親指と人差し指で上手につまみあげることができるようになる（大藪, 2013）。なお，眼の前にある興味を引くものに手を伸ばして触れようとする行為をリーチングと呼ぶ。リーチングは3・4か月頃からみられるが，最初はうまく目標物に手を到達させることができず，何度もくり返す中で徐々に上達する。これは，物のある位

置を目で見て，眼からの情報を手掛かりに正確に腕を動かすという「目と手の協応」が発達することで可能になる。

●●● 4. 幼児期の運動発達

　幼児期は，筋力の発達に伴い，多様な運動が可能になる。粗大運動については，2歳頃には走ることができはじめ，3歳で走る動きが完成する。また，3歳では片足跳びなどの跳躍運動が可能になる。微細運動では，4〜5歳にかけて手指の巧緻性が発達し，箸やハサミの使用，ボール投げが可能になる。また，4〜5歳では平衡感覚（平均台渡りや自転車乗り），柔軟性（前転），協応性（ボールのキャッチやキック）が発達し，5歳を過ぎると持久力も高まり，鬼ごっこ，ドッジボールなどをかなりの時間，持続的に行えるようになる（中澤，2011）。なお，できる・できないの個人差はあるものの，6・7歳頃までには，走る，跳ぶ，投げるといった大人が行う運動パターンのすべてを修得可能であることが確認されている（杉原ら，2011）。

　このようなさまざまな運動が可能になるのは，幼児期において運動コントロール能力，すなわち，知覚を手掛かりとして運動を自分の思うように制御する力が大きく発達する時期であるためである。しかし，幼児期は何か特定の運動をくり返し練習し上達させるという時期ではない。園庭の遊具，縄跳び，ボールなどを使った遊びや，おにごっこ，かけっこなど，運動遊びといわれるような多種多様な運動を経験することによって運動コントロール能力を高め，生涯にわたる運動の基盤を形成することが重要である（杉原，2014a）。

2 児童期の身体・運動の発達

●●● 1. 児童期の身体の発達

　児童期において，体重は1年に2〜5kgずつ増加し，10〜11歳で誕生時の

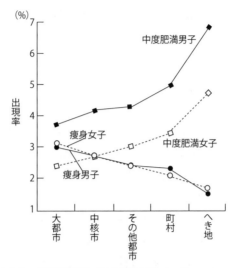

図 3-6　小学 5 年生の地域規模別，肥満度の状況（スポーツ庁，2018a より作成）

約 10 倍になる。身長は 1 年に 5 〜 6cm ずつ増加し，12 〜 14 歳頃に誕生時の約 3 倍になるが，個人差が顕著である。

　児童期は体格の個人差が大きくなる時期であるが，図 3-6 に示すように，住んでいる地域の規模によって肥満と痩身の出現率に差があることもわかっている（スポーツ庁，2018a）。男女ともに大都市ほど痩身の出現率が高く，へき地ほど中度の肥満の出現率が高くなる。なお，中学生になると，都市部における痩身女子の出現率がより目立つようになる（大都市で 4.6％）。

●●● 2. 児童期の運動の発達

　幼児期が走る，跳ぶといった基本的な運動パターンを獲得する「基礎的な運動の段階」であるならば，児童期は，幅跳び，高跳び，バスケットボールでシュートするときのジャンプなど，さまざまな跳び方があるように，スポーツに関連した動作を修得する「専門的な運動の段階」であるといえる（Gallahue, 1993）。児童期前期（6 〜 9 歳）は，姿勢やバランスの制御が大人に近づく。バランス制御がほぼ自動化されるため，残りの注意を，走る・投げる・捕るな

どの動作に向けることができる（平田，2012）。すなわち，走りながら跳ぶといった複数種類の動きが可能になるのである。他にも，手を握るときに同じくらいの力加減で握る力量的コントロールや，ボールなど動くものの方向やスピードを予測して反応するタイミングコントロールも，5歳から10歳にかけて急激に発達し，大人と同じレベルに達する（宮丸，2011）。

しかし，試合中に状況判断をしながらコーチの指示を聞くような複数の認知作業をこなすことや，広い視野を持つことについては，まだ発達が追いつかないところがある。そのため，サッカーや野球のような競技を行う際には，ルールやフィールドの大きさを工夫しながら実施すること，勝敗にこだわりすぎないことなどの配慮をするとよいだろう（平田，2012）。

児童期後期（10 ～ 12 歳）になると，早い子ではいわゆる成長期に入る子どもが現れる。彼らの中には，身体部位間の成長速度が揃わないために，四肢の協調が崩れて運動がぎこちなくなる者や不調を訴える者もいる。

3 思春期・青年期の身体・運動の発達

●●● 1. 思春期・青年期の身体の発達

思春期・青年期は，身体の変化が著しい時期である。第一に，発育スパートと呼ばれる身長と体重の増加の加速がみられる。平均的な男子の場合，急激な発育が12歳頃に始まり，13歳のどこかでピークを迎える。女子では，10歳で始まり，11歳でピークを迎える（柏尾，2006）。この急激な発育がみられる時期は，骨の長径成長速度が筋肉・腱などの周囲組織の成長速度より速く，骨・筋肉・腱の成長が不均衡になるため，スポーツによる運動器のケガや障害が発生しやすい（帖佐，2021）。

また，生殖器官の成熟とともに，男性は精通を体験し，声変わりし，骨ばった逞しい体つきになってくる。女性は初潮を迎え，胸がふくらみ体も丸みを帯びてくる。また男女ともに恥毛の発毛もみられる。このような特徴がみられる

ことを第二次性徴と呼ぶ。なお，第一次性徴は，出生時に性別を決定する要素
となる生殖器の生物学的性差のことを指す。

　今まで経験したことのない自身の身体の変容をどのように受け止めるかは個
人差があるが，一般的には，男子よりも女子においてネガティブな反応が生じ
やすいようである。たとえば，男子では早熟すなわち仲間よりも早く思春期に
入ることが自信や信望を高めるが，女子では，早熟者は人気がなく，内的な混
乱の兆候があるとの指摘がある（柏尾，2006）。精通や初潮の時期が早い子と
遅い子では5年程度の開きがあるように，いずれは皆が経験するものであるが，
思春期ゆえの個人差が大きいことを理解しながら，子どもが抱える不安を否定
せず寄り添う姿勢が必要である。

　近年では，性的マイノリティ，すなわちLGBT（レズビアン，ゲイ，バイ
セクシュアル，トランスジェンダー）と呼ばれる性の多様性への認知と理解が
広まりつつある。自身がLGBTかもしれないと気づく時期について，性別違
和のある男子については，小学校入学前から小学6年生までが最も多いが，性
別違和のある女子および非異性愛については，小学6年生から高校1年生が最
も多いとのことである（いのちリスペクト。ホワイトリボン・キャンペーン，
2014）。日本における性的マイノリティ当事者は20人に1人程度との推定もあ
る（日高，2019）。2015年4月30日には，文部科学省から学校現場に向けて「性
同一性障害に関わる児童生徒に対するきめ細かな対応の実施等について」とい
う通知もなされた。しかし，2015年に日本国内でLGBTに該当する458人（12
〜24歳）を対象に行った調査では，学校で教師や生徒がLGBTに関する否定
的な言葉や暴言，冗談を言うことを聞いたことがある者は86％いたという（朝
日新聞，2016）。単なる事実の認知にとどまらず，「性的志向は自分の意思では
変えることのできないものである」「思春期の一過性の気の迷いなどではない」
など，個々の人格として受容していくための正しい理解が広がることが求めら
れる。

●●● 2. 発達加速現象

　時代が進む中で発達のスピードが速くなることを発達加速現象という。とくに，身長・体重といった量的な面の成長が早まる現象を成長加速現象，初潮・精通や声変わりといった質的な成長がより低年齢で出現することを成熟前傾現象と呼ぶ。文部科学省（2020）の学校保健統計調査によれば，1900（明治 33）年の 17 歳の平均身長は，男性が 159.7cm，女性が 147.0cm であったのに対し，1990（平成 2）年には男性が 170.4cm，女性が 157.9cm までになった。その後は，大きな身長の変動はないことから，成長加速現象は止まったとみられている。一方，女子の平均初潮年齢は，1890（明治 22）年は 14 歳 9 か月だったのに対し，2008（平成 20）年には 12 歳 2 か月ほどまで低年齢化した。それ以降は成熟前傾現象も止まっている状況である。

　日野林（2013）は，このような成長と成熟の低年齢化，とりわけ成熟前傾現象は，ゆっくりとした安定的な成長期である児童期が短縮され，子どもが人格的・心理的に未熟な段階で性的に成熟する危険性をもたらすとの警鐘を鳴らしている。精神的発達と身体的発達のアンバランスがこの時期の子どもたちにどのような影響を及ぼすのか，それを周囲の大人達がどのように支え教育すべきなのか考える必要があるだろう。

●●● 3. 思春期・青年期の運動の発達

　すでに述べたとおり，思春期・青年期は，骨格や筋肉といった体の組織が急激に成長する。これは，成長ホルモンや性ホルモンの分泌が盛んになることが原因である。身体の成長に伴い，運動体力も目覚ましい向上がみられる時期であるとも言える。

　運動体力とは，筋力，瞬発力（パワー），持久力のことを指す。筋力は握力や背筋力といったゆっくりと筋肉を収縮させるときの力，瞬発力は跳ぶ投げる短距離を走るなど短時間で瞬間的に筋肉を収縮させる力，持久力は長距離走など比較的強度の低い運動を継続して行う能力のことである。筋力の指標として

握力，瞬発力の指標として膝関節伸展パワー（椅子に座って膝関節を曲げた状態から最大努力で一気に伸展させる力），持久力の指標として最大酸素摂取量の発達変化を図3-7，図3-8，図3-9に示す。いずれの力においても，11歳頃から急増すること，女子よりも男子においてその傾向が顕著であることがわかる。

　杉原（2014a）によれば，思春期・青年期は運動体力発達の敏感期であり，体力トレーニングの効果が最も大きくなる時期であるとのことである。一方で，

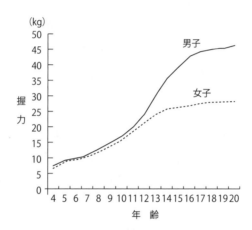

図3-7　握力の発達（杉原，2014a）

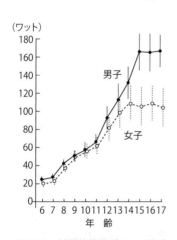

図3-8　膝関節伸展パワーの発達
（金子，1974）

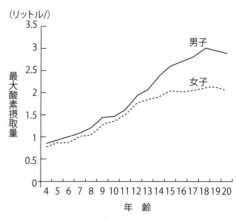

図3-9　最大酸素摂取量の発達（杉原，2014a）

先述のとおり，急激な身体の成長期であるがゆえの怪我が多くなる時期でもある。長時間かつ身体に過剰な負担がかかるトレーニングを避けるのはもちろんのこと，スポーツ傷害を予防するためのプログラムを実施するなど（たとえば，日本サッカー協会が提供する The FIFA 11+），指導者や保護者が正しい理解を持って関わることも重要である。

4 子どもと運動・スポーツの関わり

　ここまで，乳児期から青年期に至るまでの身体の発達の特徴と運動能力について概観してきた。それらを踏まえながら，子どもがどのように運動・スポーツと関わっていくべきか考えてみよう。

●●● 1. 幼児期

　幼児期は，さまざまな運動を経験することをとおして，運動パターンを修得し，運動コントロール能力を高める時期である。そうした運動能力を身につけるためには，運動遊びをすることが効果的であると考えられている。

　杉原ら（2010）は，幼稚園における体操・水泳・器械体操・サッカーといった運動指導頻度と運動能力の関係（図3-10），幼稚園の保育形態（一斉保育中心，自由な遊び中心，一斉と自由の半々）と運動能力の関係（図3-11）について調査を行った。その結果，運動指導を行っていない園の子どものほうが運動能力が高いこと，子どもたちが保育者の決めた同じ活動をする一斉保育中心の園よりも自由な遊びを取り入れている（自由もしくは半々）園の子どものほうが運動能力が高いことが明らかになった。また，自由遊びのときに運動遊びをする頻度の高い子どものほうが運動能力が高いことも示されている。この結果を受けて，幼児期においては，特定の運動の上達を目指した技術指導よりも，遊びの中で一生懸命取り組んだり，動きを工夫したり，自分のやりたい動きに挑戦したりするような運動経験を多くしたほうが，結果として運動能力の向上につ

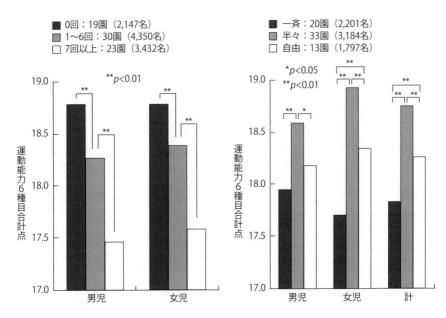

図 3-10　幼稚園での 1 か月あたりの運動指導頻度による運動能力の比較（杉原ら，2010）

図 3-11　幼稚園の保育形態別にみた運動能力の比較（杉原ら，2010）

ながると考えられているのである（杉原，2014b）。

　加えて，幼児期に外で体を動かす遊びをしていた頻度が高いほど，小学校入学後（10 歳時）の運動・スポーツの実施頻度が高いとの調査結果もある（図 3-12：スポーツ庁，2018b）。幼児期からの外遊び経験が，その後の運動習慣にも影響を及ぼすと考えられよう。

●●●　2. 児童期

　児童期は，スポーツに関連した動作を修得することが可能になる時期である。スポーツ庁（2018c）が小学 5 年生を対象に行った調査によれば，学校の運動部や地域のスポーツクラブに入っている子どもは男子で 78.0％，女子で 51.3％であったことからも，いわゆる競技性のあるスポーツに取り組む子どもの多さがわかる。また，運動やスポーツが「好き」あるいは「やや好き」と答えた子

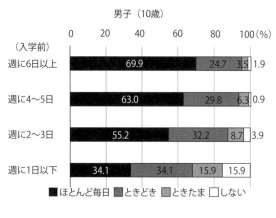

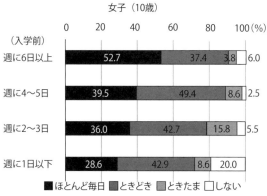

図3-12　入学前の外遊びの実施状況別に見た現在の運動・スポーツ実施状況（10歳）
（スポーツ庁, 2018b）

どもの割合は，男子が93.0％，女子が86.5％であった。この傾向は，平成20
～30年の10年間ほぼ変わっていない。しかし，少数ではあるが，「やや嫌い」
あるいは「嫌い」と答えた子どもたちの9割以上が体力・運動能力に自信がな
いと回答していた点にも注目したい。小学校高学年にもなると，体格や運動能
力の個人差も目立つようになり，運動への苦手意識を強める子どもも増えてく
るだろう。そのような子どもたちも引き続き運動を楽しめるようにするために
は，高い運動能力や技術を持つ者が有利になるような競争や勝敗の存在するス
ポーツだけでなく，純粋に身体を動かすことを楽しめるような運動の機会，も

しくは，うまい子も苦手な子も一緒に楽しめるようなルールを工夫した体育の
授業などが経験できると良いだろう。

●●● 3．思春期・青年期

　スポーツ庁（2018a）が実施した平成 29 年度運動部活動等に関する実態調査
報告書では，日本の中学生の 72.5％が運動部に所属しており，彼らのうち 59.6
％が 1 週間の活動日数を 6 〜 7 日程度または 7 日と回答している。また，1 週
間の活動時間を 14 〜 21 時間程度またはそれ以上と回答した中学生が 61.5％で
あった。すなわち，運動部に所属する中学生の多くは，ほぼ毎日，2 時間以上
の練習をしていることになる。こうした実態も踏まえ，スポーツ庁（2018d）
は「運動部活動の在り方に関する総合的なガイドライン」を示し，学期中は週
あたり 2 日以上の休養日を設けること，長期休業中にはある程度の長期休養期
間を設けること，1 日の活動時間は，長くとも平日では 2 時間程度，学校休業
日は 3 時間程度とすることなど，適切な休養日を設定することを求めている。
日本における熱心な運動部の活動は，子どもの運動時間の確保と体力向上に貢
献している一方で，「やり過ぎ」を指摘する声も多く，疲労骨折などのケガの
問題も引き起こしているとの指摘がある（たとえば，鈴木，2021）。
　人間の健康にとって，身体を動かし体力を維持・向上することの重要性は，
改めて説明するまでもない。しかし，発達途上の子どもにとって，誤った運動
体験は身体の発達を阻害し，かえって運動から遠ざけることにもなりかねない。
長く生涯にわたって継続しうる運動習慣を身につけるためには，身体の発達に
負担とならず，自発性をうながすような楽しい運動経験の機会を数多く得るこ
とが鍵となるだろう。

5　本章のまとめ

　本章では，乳幼児期から青年期までの身体と運動の発達について概観した。身体の発達は年齢とともに個人差が大きくなり，運動においてできることとできないことの差も個人間で広がっていく。また，乳幼児期には自然と身体を動かし，遊びの一部であった運動が，一部の者にとっては，健康・体力維持のためにやらなくてはならないもの，身体的・精神的な苦痛を伴うものに変化していくことも否定できない事実である。教育の場において，身体の発育と運動能力の個人差そのものを小さくすることは難しいであろうが，その個人差や運動をすることに対する感情・認知がネガティブに傾かないような配慮・工夫をすることは可能であるはずである。

第 **4** 章

言語の発達

　言葉は動物の中でも人間のみが使うことのできるものとして取り上げられることが多い。人間以外にも，文法規則のように音を組み合わせた歌をさえずる鳥や（岡ノ谷，2010），手話を覚えることのできたチンパンジーの報告はあるものの（Gardner & Gardner, 1975），それらの動物においても人間のように複雑な言葉をたくみに用いて意思疎通を行うことは難しい。では，人間の子どもは言葉をいつ頃からどのように獲得し使いこなしていくようになるのだろうか。本章では，幼児期までの発達におもに焦点を当て，言葉の発達プロセスやそれに関わる子どもの能力，言葉の獲得に関わる理論について述べていくことにしたい。

1 　乳児期

　乳児期の子どもは，成人のように明確な意味のある言葉を発したり，言葉の意味する内容を正確に理解しているわけではないが，泣きや微笑，発声，指さしなどを用いた前言語的コミュニケーション（preverbal communication）を行いながら，言葉を獲得するための準備をしている。この節ではまず，語を発し始める1歳までの乳児期の子どもが発する音声が言葉へと至る過程を整理していこう。

●●● 1．乳児期の音声の発達

　誕生時に産声を上げてから，乳児はしばらくの間泣き声によって自身の不快な状態を知らせようとする。この子どもの泣き声は叫喚発声と呼ばれる。生後2か月頃から，からだの発達とともに喉を使った発声を行い始める。とくに機嫌のよいときに「あー」や「うー」といった非叫喚音であるクーイングがみられる。この時期は，とくにまわりの大人に向かって微笑みを向けるようになり（社会的微笑），持続的な笑い声もみられる。生後4か月頃から，子音を含めた発声がみられ，過渡的な喃語が現れるようになる。この時期には，さまざまな高さや大きさの声を出して聞くという遊びをくり返す姿がみられる。強い息の音やささやき声，「ブーブー」・「キーキー」といった音や，うなり声など声遊び音声と呼ばれる多様な音声が認められる時期である（柳田ら，2011）。さながらひとりで言語音を出すための練習をしているかのような様子がうかがえる。

　生後6か月を過ぎると，「ババババ」や「ママママ」のような子音と母音のセットをくり返す規準喃語（反復喃語）が現れる。それに続いて生後10か月頃には「マンマン」のような非反復喃語が現れる。この時期の子どもは意味のある音声を発してはいないが，質問をしたり話しかけているような調子で発声し，あたかも大人のように言葉を話しているような印象を与える発声を行う。このような発声をジャーゴンと呼ぶ。生後1年頃になると，初めての語である初語が現れる。発声は必ずしも明瞭なものではないかもしれないが，普段接する養育者には，音声がある特定の意味を指していることが認められるようになる。言葉を話し始める最初期の語彙としては，「マンマ」「（いないいない）バー」「ワンワン」「あーあっ」といった語が多くの子どもにみられるようである（小椋，2007）。初語の出現により，乳児期は終わりを迎える。

　ここまで，乳児期の音声の発達についてふれてきたが，言葉を扱うためには言葉を発するだけではなく，言葉を聞いて理解する必要がある。そこで次に言葉を聞き理解するための準備を，乳児期の子どもはどのように進めているのかについてふれていく。

●●● 2. 乳児期の聞くことの発達

　子どもは乳児期より前の胎児期からまわりの音を聞いているようである（DeCasper & Spence, 1986; 水上ら，1984）。たとえば水上ら（1984）は，胎児に俳句を聞かせ出産後に同じものを聞かせると，心拍数に変化がみられると報告している。むろん，俳句を聞くことを経験しなかった子どもはそのような変化がみられなかった。このように胎児期に聞いた音声は，出生後の子どもの生理的変化や行動の変化に影響を及ぼしている。母親の子宮内は羊水で満たされているため，胎児へ向けて話しかけたとしても胎児にはどのような言葉がかけられているか明瞭にはわからない。しかしながら，音声の高さやスピードの変化といった抑揚は伝わるため（志村・今泉，1996），これらの情報を基にしてまわりの音を聞き分けているといえる。それでは，より明瞭な形でまわりの音を聞くことのできる乳児は，どのようにまわりの音を聞き，言葉を理解する準備をしているのだろうか。

(1) 乳児の好む音声

　乳児期前期の子どもは特定の音声を好む傾向があることが知られている。たとえば，生後3日以内の乳児であっても，自身の母親の話し声を母親以外の女性の話し声よりも好んで聞くことが示されている（DeCasper & Fifer, 1980）。またメーラーら（Mehler et al., 1988）は，生後4日の乳児が自身の家庭で話されている母国語で話された音声を，外国語で話された音声よりも好んで聞くことを明らかにした。このような子どもの傾向は，母親や自身が今後獲得するであろう言語を話す人物との相互作用をうながすことで，自身の獲得していく言語のインプットをより多く受けられる機能を持つと考えられる。

(2) 音の種類の聞き分け

　言葉を聞いて理解するには，言葉を構成する音を区別する必要がある。たとえば，日本語が母語である日本人は「r」と「l」の区別が難しいとよく言われるが，この「r/l」の区別ができなければ英単語の「rice（米）」と「lice（シラミ）」

を聞き分けるのは難しい。そのため，乳児期の言葉の発達の研究では，言葉を構成する音を聞き分ける能力について調べられている。

　乳児は発達早期から多くの音声対を区別しているようである。具体的には，1〜4か月児が「b/p」「d/t」「g/k」といった音の違いを聞き分けているという報告がある（Eimas et al., 1971）。ただこれらの音を聞き分ける能力は母語の影響を受け，乳児期後期には母語に存在しない音の聞き分けは難しくなっていくようである。たとえば，ワーカーとティース（Werker & Tees, 1984）では英語のみを話す家庭で育った乳児に対して，英語では区別しない音の違い（ヒンディー語の歯茎音の「タ」とそり舌音の「タ」）が聞き分けられるかを調べている。その結果，生後10か月を過ぎたあたりで，英語では区別しない音の違いを聞き分ける率が大きく減少することが示されている（図4-1）。また，同様の研究を日本語環境で育った子どもの「r/l」の区別で行ったものもみられており，やはり生後10か月を超えると英語の「r/l」を聞き分ける率が，英語環境で育った子どもよりも低下するという結果も得られている（林，1999）。この母語に存在しない音の区別が難しくなることは，乳児がもともと持っていた能力を失うことを意味するととらえられるかもしれない。しかし母語を獲得していくうえで必要な区別のみを残していくことは，乳児が自身の言語環境に沿って効率的に母語を獲得できるように，音を聞き分ける能力を洗練させてい

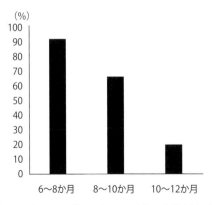

図 4-1　ヒンディー語の音の区別のできた英語が母語の乳児の人数割合（Werker & Tees, 1984）

くものであると考えられる。

(3) 単語の切り出し

　子どもが聞く音声は，音の連なりが長く続くものであり，言葉を獲得する際に子どもはその音の連なりの中からどこからどこまでが単語であるのかを決める必要がある。たとえば哺乳瓶を用いて授乳をする際に養育者が次のような語りかけを行った場合を考えてみてほしい。

　「ミルクが欲しいの？ミルクを飲もうね。ミルクおいしいね。」

　このような語りかけを見てみると，私たち成人は言葉の知識が豊富であるため「ミルク」は1つの単語であるとすぐにわかる。しかし言葉の知識がまだほとんどない子どもは，「ミルク」が単語なのか，「ルクが」が単語なのかはわからない。このように話される音声から，どこからどこまでが単語であるのかを切り出すことはセグメンテーションと呼ばれている。

　乳児期の子どもは，話される音声に含まれる情報から，単語のセグメンテーションを行っているようである。その中の1つが，音が次のどの音とつながっているかの確率（遷移確率）である。先の例にあげた語りから考えてみると，単語である「ミルク」は単語内の音の並びは常に同じとなっており，「ミ」の次に「ル」，「ル」の次は「ク」である。しかし単語「ミルク」を超えるところで，つまり「ク」の後の音には「が」や「を」が続いており，次に続く音が常に同じ音とはなっていない。このように次に続く音の遷移確率をもとにして，常に同じ並びで出てくるセットを単語として認識していることが8か月児において確認されている（Saffran et al., 1996）。また，音の遷移確率以外にも，アクセントの強弱のパターンを用いて子どもは単語を切り出すようである。強弱強弱というアクセントパターンの場合，強いアクセントの前で単語が切れるといったように，音声の抑揚に関する手がかりを用いて，生後7.5か月の乳児が単語の切り出しを行っていることが示されている（Jusczyk et al., 1999）。このように乳児は，音を区別するのみならず，単語の境界がどこまでであるのかを，発話の中に含まれる情報を用いながら確定させている。

(4) 言葉が対象を指すことの理解

　音を区別し音のかたまりを単語として切り出すことができたとしても，それが何を指しているか，何について述べられているか，単語とそれが参照している対象とを結びつけることができなければ，その音のつながりを意味のある語として獲得することは難しいだろう。乳児期は，この言葉が対象を指し示すものであることを理解するための準備も進めている。

　生後9か月を過ぎると，乳児はそれまで自身－モノ，自身－他者といった二項関係でなされていたやりとりを広げ，自身－他者－モノといった三項関係でのやりとりを行い始める（図4-2）。三項関係が成立するとそこから生後12か月にかけて，相手である他者が何を見ているか，視線の先にあるものを追い相手が何を見ようとしているか理解し始める（Woodward, 2003）。また同時期にやりとりを行う相手が指さす対象に目を向けたり，自身も指さしを用いるようになり（Butterworth & Jarrett, 1991; Liszkowski, 2004），同じ対象へ注意を向ける共同注意がみられるようになる。さらには，乳児はあいまいな状況におかれた場合に，たとえば見知らぬおもちゃに近づいてよいかどうかわからない状況では，相手の表情を見て自身の行動を調整する社会的参照を行うようになる（Sorce et al., 1985）。これらの非言語的なやりとりは，乳児が相手がそこにある対象へ注意を向けていることを理解していることを示唆するものである。このようなやりとりを基盤として，おそらくはそれらのやりとりと同時になされる言葉かけを頼りに，相手の発する言葉を対象と結びつけるようになるのだ

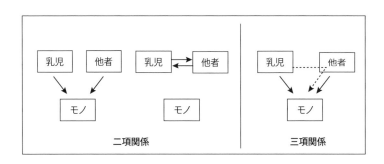

図4-2　二項関係と三項関係の模式図

ろう。

　また乳児期の終わり頃の生後12か月には，その場で聞いた言葉－モノの対応関係が，ある程度モノを取り巻く状況が変化しても変わらないことを理解しているようである（金重ら，2017）。これは，たとえばリンゴはそれが1つだけある状況でも，他の果物と一緒にある状況でも同じ「リンゴ」と呼ばれることを理解しているか，というものである。この研究では，まず12か月児に見慣れない新奇なモノが1つだけ置いてある状況で，女性がそのモノを持ちながら聞いたことのない新奇な言語ラベル（「これ，ヘクだよ」）を発する場面を見せている。その後，すでにラベルが与えられたモノと，それとは別のモノが2つある状況で，女性が先ほどと同じモノを手に取り再び同じ言語ラベルを発する場面と，別のモノを手に取り同じ言語ラベルを発する場面を見せ，乳児がそれぞれの場面をどのくらい長く見たか，注視時間を測定したものである。その結果，乳児が最初とは別のモノにラベルを発した場面を同じモノにラベルを発した場面よりも驚いて長く注視する，つまり別のモノにラベルを発するのはおかしいと感じていることが見いだされた。これは，たとえ状況が変化したとしても（その場にあるモノが増えたとしても）始めに見ていた1つだけあったモノと「これ，ヘクだよ」という音声の対応関係が，モノが増えた状況でも維持されることを理解していることを示唆している。またこの注視時間の違いは，女性が音声を発さず手にモノを持つだけの条件や，感情を表現する（「わー」といいながらにっこり微笑む）条件ではみられなかった。女性が発した音声は言語ラベル（「ヘク」）以外にも，モノの名前を伝えるような文法枠組み（「これ，＿＿だよ」）も含まれていたため，子どもがどこまで明確に言語ラベル（ヘク）とモノを対応づけていたかは明らかではないものの，モノを持つ動きのみや感情の表出ではモノとの対応関係を状況を超えた一貫したものとは受け取らず，言葉らしい発声でのみ状況を越えた対応関係の一貫性を見いだすことを示唆するものである。

　このように言葉以外の他者とのコミュニケーションに支えられながら，この時期の子どもは言葉とそれが指す対象との関係を理解し，言葉を獲得し話すための準備をしていることがわかる。

2　幼児期

　前節では，子どもが言葉を発する前の乳児期において，子どもが言葉を獲得する準備をどのようにしているのかにふれてきたが，この節では，話し始めた子どもがどのように言葉を発達させていくのかについてふれる。この時期の言葉の発達として大きく発達的変化がみられる，語彙（話すことのできる語）の増加と文法の獲得を中心としながら，幼児期の言葉の発達について述べていく。

●●● 1．言葉を増やしていく過程：語彙の増加

　話し始めたばかりの子どもの語は，大人が使う語の意味とは異なる範囲で用いることがある。たとえば，「ワンワン」という語を，イヌだけではなく，ライオンやウマのような四足の動物全般に用いることがある。また「パパ」は自身の父親だけでなく成人の男性を指すことがある。このように子どもが大人より広い意味の範囲で語を適用することを過大般用（overextension）と呼ぶ。ただし，大人よりも広い意味で語を用いるからといって，必ずしも子どもがそう考えている，つまりイヌもライオンもウマも「ワンワン」だととらえているかは注意が必要であるとの指摘がなされている（小林，2008）。話し始めの子どもは，使うことのできる語が少なく，なんとか使えるものを用いてコミュニケーションを取ろうとしているかもしれないからである。これとは逆に，大人よりも狭い意味範囲で語を適用することも見受けられる。たとえば，隣の家のペットのイヌのみを「ワンワン」と呼ぶことがそれにあたる。これは過小般用（underextension）と呼ばれる。

　このように話し始めの子どもは，語とその意味の範囲の対応づけにいささか苦労しているように見受けられる。そのためかどうかは明確ではないものの，話し始めの子どもの産出語彙の増加はゆっくりである。月に平均して5～6語程度とも言われる。しかし，子どもが生後20か月になる頃，語彙が約50語を超えたあたりで，語彙数を急激に増加させる。このような語彙の急激な増加は

語彙爆発と呼ばれている。

●●● **2. なぜ語彙が急激に増加するのか**

　語彙を急激に増加させるには，聞いた語とその意味を短時間で対応づけていくことが必要だと考えられる。しかし，モノがある場面で語が発せられたのを聞くだけでは，その語に対応する意味は本来多くの可能性が存在するために，話者の意図した意味を限定できない（Quine, 1960）。たとえば，ニンジンを食べている白いウサギを見て，養育者がそのウサギを指さしながら「ギャバガイ」と言ったとしよう。そのときに発せられた「ギャバガイ」の意味は，ウサギだろうか，それとも白い色だろうか，それとも食べていることを指すのだろうか。知らない語の意味を確定させるには，「ギャバガイ」が他のどの場面で使われるか，あるいは使われないか，あるいはウサギがいないときにも使われるのか，といったように1つずつ仮説検証し，その意味を限定していく必要がある。このようにモノに対して発せられた語を聞いた際に，その語の意味を限定できないことをギャバガイ問題と呼ぶ。

　しかしながら，語彙を急激に増加させていく時期の子どもは，一つひとつその意味を確かめる時間がないにもかかわらず語彙を増やしていく。なぜこのような急激な語彙の増加が起こるかについては，さまざまな理論的な説明がなされている。

　その仮説の1つは，子どもがモノには名前があることに気づくからである（命名の洞察；Kamhi, 1986）。この時期の子どもは「これ，何？」のようにまわりの大人に向けてモノの名前を何度も聞くような姿がみられる（命名期）。子どもがモノに名前があることに気づくと，まわりの大人，とくに養育者に名前を尋ね，聞かれた大人はモノの名前を答える，というやりとりのパターンを使いながら，モノの名前についての語彙を増やしていくと考えられる。

　これとは別の仮説として，子どもが新しく聞いた語の意味を特定のものに限定するような原理（認知的制約）を用いている，というものがあげられる。たとえば，モノ（ウサギ）に対して語が発せられた場合，その語の意味はその

モノ全体（ウサギ全体）のことを指し，モノの一部（ウサギの耳の部分）を指しているのではないと考える事物全体制約である（Markman, 1990）。他にも，語の意味はカテゴリー（ウサギという動物全般）を指し，そこで示された特定の1つ（目の前のウサギだけ）を指しているのではないと考えるカテゴリー制約や（Markman & Hutchinson, 1984），知らない語は既知のモノでなく知らないモノの名前であるとみなす，相互排他性制約があげられる（針生, 1991; Markman & Wachtel, 1988）。

　これら以外にも語の意味を素早く限定するための子どもが持つ性質について仮説はあるものの（たとえば，Gershkoff-Stowe & Smith, 2004），実は語彙の急激な増加はすべての子どもにみられるものではなく，急激な増加がみられない子どももいることが報告されている（Goldfield & Reznick, 1990）。そのため，これらの仮説であげられている語を増やすための方法を，すべての子どもが用いているわけではないのかもしれない。またここで述べた仮説も，語彙爆発の原因としての決定的証拠とはなっておらず，さらなる研究の蓄積の必要性が主張されている（小林, 2018）。そのような現状ではあるものの，これらの仮説からは，すぐに語の意味を理解するには，ただ単純に見て聞けばよいのではなく，さまざまな仕組みを用いながら，語の意味を推察していく必要があるということである。

●●● 3. 言葉がつながるとき

　話し始めの子どもは「ワンワン」のように1つの語で発話を行う（一語発話）。この時期は1つの語のみでのやりとりとなるため，子どもの伝えたい内容をその発話から理解するのは難しい。「ワンワン」という子どもの発する語がさまざまな状況で用いられ，イヌがいたことを伝えたいのか，イヌに触りたいのか，それともイヌが怖いのか，その伝えたい内容が不明確な発話である。そのため，これまでの子どもとのやりとりや子どもの表情や身振りなどからくみ取る必要がある。

　語彙の急激な増加がみられ始めるのと同時期に，子どもは語と語をつなげて

用いるようになる。「ワンワン　いた」や「パパ　いった」というように2つの語をつなげた二語文が現れてくると，子どもの伝えたいことも幾分はっきりとしてくる。語をつなげて話し始めた子どもの発話は，上の例のように，それだけでは意味が取りにくいが文法的な関係を示す機能語（日本語の助詞「が」「を」や英語の冠詞「a」「the」など）を省略した発話となることがある。このような発話は，電報を打つときに用いられる文体に似ているため，電文体発話と呼ばれている。

　二語文が出始める頃に助詞や助動詞の使用もみられ始める。たとえば生後12か月から27か月までの子どもの産出する語を調べた小椋（2001）では，生後18か月には終助詞「て」や過去の助動詞「た」が用いられ始めることが示されている。また同じ研究で，助詞は生後21か月から24か月にかけて，助動詞は生後24か月から27か月にかけて種類が急速に増えることも示されている。2歳前後に子どもはさまざま助詞や助動詞を使えるようである。

　二語文に慣れ習熟してくると，語が三語，四語と連なる多語文を話すようになる。多くの語を自由に組み合わせて話すには，どういった語順にするかといったように文法のルール（統語規則）を用いることが前提である（小椋，2015）。そのため，二語文を話し始めてから多語文へと至る過程で語をつなげるための文法を獲得していることが示唆される。さらに2歳半から3歳になる頃には，複文のような複雑な文構造を持つ発話がなされる（綿巻，2001）。このように3歳になる頃には，文法についての知識も獲得しながら，文の形式でのやりとりを大人と行うようになる。この頃には子どもは，大人との支障のないコミュニケーションがとれるようになる。

●●●　**4. 文法獲得の理論**

　幼児期の子どもの文法に関わる発達を見てきたが，それでは文法の獲得はどのようになされていくのだろうか。語彙の獲得と同様に，文法獲得についての理論的説明もさまざま存在するが，ここでは代表的なものとして，チョムスキー（Chomsky, 1965, 1975, 1995）の普遍文法とトマセロ（Tomasello, 1992）の

動詞－島仮説についてふれる。

　チョムスキーは，子どもが最終的に獲得する文法の複雑さに比べ，子ども
の受け取るインプット，つまりまわりの大人から語りかけられている言葉の
持つ文法の情報は乏しいことを指摘し（刺激の貧困），子どもは生得的に言語
獲得装置（Languege Acquisition Device: LAD）を備えていると主張した（鈴
木, 2005）。これはつまり，養育者は子どもに言い間違いや言い淀みを含めた
文法的に不正確な発話を多く行うが，そのような経験のみから子どもが正しく
文法を獲得していくことは難しく，不正確なインプットであっても正しく文法
を獲得できるような，生得的な文法獲得装置が子どもに備わっていると考えた
ためである。また彼はこの言語獲得装置に，日本語や英語といった特定の言
語に限定された個別文法ではなく，あらゆる言語に通用するような普遍文法
（Universal Grammar）が組み込まれていると主張した。たとえば，O（目的
語）と V（述語）の語順で考えた場合, 取りうる可能性は OV か VO のみである。
日本語の語順では「何をどうした」という OV の順で文が構成されるため，そ
のインプットを受けた場合にスイッチのようなものが入り，OV という文法を
獲得する。一方で，英語は「どうした何を」の VO の順で文が構成される。そ
のようなインプットを受けた場合は VO という文法となる。このように文法の
基になる原理（OV or VO）が，インプットをもとにそれにより近い文法に
設定されることで子どもは文法を獲得する，というものである。このチョムス
キーの普遍文法は，子どもの文法獲得の生得性を強く主張する考えである。

　それに対して子どもが動詞をどのように使用しているかから文法獲得の理論
を唱えたのがトマセロである。彼は娘の Travis の発話を記録し，動詞がどの
ように用いられているかを分析した（Tomasello, 1992）。その分析をとおして
トマセロは，動詞を獲得したばかりの子どもは，動詞とともに用いられる要素
や語順が個別の動詞ごとに決まっていることを見いだした。たとえば，「cut」
は目的語とともに「cut ＿」という形でのみ用いられ，主語とともに「＿ cut」
の形では用いられないというようなものであり，このルールは動詞によって異
なっていた。このような結果から, 動詞に関わる文法は, 離れ小島のように点々
と個別の動詞ごとに獲得されるという動詞－島仮説（verb island hypothesis）

を打ち出した。この仮説では，動詞が増えるにつれて多数の動詞に共通するような汎用的な文法を獲得すると考えられている。

　文法獲得において代表的な 2 つの理論を説明してきたが，これら以外の立場からも研究が活発に行われている。いまだ議論の尽きない子どもの文法の獲得は，それがいかに複雑なものであるかを示しているといえる。

●●● 5.　言葉から話者を理解する能力

　幼児期の後半になると子どもは，集団生活を円滑に行うための社会的なルールを理解する，他者の内的な心を推測する，自己を抑制するといった社会的な発達を見せる。このような時期に子どもは，情報を伝達する手段として言葉を用いるだけでなく，相手がどのような人物なのかを知るための手がかりとして使い始める。

　3 〜 4 歳頃になると，子どもは相手の話す内容や話し方（方言）を基に，他者への信頼を形成し，コミュニケーション相手として好ましい人物を選択するようになる。たとえば 4 歳児は，新しいモノの名前を教えられる場面で，子どもが名前を知っているモノに対し名前がわからないと話す他者や間違った名前をつける話者よりも，正しい名前をつけることのできる話者からより学ぼうとする（Corriveau & Harris, 2009; Harris & Corriveau, 2011; Koenig, & Harris, 2005）。これは，4 歳児が話す内容の正確さを基に選択的信頼（selective trust）を形成しており，言葉の学習において信頼できる他者から学ぼうとするためであると考えられている。また英語が母語の 4 〜 5 歳児は，外国語訛りの英語話者よりもネイティブの英語話者からモノの機能を学ぼうとしたり（Kinzler et al., 2011），ネイティブの英語話者をより好ましいと判断し友人になりたがる傾向がみられる（Kinzler et al., 2009）。また東京在住の 3 〜 5 歳児は，岡山方言話者よりも東京方言話者をより好み，東京方言話者からモノの名前や知らない動物の特徴を学ぼうとする（金重ら，2019）。方言は話者の属する社会的な集団を示すものであるため，生後 3 歳以降の幼児は，その属する社会的集団が同じかどうかを基に，話者を信頼するかどうかを決め，その人物とのコ

ミュニケーションをとるかどうかを判断しているようである。

　このような子どもの傾向は，子どもが言葉を単に他者の内的な思考や感情の伝達手段としてみなしているのではなく，他者が信頼できる人物か，同じ集団に属する人物かといったような，他者自身についての社会的な情報を伝えるものとしてとらえていることを示している。

●●● 6. 文字の読み書きの発達

　幼児期の終盤には言葉の能力をさらに洗練させ，言葉を意識化するメタ言語能力を示すようになる。高橋（2005）はこの時期に発達するメタ言語能力の1つとして，話し言葉の音に意識を向け操作を行う音韻意識（phonological awareness）をあげている。たとえば，「まくら」を「ま・く・ら」の3つの音に分ける（分解），「まくら」と「あくび」で同じ音を見つけられるか（抽出）といった操作である。このように音を分解したり抽出したりするような音韻意識に支えられ，音と文字の対応づけが進むと文字の読み書きがみられるようになると考えられる。

　文字の獲得としては，ひらがなの読み書きを調べた島村・三神（1994）があげられる。この研究は保育所・幼稚園に通う3歳児クラス（平均年齢4歳2か月）・4歳児クラス（平均年齢5歳2か月）・5歳児クラス（平均年齢6歳2か月）の幼児1202名を対象に，読むことのできるひらがなの文字数と書くことのできるひらがなの文字数を調べたものである。清音・撥音・濁音・半濁音の計71文字を用いて調べられた。幼児の読字数・書字数別の人数割合分布を表4-1に示す。読字数，書字数のどちらに関しても3歳児クラスから5歳児クラスにかけて読み書きできる字数が増加するほうへ人数の割合が移行している，つまりひらがなの読み書き能力がこの時期に発達していることがわかる。また，読字数に関しては中間にあたる字数区分の割合が低く，両極の字数区分の割合が高くなる偏った分布となっている。これは，いったん文字と音との対応ができて読めるひらがなが出始めると，短い時間でほぼすべてのひらがなを読めるようになるという急速な発達がみられると解釈できる。それに比べ書字数はゆるや

表 4-1　幼児ひらがなの読字数・書字数の分布（島村・三神, 1994）

読字数の分布（%）					書字数の分布（%）			
読字数	3歳児	4歳児	5歳児		書字数	3歳児	4歳児	5歳児
0-4	53.9	9.3	0.7		0-4	76.7	27.2	3.4
5-9	8.0	6.3	1.1		5-9	8.3	10.2	3.8
10-14	5.2	3.5	0.4		10-14	4.6	9.3	2.0
15-19	3.1	3.7	0.9		15-19	3.4	7.4	3.1
20-24	3.4	2.8	0.7		20-24	1.5	6.5	2.7
25-29	0.9	1.4	0.4		25-29	1.9	7.6	5.6
30-34	0.9	1.9	0.2		30-34	0.6	6.3	6.1
35-39	1.2	1.4	0.4		35-39	0.6	5.3	8.5
40-44	1.5	1.6	0.9		40-44	0.3	5.1	7.0
45-49	1.2	3.0	1.3		45-49	0.6	5.6	8.7
50-54	2.5	3.2	1.1		50-54	0.0	3.7	11.2
55-59	2.2	2.8	2.5		55-59	0.9	3.2	12.6
60-64	1.5	9.5	4.9		60-64	0.6	1.9	14.6
65-69	5.2	13.9	17.9		65-69	0.0	0.7	9.4
70-71	9.3	35.7	66.6		70-71	0.0	0.0	1.3

かに字数の増加がみられ，読みよりも難しいようである。書字数の分布は読字数の分布と異なり，とくに5歳児クラスは両端に偏るという傾向がみられない。そのため，ひらがなの読みと書きの発達は異なるプロセスをたどることを示唆する結果といえる。ただし，この研究での読み書きは，1つのひらがなについて問うものであるため，単語や文の読み書きとは異なるものではあるが，幼児期の終わり頃にはある程度の文字の読み書きができることがわかる。

3　学童期

　小学校へ移行し児童期となった子どもの主体的な言葉の活動は文字を用いたものである。そのため，この時期は読書や作文などの活動がみられるようになる。このような変化に伴い，子どもの言葉の性質も大きく変化する。この節では，乳幼児期と児童期の言葉の性質がどのように違うか，とくに一次的言葉と

二次的言葉に焦点を当ててふれる。最後に，教員がとくに知っておく必要のある言葉の障害である，発達性ディスレクシアについてふれる。

●●● 1．一次的言葉と二次的言葉

　岡本（1982, 1985）は，乳幼児期から児童期にかけて言葉は質的に大きく変化するものであるととらえ，乳幼児期までの言葉を一次的言葉，児童期からの言葉を二次的言葉と分けた（表4-2）。一次的言葉は，家庭や園でなされる日常的な会話のような，話し言葉によって行う自分をよく知る親しい特定の人との応答的なやりとりであり，その場の状況を相手と共有しているために，たとえ言葉足らずであったとしても十分言葉が伝わり得るコミュニケーションの形式である。一方で，二次的言葉は，小学校の授業での発表や作文といったように，話し言葉や書き言葉を用いて，その場の状況とは切り離された形で直接関わることのない見知らぬ不特定の他者に対して一方向的に用いられるものである。また応答がないため，自分で話の道筋をつくりながら言葉のみで伝える必要がある。

　岡本（1985）は二次的言葉を機械的に詰め込むだけで，一次的言葉と二次的言葉のつながりや，一次的言葉自体を深めることを考えずに行う教育のあり方に警鐘を鳴らしている。これは一次的言葉が子どもの実際の経験に根差した子どもの実感を伴った意味を含んだ言葉であり，それを基盤として二次的言葉を形成しなければ，獲得した二次的言葉が空虚で意味のない貧困なものとなるからである。しかし，この指摘から35年ほど経過した現在では，その心配は杞

表4-2　一次的言葉と二次的言葉の特徴（岡本，1985）

コミュニケーションの形態	状況	成立の文脈	対象	展開	媒体
一次的言葉	具体的現実場面	言葉＋状況文脈	少数の親しい特定者	会話式の相互交渉	話し言葉
二次的言葉	現実を離れた場面	言葉の文脈	不特定の一般者	一方向的自己設計	話し言葉書き言葉

憂といえるかもしれない。小１ギャップと呼ばれるように，小学校への移行の難しさが着目され，保幼小の連携が叫ばれている現状では，以前よりも移行時点での教育のあり方が問われているため，子どもにとって小学校への移行は当時よりも難しくないのかもしれない。また，小学校学習指導要領にも「主体的・対話的で深い学び」や「アクティブラーニング」という記述があるように（文部科学省，2018），一次的言葉を深めるような活動が推奨されつつある。しかしながら，ここでの一次的言葉と二次的言葉の性質が大きく違うという指摘は，子どもの言葉の発達を幼児期からの連続としてとらえ，児童期の言葉の発達をうながす言葉の活動を考えていくうえで一考の価値はあるものである。

●●● 2. 発達性ディスレクシア

　子どもの言葉に関わる障害として，発達性ディスレクシアがある。発達性ディスレクシアは発達性読み書き障害と呼ばれる学習障害の１つを指すものである。文部科学省の定義では，「学習障害とは，基本的には全般的な知的発達に遅れはないが，聞く，話す，読む，書く，計算する又は推論する能力のうち特定のものの習得と使用に著しい困難を示すさまざまな状態を指すものである。学習障害はその原因として，中枢神経系に何らかの機能障害があると推定されるが，視覚障害，聴覚障害，知的障害，情緒障害などの障害や，環境的な要因が直接の原因となるものではない」とされている。この特定の学習のうち，読み書きの学習が著しく困難な場合が発達性ディスレクシアである。ディスレクシアは成人であれば読字障害のみを指すものであるが，子どもの場合，読むことの困難さが書字にも影響するため発達性の場合は読み書き障害と訳されている（橋本，2012）。

　児童期にはあらゆるところで読み書きを用いた学習を行うため，この発達性ディスレクシアは学習成績の低下や学習意欲の低下が引き起こされやすい。また話す・聞くといった言葉の使用は問題がないため，学童期になるまで気づかれにくい特徴がある。さらに一般社会の認識率が低いために，困難を伴っていても本人や家族が自覚していなかったり，教師が知らないため気づけない場合

があることも指摘されている（浅野，2015）。そのため，子どもの言葉の発達において，学童期に読み書きの困難を起こしやすい子どもが存在することを心に留めておく必要がある。

　また，発達性ディスレクシアを含めた学習障害は，知的な遅れがみられないため，周囲からなぜできないのかその困難さを理解されにくい。読み書きが十分にできない場合に，本人の怠慢さや努力不足のためと誤解されてしまうことがあり，教師や保護者から過度な叱責を受ける場合もある。その結果，自尊心の低下や，不登校や引きこもりといった問題が生じてきてしまう。知的な遅れはみられないため視覚ではなく音声による学習をうながす，視覚教材を工夫する，できないことを責めるのはなく得意なことを支援するといった対応が望ましいだろう。発達性ディスレクシアを持つ子どもの困難さは子どもによってさまざまであり，たとえば池田（2013）では日本語の発達性ディスレクシアの症状をまとめると14種類存在することが報告されている。そのため，ひらがなは読めるが漢字は難しいといったことも起こりうる。また日本語の読み書きは不自由がないが，中学生になり英語を学習する際に困難を生じうる可能性の指摘もある（澤井・村山，2020）。そのため，発達性ディスレクシアを持つ子どもの支援を考える際には，まずはどこにどのような困難が生じているのか，正確にアセスメントを行うことが必要だろう。

　本章では，言葉の発達について，おもに言葉を獲得するまでと言葉の獲得に関わる理論を中心に述べてきた。私たちは幼い頃の記憶が残っていることはまれであり，言葉を覚えていく過程を思い出すことは非常に難しい。また子どもと接していると，彼らは次々と新しい言葉を使い始めるように見えるため，子どもがたやすく言葉を覚えて使うように見えるかもしれない。しかしながら，言葉を獲得し使いこなすようになるために，子どもはさまざまな準備をし，さまざまな困難を乗り越えているのである。

第5章

認知の発達

1 認知とは

　「認知」という言葉は日常生活や研究場面で用いられており，その意味は多岐にわたる。心理学における「認知」には，狭義と広義の2つの意味がある。狭義の意味では，感覚から得られた情報がどのようなものであるかを明確に認識する機能を指す。これは身の回りの情報を理解する働きの1つであり，感覚から得られた情報を理解する働きである知覚の中でもより高次の情報（ものに対する印象など）を扱う際に用いられる。他方，広義の意味では，知覚を含めた記憶，思考，学習などのさまざまな知的機能を指す。つまり，「認知」はヒトの活動に関する働き，その中でもとくに複雑な情報を扱っている機能であると定義される。

　広義の認知は，ヒトのあらゆる行動と関わっている。たとえば，「見る」，「話す」，「考える」といった一般的な行為から，「書く」，「覚える」，「計算する」など教育現場で重視される能力も認知に含まれる。他にも，自分の身体の動きをコントロールする運動制御や，自分自身を見直すメタ認知といった働きも認知の働きに含まれる。

　このように認知は日常生活を円滑に営むためになくてはならない機能の1つである。本章では，広義の認知に焦点を当て，認知機能の発達についてその神経的基盤と理論を概観する。その後に，子どもの物体に対する概念の発達と認知発達の様相が時代とともに変化していることを説明する。

認知の発達的変化

●●● 1. 認知発達の神経基盤

(1) 中枢神経系の構造と働き

　知的機能である認知の発達は脳の成熟と強く関連している。ここでは，まず脳の機能の概略を説明したのち，胎児期に脳がどのように成熟してくのかを説明する。

　ヒトの持つ多くの機能は神経系によって制御される。神経系は，末梢神経系と中枢神経系に分けることができる。末梢神経系は，感覚から得られた情報を中枢神経に伝え，また中枢神経系からの指令を体の各部位に伝える役割を担っている。中枢神経系は，ヒトにおいては脳と脊髄の部分を指す。脳は，認知を始めとして，運動，意識などのさまざまな高次神経機能を発現し，また生命維持活動の中枢でもある（図 5-1）。

　ヒトの脳は終脳（大脳），間脳，中脳，橋（きょう），延髄，小脳に分類される。終脳は，大脳と呼ばれることが多く，左右に対をなす大脳半球によって構成される。終脳には機能局在という，部位によって異なる働きを担う特性があり，その位置

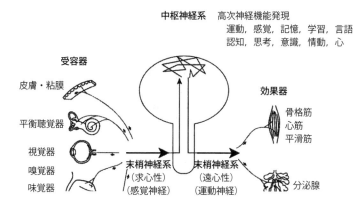

図 5-1　神経系の概略（渡辺，2002）

によっておおよそ前頭葉，頭頂葉，側頭葉，後頭葉の4つの領域に分けられる。前頭葉は脳の前部にあり，出来事の予測や行動の選択といった思考や行動を制御する実行機能に関与する。頭頂葉は頭頂部にあたる部位であり，視覚，聴覚，触覚などの感覚からの情報を統合する働きをしており，物と物との位置関係を把握する空間認知に関連している。側頭葉は頭の側面部分にあり，聴覚処理に関わっており，他にも記憶，言語，物体の認識も担っている。後頭葉は後頭部にあたる部分であり，視覚や色彩の認識と関連している。

　間脳は，終脳と中脳の間にあり，視床，視床上部，視床下部と呼ばれる部位で構成される。視床は視覚や聴覚の情報を中継する役割を担っている。また，視床下部は自律神経系やホルモンなどの内分泌系の機能の制御にも関係する。中脳・橋・延髄は，それぞれ終脳と間脳の下部に位置しており，これらを合わせて脳幹と呼ばれる。脳幹は脊髄と同じように脳と身体を結んでいる。また，自律神経系を直接制御する機能も担っており，意識，運動，睡眠機能とも関わる。脳幹の後ろ側にある小さなコブのような形をしている部位が小脳である。小脳は脳全体の神経細胞のうち約半分を内包している。小脳は平衡感覚を保ち，運動を意図したとおりになるように調整する働きを担っている。

(2) 神経細胞の発達

　神経系には，ニューロン（神経細胞）と呼ばれる細胞が多く分布している。ニューロンは，他の細胞と比べて情報を受け取り伝達しやすい構造になっていて，細胞体，樹状突起，軸索，軸索終末の4つの部位から構成される（第3章図3-5を参照）。細胞体の中心部には細胞核が存在し，細胞の活動に必要なたんぱく質などを生成している。樹状突起は，他のニューロンから情報を受け取る部分である。軸索は，他のニューロンへ情報を送る部位である。軸索終末は，他のニューロンの樹状突起へと情報を送る部位であり，とくに軸索終末と樹状突起が密接している部分はシナプスと呼ばれる。

　ヒトの神経細胞は，胎児のときから著しく発生，発達していく。受精後5週目頃には，脳の分化が始まり，6週目には，終脳，間脳，中脳，後脳，髄脳の5つの部位に区別できるようになる。その後，後脳は小脳と橋に，髄脳は延髄

に分化する。終脳の発達は受精後 100 日前後（12 週から 13 週頃）から急速に始まり，誕生直前の 9 か月頃（36 週頃）には，ほとんど成人の脳と同じ形になる。

　胎児の脳は形態的な成熟だけでなく，機能的な働きも認められる。視覚を除く感覚機能は胎児の段階で成熟するとされる。受精後 11 週で皮膚感覚，21 週で平衡感覚，24 週で嗅覚と味覚，聴覚という順で感覚系の成熟がみられる。また，胎児期における認知機能の働きが示唆されている。たとえば，受精後 27 週以降に聞こえた音を赤ちゃんが覚えていることが示されている。デキャスパーとスペンス（DeCasper & Spence, 1986）は，胎児が母親の胎内にいるときに聞いた内容を学習していることを示唆した。彼らは，出産日までの 6 週間（34 週）から妊婦に毎日 2 回子ども向けの物語を大きな声で読ませた。その後，生後 2 日から 3 日目に，赤ちゃんに物語の一部の単語を新しいものに変えた物語（「ネコ」を「イヌ」に変えるなど）を聞かせ，そのときの吸啜（おしゃぶりを吸うこと）の頻度を測定した。その結果，知っている物語を聞いているときの赤ちゃんの吸啜の頻度が，新しく聞いた物語を聞くよりも多くなった。このことから，デキャスパーとスペンスは，赤ちゃんが母親の胎内にいたときの話を聞いて記憶できると主張している。

●●● **2. ピアジェの認知発達理論**

(1) ピアジェの認知発達理論の原理
　出生後の子どもの認知発達の過程を示した代表的な理論として，ピアジェ（Piaget, J.）の認知発達理論があげられる。ピアジェの認知発達理論は認知機能の発達が身体的発達と関連するとしたところに特徴がある。つまり，子ども自身が周囲のものに働きかけを行い，その結果を観察することによって，自身の知識を精緻化させていくとしている。ピアジェはそのときの子どもの行為を記述するためにシェマという概念を提案した。ピアジェとイネルデ（Piaget & Inhelder, 1966）によると，シェマとは，「活動の構造あるいは体制，すなわち似たような状況でその活動が反復されるたびに転移されたり，一般化されるような構造あるいは体制」と定義されている。つまり，シェマとは周囲のもの

に対して能動的に働きかけを行うための行為の構造であるといえる。ものを掴むことを例にあげると，乳児期においては，把握反射（乳児の手のひらにものが触れるとそれを握りしめる反射）と呼ばれる原始反応が，ものを掴むためのシェマ（把握シェマ）の出現となる。最初は，手に触れたものであれば何でも5本の指を使って握ろうとするが，さまざまなものを握るうちに，その形や柔らかさといった質感などに応じてものの握り方を変化させていく。このように，ピアジェは子どもが自ら働きかけを行うことによって，自身の知識を発達させていくとしている。

　また，ピアジェはシェマの発達には同化と調節という2つのプロセスが関与するとしている。同化とは，外界にあるものを行為のシェマに取り込むことである。また，調節は，外的なものに合わせて行為のシェマが変化することを意味している。前述の把握シェマの例で考えると，身の回りにある小さなものを自分の手で握りしめることが把握シェマへの同化である。そして，ものの大きさや形によって掴み方を変えることが調節であるといえる。この同化と調節のプロセスは，同一のシステムの異なる側面を示していることに注意が必要である。同化は既存のシェマの調節であり，調節は新しいシェマへの同化であるともいうことができる。これらの2つのプロセスは，原始反射によるシェマから始まり，それをくり返すことで概念を構築する。ピアジェはこの概念を発達させていくことで，最終的には数学的概念などの複雑な知識がもたらされると考えた。

(2) 発達段階による認知機能の変化

　ピアジェは子どもの概念の発達や思考能力の発達を俯瞰し，おおよそ0歳から12歳までの認知機能の発達を感覚運動期，前概念的思考期，直観的思考期，具体的操作期，形式的操作期の5つの段階に分類している。ここでは各段階の特徴について説明していく。

❶感覚運動期（0～2歳頃）

　感覚運動期は，乳児期にみられる原始反射に基づく単純な運動をくり返すことで，自らの行動とその結果を理解していく時期とされる。ピアジェは，口元

に突起物が触れるとそれに吸いつく吸啜反射と，手のひらにものが触れるとそれを握る把握反射の変化に着目した。これらの原始反射が同化と調節のプロセスによって複雑化するとした。

この時期に獲得される重要な概念として，ものの永続性があげられる。ものの永続性は，ものが見えなくなってもそのものが存在し続けていることを理解していることである。具体的には，目の前にあるものが布で隠されたとしても，その布の下にものが隠れていると認識できることである。こうした認識を持つことはあたりまえのように思えるかもしれない。しかしながら，およそ生後3か月頃の乳児は，目の前にあるものが布などで隠されてしまうと，ものが存在しなくなったように，がっかりした様子や泣く様子は観察されるが，なくなったものを探すといった行為は観察されない。つまり，ものに対して関心を失ってしまうことが多い。それが，生後8か月頃になると見えなくなったものを探すという行為が観察されるようになる。このようなことを踏まえると，「いないいないばあ」を赤ちゃんがおもしろがるのは，顔を隠したり，見せたりすることで，乳児から見ると顔が突然現れたり，消えたりしているように認識していると考えられる。

❷前概念的思考期（2～4歳頃）

前概念的思考期は，目の前にないものでも，それをイメージすることができるようになる時期である。つまり，心的表象（ものに対する概念）が出現し始める。また，このときの特徴として，ままごとなどの象徴遊び（ごっこ遊び）がみられ，大人の模倣がみられるようになる。言葉も「ママ　ダッコ」という二語文となり，簡単な会話が成立するようになる。しかしながら，この頃の心的表象はまだ未成熟なところがあり，概念を完全に理解できているとはいえない段階でもある。たとえば，イヌを「ワンワン」と指すことができるが，ネコなどの他の四つ足の動物を見ても「ワンワン」と呼ぶことがある。思考としては，転導推理と呼ばれる思考形態がみられるようになる。転導推理とは，「特殊から特殊に進められる推理」とされ，特殊な事例から個別の事例を推理することである。たとえば，具合が悪い時には顔が赤くなるということを理解したあとに，赤ピーマンを見て「あのピーマンは赤いから具合が悪いの？」と聞い

たりすることがある。

❸直観的思考期（4〜7歳頃）

　直観的思考期では，見た目の印象に影響される思考が行われる。たとえば，この頃の子どもに図5-2のAのような同じ形のコップに同じ量の水を入れるところを見せる。そのときに，子どもにコップの水の量を尋ねると同じ量だと答える。図5-2のBのように中央のコップの水を右の細長いコップにすべて移すところを見せたあとに，左と右のコップのどちらの水の量が多いかを尋ねると，「水が高い位置にあるから右のコップの水の量が多い」と答えやすい。つまり，コップの形が変わっても水が入っている総量は変化しないという保存の概念が理解できていないと考えられる。

　また，直観的思考期の特徴に，自己中心的な思考がある。これを示す実験として3つ山課題が知られている。3つ山課題は図5-3のような模型が用いられる。模型の手前にある小さな山の上には家があり，左側の山には十字架が建てられている。家の後ろの右奥には高い山が置かれている。子どもは模型の手前側に座り（図5-3のAの位置），模型の奥側に人形を置き（図5-3のDの位置），人形から家や十字架が見えるのかを尋ねる。すると，直観的思考期の子どもは，人形にも十字架と家の両方が見えると答える傾向がある。つまり，自分の見えているものは，他の人からも見えていると判断をする傾向があり，これを自己

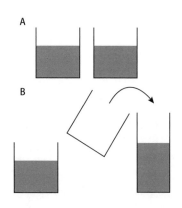

図5-2　保存課題の例（水の量の保存）

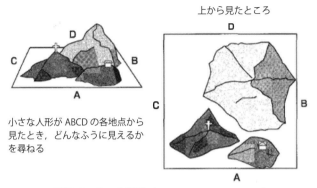

上から見たところ

小さな人形が ABCD の各地点から
見たとき，どんなふうに見えるか
を尋ねる

図 5-3　3つ山課題（Piaget & Inhelder, 1948）

中心性（自己中心的な思考）と呼ぶ。

❹具体的操作期（7 〜 11 歳頃）

　具体的操作期では，具体的な事実に基づく知識を理解できるようになる。この頃には，保存の概念を理解し始め，形が変わったとしても量は変化しないと考えられるようになる。また，脱中心化も起こり，自分と他の人の視点の違いを理解できるようになる。さらに，言語能力の発達がみられ，バラは赤だけでなくさまざまな色があるが，そのどれもバラであるといったように概念が階層的な構造を持つようになる。しかしながら，言語や記号などの抽象的なものに基づく思考は不得意であり，算数の文章問題などの抽象的な思考は困難な場合が多い。

　ピアジェによると，具体的操作期には，物事をさまざまな側面から検討し，矛盾がないように論理的に体系をなした思考ができるとしており，これを操作と呼んでいる。また，ピアジェは論理的思考操作の体系のことを群性体と呼んだ。群性体の属性として，合成性（A+A'=B），可逆性（B-A=A'），連合性（結合性；(A+A') +B'=A+ (A'+B') =C），一般的同一性（A-A=0），同義性（特殊同一性；A+A=A）が指摘されている。ここでは，水溶液を例として考える。食塩（A）に水（A'）を加えると食塩水（B）となる（A+A'=B）。これが合成性である。可逆性は，ろ過などの手続きを踏まえれば食塩水から食塩を取り出すことができる（B-A=A'）。食塩水とミョウバン（B'）の混合液を作成する場

合には，先に食塩水を作ってからミョウバンを混ぜる場合（（A + A'）+B'）と，水とミョウバンを混ぜてから食塩を足しても（A +（A'+B')），同じであることを連合性（（A + A'）+B'=A+（A'+B'）=C）という。一般的同一性は，食塩は個体であっても，水に溶けた状態であっても同じものであるということを意味している（A-A = 0）。同義性は，食塩に食塩を足し合わせても同じ食塩であり，質的に変化しないことを意味している（A + A = A）。

❺形式的操作期（11歳以降）

　形式的操作期から，抽象的な形式に基づいた思考ができるようになる。具体的には，「AはBよりも大きい，BはCよりも大きいとしたとき，AはCよりも大きい」といった形の問題も具体例を用いずに理解できるとされる。このような具体的な内容を無視して，論理的な命題の形で思考を行うことを形式的操作と呼んでいる。このときの思考は，仮説演繹的思考であるとされ，「もし～であれば，…だろう」といった，仮説を立てた思考ができるようになると考えられている（表5-1）。このときの思考は成人とほぼ同じであるとされている。

表5-1　化学物質の混合実験課題の例（Inhelder & Piaget, 1958）

課題	1.希硫酸, 2.水, 3.過酸化水素, 4.チオ硫酸塩, 5.ヨウ化カリウムの5つの薬品を用意する。これらはすべて，無色，無臭の液体である。希硫酸と過酸化水素を混ぜたものにヨウ化カリウムを混ぜると黄色に変色するが，水にヨウ化カリウムを混ぜても色が変化しないことを確認させる。その後にどういう組み合わせによって黄色の液体ができるかを発見させる。
直感的思考期	でたらめに2つの薬品を混合する。
	色の変化も「ペンキが入っている」，「水が変わったから」と現象の叙述。
具体的操作期	2種類の薬品の簡単な組み合わせはできるが，組み合わせを系統的に調べることはない。
	仮説も「薬品を多く入れたから」など量的である。
形式的操作期	すべての組み合わせができている。
	単に黄色の液体を作るというよりもそれが全体の組み合わせのうち，どれにあたるのかということに関心を持つ。

3　ものの概念の発達

●●● 1．カテゴリー化の特性

　日常生活を円滑に営むためには，複雑で多様な情報が含まれる世界から，必要な情報を素早く正確に認識する必要がある。カテゴリー化とは共通の特性を持つ情報に群分けすることであり，これは認知機能における基本特性であるといえる。この働きによって，外界の複雑な情報を円滑に処理することができるようになると考えられる。もしこの機能がなければ，すべての情報は個別のものとしてとらえることとなり，情報を一般化してとらえられないことになる。そういった意味で，カテゴリー化はヒトの持つ基本的な適応的行為の1つといえる。

　カテゴリー化と関連する代表的な機能として，物体認知があげられる。ものの認知は，外界から入ってきた情報（形や音など）がどのようなものであるかを認識する働きである。ものを認識する際には，私たちはさまざまな抽象度を持ったカテゴリーで認識する。たとえば，イヌを見たときには，基本的にはイヌと認識するが，それと同時に隣の家で飼われているジロという名前のイヌであるということや，柴犬である，または動物であるといったことを一目見ただけで認識できる。このように，ものをカテゴリー化する際には，カテゴリーの抽象度によって異なった分類ができる。先ほどのイヌの例で考えると，動物といった抽象的なカテゴリーから，柴犬であるということ，ジロという名前のイヌといったようにより具体的なレベルでも認識できる。

　このように，ものを認識する際には，さまざまなカテゴリーのレベルで認識することができるが，どのカテゴリーのレベルで認識するのかによってその認知処理過程が異なることが示されている。ロッシュら（Rosch et al., 1976）は，ヒトがものを認識する際のカテゴリーのレベルを，基本レベル，上位概念レベル，下位概念レベルの3つに分類した（図5-4）。ロッシュらによると，イヌなどの基本レベルはそのカテゴリーに属するものの大部分に共通する特徴（イヌ

図5-4　カテゴリーのレベル

であれば四つ足，毛皮，鼻先，吠えるなど）を含み，他のカテゴリーと区別するのに適切なレベルを持った抽象度であるとされる。他方，動物といった上位概念レベルは基本レベルと比べてより抽象的なカテゴリーであり，柴犬などの下位概念レベルは基本レベルよりも具体的なレベルであるとされる。ロッシュらは成人を対象としてこれらのカテゴリーのレベルによる認知処理過程の違いについて検討した。その結果，基本レベルのカテゴリーでものを判断させたときのほうが上位概念レベルや下位概念レベルよりも素早く判断できることを示した。また，3歳以上の子どもを対象にどのカテゴリーのレベルの単語を覚えるようになるのかについても検討を行ったところ，基本レベルに該当する単語をより素早く覚えることを示した。これらのことから，ロッシュらは，基本レベルのカテゴリーから獲得され，上位概念レベルや下位概念レベルのカテゴリー化は後の段階になって獲得されるとした。

●●● 2. もののカテゴリー化の発達

　もののカテゴリー化の処理過程には言語機能との関連が強いことが考えられる。しかしながら，言語の機能が十分に発達する前であってもものをカテゴリー化する能力はすでに持っている可能性が考えられる。このことから，言語を獲得する以前の乳児を対象としてカテゴリー化の能力についてさまざまな研究がなされている。
　たとえば，マンドラーとマクドナー（Mandler & McDonough, 1993）は，7か月から11か月の乳児を対象に動物（イヌ，サカナ，ウサギ）と乗物（自動車，

飛行機，バイク）を基本レベルと上位概念レベルのカテゴリーに分類できるかどうかを調査した。その結果，いずれの月齢の乳児も動物と乗物といった上位概念レベルのカテゴリー（動物と乗物）に属するものを区別できることが示された。他方，基本レベルのカテゴリーにおいては，乗物（例：自動車と飛行機）に属するもの同士を区別することはできたが，動物（例：イヌとウサギ）に属するもの同士を区別することはできないことが示された。また，クインとジョンソン（Quinn & Johnson, 2000）は，2 か月の乳児を対象として，ネコとゾウといった基本レベルと哺乳類と家具といった上位概念レベルのカテゴリーの区別ができるかどうかを調べた。その結果，上位概念レベルのカテゴリー間のものは区別できたが（例：哺乳類と家具），基本レベルのカテゴリー間のものは区別できないことが示された（例：ネコとゾウ）。

　これらの結果は，言語を話す前の乳児のカテゴリー化能力は，上位概念レベルのカテゴリー化が基本レベルのカテゴリー化よりも早い段階で獲得されていることが示されていて，ロッシュら（Rosch et al., 1976）が 3 歳以上の子どもを対象にした実験とは異なっており，乳児のものの認識は言語の獲得前後で異なる可能性が示唆される。

●●● 3. 生物カテゴリーの特殊性

　カテゴリーの獲得過程は，カテゴリーによって異なることが示唆されている。とくに生物のカテゴリーに属するものは，他のものと比べて早い段階で区別できている可能性が示唆されている。谷口ら（Taniguchi et al., 2020）は，4 か月から 11 か月の乳児を対象として，上位概念レベル（例：動物と野菜との区別）と生物・非生物レベル（例：生物と非生物との区別）といったレベルで，ものを分類できるかどうかを調べた。刺激として，イヌやウマなどの動物，ニンジンやリンゴなどの野菜・果物といった生物カテゴリーと自動車やバイクなどの乗物，スコップやハンマーなどの道具といった非生物カテゴリーのものを無色透明のプラスチックで成形したものを用いた。また，長尾ら（1990）の発語前言語発達検査法を用いて乳児の言語発達についても測定し，乳児のカテゴリー

化能力と概念発達との関連を調べた。その結果，生物・非生物レベル（生物を非生物の中から見分ける場合）では，言語発達の影響があまり示されなかった。他方，上位概念レベル（生物同士を区別する場合）においては，言語発達の影響が示された。このことから，乳児は形の情報から生物と非生物を区別できることが示唆される。形の知覚は発達の早い段階で獲得されていると考えられている（たとえば，Fantz, 1958）。したがって，生物カテゴリーの区別は，形から生物らしさを認識する能力は概念が獲得される前に形成され，概念発達により生物同士の区別ができるようになる可能性が示唆される。

●●● 4．ロボット認識の発達的変化

　多くの動物にとって自分の周辺に生物がいるかどうかを認識するということは生存のために不可欠な能力であると考えられる。たとえば，捕食者を素早く察知することや，食べ物を見つけることまたは仲間を見つけることなどは，さまざまな場面で必要となる働きである。もちろん，ヒトにおいてもそれは同様であり，目にしたものが生物なのかそうでないのかを判断することはカテゴリー化の基盤となる機能であると考えられる。

　近年，ロボット技術や人工知能（Artificial Intelligence：AI）の発達により，さまざまな機能を持ったロボットが身近にみられるようになってきた。たとえば，接客をするロボット，家の中を掃除するロボット，話しかけるとそれに対して応答するロボット，または見た目がヒトにそっくりなアンドロイドなど，ロボットの形や役割も多様となってきている。このロボットの役割は教育現場においても広まりつつある。事実，福岡県大牟田市や神奈川県相模原市などのいくつかの自治体において，英語の授業にロボットを活用しようとする試みがなされている（『朝日新聞』2018 年 3 月 24 日朝刊；『朝日新聞』2018 年 10 月 10 日朝刊）。このような状況において，ヒトがロボットをどのように認識しているのか，とくに子どもにとってロボットはどのような存在であるのかということは考えなければならない問題であるといえる。

　大神田ら（Okanda et al., 2021）は，ロボットに対する認識の仕方とその発

達的変化を検証した。大神田らは，3歳，5歳の子どもと成人を対象にして，ロボットに対してどのような印象を持っているかについて，コミュニケーション機能を備えた人型ロボット（図5-5）を用いて検討した。今回用いたロボットは，ヒトの声に反応して返事をしたり，声のする方向に顔を向けたりといった機能が備わっている。大神田らはこのロボットに対して，生物的な特徴を持つか（何か食べるか，成長するか），心を持っているか（考えることができるか，嬉しいと感じることはあるか），感覚はあるか（見ることができるか，くすぐられるとくすぐったいと感じるか）といったことと，人工物的であるか（誰かが作ったものか，壊れるか）といった質問を，ロボットを初めて見たときと，ロボットと実際にコミュニケーションをとったあとで2回参加者に尋ねた。その結果，5歳と成人はロボットが生物的特徴や心を持っているという質問に否定的な回答を示したが，3歳ではロボットが心や感覚を持っているという質問に対して比較的肯定的な回答が示された。また，5歳では，初めてロボットを見た場合には，感覚を持っていないという回答であったが，コミュニケーションをとったあとでは，感覚を持っているという回答に変化した。

　この研究結果から，次の2つのことが示唆される。1つに，ロボットに対する認識は3歳頃の子どもと成人によって異なることが考えられる。とくに3歳頃の子どもはロボットであっても，心や感覚を持っているといったような生物的な特徴があると回答していたことから，ロボットを生物に類似したものと認

図5-5　大神田らが用いたロボット（TOYOTA社製，KIROBO mini）
（https://image.itmedia.co.jp/business/articles/1610/03/l_sk_toyota_03.jpg）

識していることが示唆される。2つめに，5歳の子どもでは，ロボットとのコミュニケーションによってロボットにも感覚があるという回答に変化することも示されたことから，この頃の概念は経験によって変化しやすい特徴があることが示唆される。

●●● 5. 認知発達の変化

　ヒトの持っている認知能力は，複雑で多様な環境に対応していくために優れた機能を有している。認知能力が優れている理由の1つに，変化していく環境に対応して柔軟に適応できることがあげられる。そのため，認知機能の発達についても時代とともに変化していくことが示されている。たとえば，郷間（2006）によると，1983年と2001年に実施されたK式発達検査の標準化のために集められた資料を比較すると，0歳から13歳までの全206項目のうち発達の時期が変化しなかった項目が約8項目（約4％）であった。発達の時期が変化した項目のうち，発達が早くなったのが，「色の名称」などの87項目（約42％）で，発達が遅くなったのが，「正方形模写」,「三角形模写」などの111項目（約54％）であった。このことから，およそ20年の間に発達の様相が変化していることが示されている。

　近年の社会は，さまざまな情報機器にあふれており，今や生活になくてはならないものになっている。それに伴い，社会状況も大きく変化している。情報機器が子どもの認知発達に悪影響を及ぼすことを示す研究もあれば（たとえば，Cain et al., 2016; Uncapher et al., 2016），反対に認知機能を高める働きを示唆するものもある（たとえば，Lui & Wong, 2012; Alzahabi & Becker, 2013）。情報機器がどのような影響を与えるのかについてはさらなる検証が必要とされる（Wilmer et al., 2017 を参照）。

　教育現場においても，授業内でタブレットなどの情報機器の活用だけでなく，非常時にはオンラインで授業を行うことも求められるようになっている。したがって，教育の方法については，社会状況と合わせて常によりよい方法を検討し，対応していくことが重要であるといえる。

第 **6** 章

社会性の発達

1 はじめに

　子どもの社会性がはぐくまれにくくなっていると指摘されて久しい。この背景には，子どもを取り巻く物質的，対人的環境の目まぐるしい変化や，多様な人間関係の中で社会性や対人関係能力を身につける機会が減少していることが関連している（文部科学省，2001）。このような状況を受け，子どもの社会性を育成する機会として，学校における授業や集団活動はもとより，学校内外におけるさまざまな体験活動（社会奉仕体験活動，自然体験活動など）の重要性が示唆され，実際に教育現場では，体験活動を活用した取り組みが実践されている（たとえば，広島県教育委員会，2007; 埼玉県教育委員会，2021）。そして，このような活動を通じて，共感性や思いやりの心，規範意識，対人関係能力などの社会性がはぐくまれることが期待されている（中央教育審議会，2002）。また，学校現場では，いじめなどの生徒指導上の諸問題の予防や解決を目的とした取り組みを行う場合に，子どもの社会性を育成することが目指されるなど，生徒指導の一環として位置づけられることが多い。

　その一方で，「社会性」という概念はさまざまな要素を含んでいる。たとえば，久保（2014）は，社会性について，養育者や他者との関わりをとおして社会的なものの見方や行動の仕方を身につけ，社会の中で自ら生きる力であり，共感性，互恵性（相互に何かをもらったりそのお返しをするなど），道徳性，役割取得（相手の視点から物事を考えたり，感情を推測するなど）などが関連しているとしている。

●●●●● *81*

　このように，社会性は非常に多義性が認められる概念ではあるが，学校教育において社会性をはぐくむことは，子どもがよりよい学校生活を過ごすうえで必要であるとともに，その後の人生を生きていくうえでも必要なものであるといえるだろう。

　以上のことを考慮し，本章では，社会性を構成する諸側面のうち学校教育と関連が深いと考えられるいくつかの概念に注目し紹介することとする。具体的には，社会性に影響を与える要因として親子関係と仲間・友人関係を，社会性の構成要因として，共感性，向社会的行動，役割取得能力，道徳性，規範意識をそれぞれ取り上げて，順次，詳細に解説する。

2　子どもを取り巻く環境

　子どもはさまざまな人や環境と関わりながら成長していく。生まれて間もない時期は，同じ家庭で生活している両親や兄弟姉妹との交流ばかりだったのが，保育園や幼稚園に入園すれば，保育士や他の家庭の子どもとその保護者，学校へ入学すれば，教師やクラスメイトはもとより，他学年の子どもとの交流も始まる。そして，その後の成長に伴い，職場における上司や部下といったこれまでとは違った人間関係のあり方を経験する。また，自身が新たな家庭を築き，子育てをすることもあるだろう。子どもが，どのような環境で生活し，どのような人間関係を築いていくかは一人ひとり違うが，それらの場面での体験や経験をとおして，さまざまなことを学び，考え，思い，感じる，ということは共通している。

　子どもの発達は，成長しつつある子ども自身と，子どもを取り巻く環境との相互作用の中で起こる。子どもと環境との関係を理解するうえで，ブロンフェンブレナーの生態学的モデルで示された枠組みが，非常に参考になる（モデルの詳細は第2章を参照のこと）。このモデルでとくに強調されていることは，子ども本人，もしくは，子どもを取り巻く環境のどちらか一方がもう一方に影響を与える，ということではなく，互いが互いに影響を与え合うということで

ある。そのため，子どもは加齢に伴い社会性が自然に身についていくわけではなく，さまざまな環境の中でいろいろな人との交流をとおして，自分なりの思考や行動パターンが形成されていくといえるだろう。

　そこで，まず，子どもを取り巻く身近な環境として，親子関係や仲間・友人関係に注目し，これらの関係が子どもにどのような影響を与えるのかについて紹介する。

●●● 1. 親子関係：愛着について

　人間はひとりでは何もできない状態で生まれるため，生理的早産であると言われている。読者の身の回りにいる赤ん坊を思い浮かべてほしい。赤ん坊は，暑いや寒い，空腹，排泄後などに泣いていないだろうか。これは，赤ん坊自身ではこのような状態を解消することができず，泣くことをとおして自身の状況を養育者に伝えているとされている。この他にも，微笑みを見せたり養育者にしがみつくなどの愛着行動をすることで，養育者からの保護を受けやすくしようとしているのである。

　子どもは養育者と上記のようなやり取りをとおして，「愛着（attachment）」を形成していく。ボウルビィ（Bowlby, 1969）は，愛着を「危機的状況，あるいはこれから起きる危機（潜在的危機）に備えて，特定の対象との近接を求め，維持しようとする個体の傾性」であると定義している。そして，愛着が形成されることにより，赤ん坊は恐れや不安などのネガティブな感情が生まれたときに，養育者などの特定の他者にくっつくことをとおして，ネガティブな感情を落ち着かせ安全である，という感覚を得ていく。このような経験をくり返すことで，自分が困ったときに養育者やまわりの人は助けてくれると思えるようになり，初めての環境や状況における物事にも取り組めるようになるとされている。

　そして，ハーロウ（Harlow, H. F.）の実験結果から，愛着が形成される要因として，快適な身体接触ができ安心感を与えてくれることが重要であることが示されている（図6-1）。この実験では，子ザルに針金製の代理母と毛布製の代

図6-1　ハーロウのサルを用いた実験の様子
（Harlow & Zimmermann, 1959; 坂本，2017 を参考に作成）

理母のそれぞれからミルクを与えたが，子ザルは毛布製の代理母のそばで多くの時間を過ごしたのである。また，恐怖刺激（図6-1 の右側の手前に見えるクマ）を与えた場合も毛布製の代理母にしがみつくといった行動が観察されたのである。

　また，養育者との間に形成された愛着は，その後も発達をして子どもの成長を支える要因になる。このことについてボウルビィは，愛着の発達過程について表6-1 に示すような4つの段階に区分している。

　愛着の発達過程は，行動レベルの近接から表象レベルの近接へと移行していくのである（遠藤，2011）。つまり，低次の段階では愛着対象者がそばにいて保護をしてもらうことで安定，安心していたのが，高次の段階へ移行するにつれ，愛着対象者がそばにいなくとも，愛着対象者のことを思い浮かべることで安定，安心できるようになるということである。

　表6-1 に示した愛着の発達過程は標準的なものである一方で，すべての子どもが同じような愛着を形成するわけではない，つまり，愛着の質には個人差があるとされている。愛着の個人差を測定する方法として，エインズワースはストレンジ・シチュエーション法（Ainsworth et al., 1978）を開発した（図6-2）。この方法では，実験室という新奇な状況において，子どもを養育者から分離させたり見知らぬ人に対面させることでストレスを与え，そこでの子どもの様子を観察するのである。その際に，養育者との分離場面，再会場面，および養育

表6-1　愛着の発達過程について（Bowlby, 1969; 遠藤，2011 に基づき作成）

第1段階　人物の識別を伴わない定位と発信（誕生〜生後8-12週頃）
- 十分に人物を識別することができないため，養育者にするような愛着行動（微笑み，泣く，追視など）をさまざまな人にもする。
- 人の顔を見たり，声を聞くことで泣き止むことが多い。

第2段階　1人または数人の特定の対象に対する定位と発信（生後12週頃〜6ヵ月頃）
- 行動のレパートリーは第1段階からさほど変化はないが，それをする相手が養育者などの特定の人物だけになる。
- 視覚的にも，聴覚的にも特定の人物の特徴を弁別できるようになってくる。

第3段階　発信および移動による特定対象への近接の維持（生後6ヵ月頃〜2, 3歳頃）
- 養育者や家族などの特定の人物（二次的な愛着対象）への選好が強まるため，人見知りや分離不安が生じる。
- 運動能力の発達に伴い，はいはいや歩行などによって養育者などの後を追ったり，戻ってきた養育者に抱き着くなどの愛着行動のレパートリーが増える。また，養育者を安全基地とした探索行動もみられるようになる。

第4段階　目標修正的な協調性形成（3歳頃〜）
- 養育者が絶えず自分のそばにいなくても，何かあったら必ず自分を助けてくれる（保護）という確信を持てるようになる。
- 自分と愛着対象は異なる意図や感情を持っていることに気がつきはじめ，それに応じて行動などを調節できるようになる。
- これまでの段階でみられた具体的な愛着行動が減少していく。

者を安全基地として探索活動を行うか，という視点から子どもの行動を観察し，以下に示すような4つの愛着タイプに分類を行う（遠藤，2011）。

Aタイプ（回避型）
　分離場面で泣いたり，混乱を示すことがほとんどなく，再会場面では養育者を避ける，目をそらす，などの行動がみられる。また，養育者を安全基地としておらず，十分な探索行動を展開しない。

Bタイプ（安定型）
　分離場面で多少泣いたり混乱を示すことはあるが，再会場面では養育者との身体接触を強く求め，安心すると活動を再開する。そして，養育者を活動拠点（安全基地）として積極的に探索行動を行う。

Cタイプ（アンビバレント型）
　分離場面で激しく泣くなどの非常に強い不安や混乱を示し，再会場面では養育者に身体接触を求める一方で，叩くなどの怒りの感情も示すなど，近接と抵

① ストレンジャー用　子ども用　●■▲オモチャ　母親用
ドア
実験者が母子を室内に案内，母親は子どもを抱いて入室。実験者は母親に子どもを降ろす位置を指示して退室。（30秒）

② 母親はイスに座り，子どもはオモチャで遊んでいる。（3分）

③ ストレンジャーが入室。母親とストレンジャーはそれぞれのイスに座る。（3分）

④ 1回目の母子分離。母親は退室。ストレンジャーは遊んでいる子どもにやや近づき，はたらきかける。（3分）

⑤ 1回目の母子再会。母親が入室。ストレンジャーは退室。（3分）

⑥ 2回目の母子分離。母親も退室。子どもはひとり残される。（3分）

⑦ ストレンジャーが入室。子どもを慰める。（3分）

⑧ 2回目の母子再会。母親が入室しストレンジャーは退室。（3分）

図6-2　ストレンジ・シチュエーション法の図（繁多，1987を参考に作成）

抗の両価的な側面がみられる。そして，養育者に執拗にくっついていようとするなど，安心して探索行動をすることがあまりできない。

Dタイプ（無秩序・無方向型）

　A，B，Cのいずれのタイプにも分類できない子ども。行動に一貫性がなく，何をしたいのかが理解しにくい。近接行動と回避行動が同時，もしくは，継時的にみられたりもする。

　このような愛着の個人差が生じる要因については，子どもに対する養育者の関わり方といった要因，子ども自身の要因（たとえば，怖がりやすさやいらだちやすさなどの気質など）があげられている（遠藤，2011）。そして，どちらか一方の要因のみで愛着は形成されるのではなく，両方の要因が影響を与え合いながら愛着は形成されていくと考えられている。

●●● **2. 仲間・友人関係**

　子どもの社会性の発達に影響を与える要因として，仲間・友人関係も重要な役割を担っている。公園などで初めて出会った子ども同士が，はじめはひとりで遊んでいたのが，気がついたら一緒に遊んでいる姿を目にしたことはないだろうか。またその際に，子ども同士が話し合い遊びのルールを決めたり，おもちゃの貸し借りや助け合いなども行われることがある。つまり，子どもにとって仲間とのやり取りは，社会性を身につける1つの機会となっているといえよう。

　子どもにとって重要な意味を持つ仲間・友人関係のあり方は，発達していくとされている。エプスタイン（Epstein, 1989）は，友人の選択に関わる要因として，近接性，同年齢，類似性をあげており，幼児期では近接性が最も重要視されていたのが，児童期では同年齢，類似性が重要視され，その後の青年期では類似性の重要性が最も高くなる一方で，近接性は最も低くなるとしている。さらに，類似性があまりない人との間にも類似性を見いだしたり，自他の個性の違いを認め，他者の個性を尊重するようにもなるのである。この他にも，デーモン（Damon, 1983）によれば，幼稚園から小学校低学年では一緒にいて楽しい人，小学校中学年くらいでは気が合う人，小学校高学年以降では思考や感情を共有することができる特定の人を，重要視するようになるとされている。

　上記以外にも仲間関係を把握しようとする試みがなされている。たとえば，小学校高学年頃から多くみられ，同じ遊びを一緒にするなど同一行動による一体感が重要視される「ギャング・グループ」，中学生に多くみられ共通点や類似点を言葉で確かめ合うなど，言葉による一体感が重要視される「チャム・グ

ループ」，そして，高校生以上に多くみられるお互いの共通点や類似性だけではなく，他者との違い（異質性）も尊重し合う「ピア・グループ」といった分類である（保坂・岡村，1986）。また，同性の友人とのつきあい方は，浅く広く関わるつきあい方（誰とでも同じように仲良くしようとするが，自分の本音は出さない）から，深く広く関わるつきあい方（誰とでもつきあおうとし，皆から好かれようとする，積極的に自己開示をする）になり，その後，深く狭く関わるつきあい方（限られた相手と積極的に関わり，わかり合おうとする）へと，発達的に変化することが明らかにされている（落合・佐藤，1996）。以上のことは，仲間関係は同質性を重視した関係から異質性を重視した関係性へと変化するということと，友人との関わり方に関する姿勢の変化後に，自分が関わろうとする相手の範囲に変化が起こる，ということを示唆しているだろう。

　また，仲間・友人関係の発達を理解するうえで，中学生くらいの時期に，ピア・プレッシャー（peer pressure）を感じることが多くなることを忘れてはならないだろう。ピア・プレッシャーとは，一緒に行動することが多い友人に対して，暗黙のうちに同調しなければならないといった圧力のことである。このピア・プレッシャーは，学校でのさまざまな活動への参加をうながすといった向社会的な圧力や，友人と連絡を取り合うといったニュートラルな圧力がある反面，ルール違反やいじめなどの問題行動を強要するといった反社会的な圧力もあるとされている。中学生くらいの時期は，親からの心理的な分離などによって友人の重要性が増すことも相まって，ピア・プレッシャーを多く感じるといえるだろう。

　以上のように，仲間・友人関係のあり方は発達的な変化を示すとともに，それぞれの時期において，友人に対して求めるもの，求められるものも変化する。そして，このような変化に対応するために，子どもはさまざまなことを考え，思い，感じ，行動をして日々の生活を過ごしているといえるだろう。子どもはこれらの体験や経験をとおして，他者理解や共感，社会のルールの理解，コミュニケーション能力，セルフコントロール，などを身につけていくのである。

3　はぐくむことが望まれている社会性とは

文部科学省（2009）は，子どもが抱える今日的課題として，他者への思いやりの心や行動，相手の立場に立った言動，規範意識の低下などをあげている。すなわち，これらは現在の学校教育においてはぐくむことが望まれている社会性といえるだろう。したがって，以下では，共感性，向社会的行動，役割取得能力，道徳性，規範意識に着目し，紹介していく。

●●●　1．共感性

共感性（empathy）とは，他者の経験について，ある個人が抱く反応を扱う一組の構成概念とされ，自分を他者に置き換え他者を理解しようとする認知的な側面（相手の立場に立って物事を考えるなど）と，他者の経験を見た際に生じる感情的な側面（悲しそうにしている他者を見て，かわいそうと思うなど）から構成されている（Davis, 1994）。

共感性は他者との関わりをとおしてはぐくまれる。養育者との関わりでは，喜怒哀楽といったさまざまな感情を経験する，自分の言動を他者がどのように受け止めているのかなどに注意を向けさせてくれる，養育者の共感的な言動をモデルにする，などが共感性と関連している。このような場面は，他者との関わりにおいても経験され，その経験が共感性をはぐくむ機会にもなっているため，他者との関わりも重要なのである。また，ホフマン（Hoffman, M. L.）によると，共感性には表 6-2 に示すような発達段階があるとされている。

この他にも，共感性は，他者のためになる行為である向社会的行動を促進し，攻撃行動を抑制するといった関連があることが報告されている。この関連について，たとえば，共感性の，他者の感情に注意を向けることや，ネガティブな感情への同情といった要素が向社会的行動をうながすことや，攻撃行動の抑制には，小学生では共感性の感情的側面（他者のポジティブな感情への好感），中学生では認知的側面（相手の立場に立って物事を考えられるか）が関連して

表 6-2　ホフマンによる共感性の発達段階について
(Hoffman, 1987; 伊藤・平林, 1997 を参考に作成)

第1段階（生後～1歳未満） 全体的共感	自己と他者を区別できていないため，他者の苦痛を目にすると自分の苦痛ように感じてしまう（共感的苦痛）。
第2段階（1～3歳頃） 自己中心的共感	自他の区別はできるようになるものの，他者の思考や欲求が自分のものと同じであると考える傾向にある。
第3段階（3歳頃～児童期頃） 他者の感情への共感	他者の考えや感情は自分とは異なることを理解し，他者の立場を想像，推測して共感できるようになる。
第4段階（児童期後期以降） 他者の人生への共感	他者への共感のみならず，日常生活，過去から現在にまでに続く経験に対しても共感できるようになる。

いた（村上ら，2014）。

　その一方で，誰に共感するかによってその後の行動も異なる，ということには留意する必要がある。たとえば，学級の中でいじめがあった場合に，加害者に共感したならば，いじめをしてしまう何らかの理由があったのだろうと思い，加害者をかばうといった行動をする可能性があるだろう。反対に，被害者に共感したならば，ひどいことをされてかわいそうだ，被害者をサポートしてあげよう，といった行動をする可能性がある，ということである。

　この他にも，共感性の向上を目的としたプログラムも多数提案されており，プログラムを実施することで共感性は高まる一方で，他者と関わる際に必要とされる社会的スキルへの効果については，共通した効果が得られていないのが現状である（西村ら，2015; 渡辺，2005 など）。この結果は，共感性が高まったとしても具体的な行動につながるかについては留意する必要がある，ということを示唆しているだろう。そのため，学校で共感性の向上を目的とした教育活動を実施する際には，共感性と行動をセットにした活動にするなどのアレンジが必要になるのかもしれない。

●●● 2. 向社会的行動

　向社会的行動（prosocial behavior）とは，「他者，もしくは，他の人々の集

表6-3　アイゼンバーグによる向社会的道徳性判断の発達的変化

第1段階　快楽主義的志向 （幼児〜小学校低学年）	道徳的配慮より自分に向けられた結果に関心を持っている。
第2段階　他者の要求志向 （幼児〜小学生全般）	自他の要求が対立するものでも，他者の身体的，物質的，心理的要求に関心を示す。
第3段階　承認および対人志向，紋切り型志向 （小学生の一部と中・高校生）	人や行動に対する善悪の紋切り型のイメージや，他者からの承認や受容を考慮した行動選択をする。
第4段階a　共感的志向 （小学生高学年の一部と，中・高校生）	他者への同情，相手の立場で考える，他者の人間性を考慮した理由。
第4段階b　内面化への移行段階 （中・高校生の一部とそれ以降）	内面化された価値，規範，義務，責任を含んでおり，他者の権利や尊厳を守ることの必要性を考慮する。
第5段階　強く内面化された段階 （中・高校生の一部とそれ以降）	第4段階bの理由や，すべての人の尊厳や権利などに対する考えや信念を考慮する。

団を助けようとしたり，こうした人々のためになることをしようとしたりする自発的な行動」である（Eisenberg & Mussen, 1989）。向社会的行動にはさまざまな種類の行動があるとされており，他者を助ける援助行動や自分の持ち物を分けるといった分与行動，寄付や奉仕などがその代表的な行動である。また，行動に対する動機もさまざまあり，自分の道徳的判断，利益やまわりからの承認を求めるもの，あるいは，他者の利益や幸せを考えている場合もあるが，どの動機に基づいた行動だったのかを特定することは難しいとされている。

　このような行動は，1歳半から2歳頃から見受けられるようになるが，児童期から青年期にかけて増加する。この背景には，他者への思いやりや役割取得能力（視点取得）などの向社会的行動の生起に欠かせない能力の発達が関連しており，共感性や役割取得能力が高い人は，自ら率先して他者のためになるような行動をしようとするとされている。また，向社会的行動をするかしないかの判断（向社会的道徳性判断）も，年齢によって変化する。幼いときは，行動することによって自分に利益があるかに基づいた場合が多いが，年齢を重ねるにつれ，他者の要求や承認，相手との関係性，自分自身の価値や規範などが向社会的行動に影響を与えるとされている（表6-3）。

一方で，向社会的行動をしようとする動機が高まったとしても，具体的なスキルやその行動をすることができるといった自信（効力感）がなければ，実際の行動には移されにくいのである。また，国による差はあるものの，おおむね中学生くらいから向社会的行動の減少がみられ，その後，高・大学生くらいに増加に転じるといった，バウンスバックもみられるとされている（詳細は，西村ら，2018 を参照のこと）。

また近年，向社会的行動の生起頻度は，行動の受け手との関係性によって変わるということを仮定した関係性アプローチ（Padilla-Walker & Carlo, 2014）が注目されており，子どもは自分にとって重要だと思う人に対して好んで向社会的行動する傾向がある（村上ら，2016）。この他にも，向社会的行動をする相手が自分と同じ集団の人なのか，そうではないのかによっても変わるのである。そのため，向社会的行動の促進には，子どもが，自身が所属している学級集団，および学校・学級内の人間関係が重要であると思えるようにすることも重要であろう。そして，このような対応は，向社会的行動の減少がみられる中学生の時期に，とくに求められることなのかもしれない。

●●● 3. 役割取得能力

役割取得能力（role-taking ability）とは，「他者の知覚，感情，思考を自己の立場からだけではなく，他者の立場からも理解する能力」である（Selman, 1976）。同様の概念として，視点取得（perspective taking）があり，「他者の視点に立って物事を考える傾向」であるとされている（Davis, 1994）。これらについては，依拠する理論的背景は異なるものの，相手の立場から物事を考えたり，感情を推測したりすることに関連した能力である，ということは共通しており，良好な対人関係を形成，維持するために重要な能力であるといえよう。

そして，役割取得能力は，幼児期から児童期にかけてとくに発達し，上述したピアジェの認知発達理論とも対応するとされている（Selman, 1976）。またセルマンは，モラル・ジレンマ課題（たとえば，ホリーのジレンマ）を用いて，役割取得能力は表6-4 に示すような6つの段階に分けられるとしている。

表6-4　セルマンによる役割取得能力（社会的視点取得）の発達段階について
（伊藤・平林，1997に基づき作成）

第0段階（0〜4歳頃）自己中心的役割取得	自他の視点が未分化のため，同じ状況でも自他で違った見方をすることに気がつかない。
第1段階（6〜8歳頃）主観的役割取得	自他の視点は分化できる一方で，人は状況が異なれば考えや感情は異なることに気がつけるが，他者の視点に立つことは難しい。
第2段階（8〜10歳頃）自己内省的役割取得	他者の視点に立って，自分の考えや感情を内省できるが，自他の視点を同時に相互的に関連づけることができない。
第3段階（13〜16歳頃）相互的的役割取得	自他の視点を考慮した第三者的視点を取り入れることが可能となる。人は同時にお互いの思考や感情などを考え合って，交流をしていることに気がつく。
第4段階（青年期以降）質的体系の役割取得	相手のことをより深いレベルで概念化し，人々の視点がネットワークや体系をなしているとみなされる。
第5段階（青年期以降）象徴的役割取得	他者の主観そのものは体験できないが，他者と同じような思考パターンで推論することで，お互いに理解し合えると考える。

　さらにセルマンは，役割取得理論に基づいて心理教育プログラムであるVoices of Love and Freedom（以下，VLFとする）を作成している。このプログラムは，役割取得能力の向上はもとより，社会的スキルの育成（渡辺，2005）やアサーティブな自己表現の促進（安藤・新堂，2013）などに貢献することが明らかにされている。この他にも，役割取得能力は向社会的行動を媒介して学校肯定感を高める（本間・内山，2017）ことや，相手と仲良くなりたいといった親和動機が高い場合のみ，視点取得は社会的スキルの使用をうながす（藤原ら，2019）ことも明らかにされている。

　学校では，日々の教育活動場面はもとより子ども同士のトラブルが生じた際に，役割取得能力に関する対応（相手の立場に立った言動をするようになど）がなされる機会が多いだろう。その際に，役割取得能力に関する対応とともに，相手と仲良くなりたいという気持ち（動機）を高めることを目的とした対応も行うことで，相手の立場に立って物事を考え，その考えに基づいた行動をしやすくなるのではないかと思われる。

●●● 4. 道徳性

　道徳性は幅広い概念ではあるものの，それらに共通していることとして，道徳的規範や価値基準を内面化できているか，それらに基づいた判断や行動ができているか，などがあげられる。そして，道徳性は，生まれついたときからの特質ではなく，成長の過程で身につけていくものなのである（戸田，1997）。このような特徴がある道徳性を理解するうえで，精神分析的理論，認知的発達理論，社会的学習理論といった諸理論が参考になる。そこで，以下ではこれらの理論を紹介する。

(1) 精神分析理論

　フロイト（Freud, S.）によると，人の精神は，快楽原則に従う「イド」，現実的な状況判断（現実原則）を行う「自我」，養育者などからのしつけが内面化されている「超自我」に分けられている。そして，社会・文化における規範や価値観を養育者への同一視をとおして超自我に内面化していく過程こそが，道徳性の発達であるとしている。この背景には，子どもが異性の養育者に対して性愛を，同性の養育者には憎悪や敵意を向けるというエディプス・コンプレックスが関連している。このエディプス・コンプレックスを解消するために，同性の養育者と自分を同一視することをとおして，養育者の持つ良心や倫理観などを内面化する，つまり，道徳性を内面化していくとされている。

(2) 認知的発達理論

　ピアジェ（Piaget, J.）は，子どもの道徳的な判断はいくつかの発達段階を経ていくとしている。0〜5歳くらいでは，規則についてほぼ理解しておらず自らの欲求に従う「自己中心性」，5〜10歳くらいでは，規則は絶対に守るべきなど義務のようなものであると考え，行為の善悪については行為に対する意図ではなく，行為の結果によって判断する「他律的道徳性」，10歳以降では，人はそれぞれの道徳的な規準をもっており，規則は守られないときもあること，行為の意図によって善悪を判断することができるなど，柔軟な考え方ができる

表6-5　コールバーグの道徳性の発達段階（Kohlberg, 1984 を参考に作成）

1：前慣習的な水準	①罰と服従への志向	罰の回避と力を持つものに服従し，規則が絶対であると考える。
	②道具主義的相対主義への志向	自己と他者の相互の欲求や利益を満たそうとする行為を正しいととらえる。
2：慣習的な水準	③対人的同調への志向	他者を喜ばせたり助けたりする行為をし，他者から認められる行為を善いととらえる。
	④法と秩序への志向	社会的権威や規則を重視し，社会的秩序を維持する行為を正しいととらえる。
3：脱慣習的な水準	⑤社会契約的順法への志向	規則は変更することもでき，個人の権利や社会的公平さに価値が置かれる。
	⑥普遍的倫理への志向	良心は倫理的原理に従い物事の正しさを判断し，行動もできるようになる

「自律的道徳性」へと発達するとされている。つまり，道徳的な判断（行為の善悪の判断）をする際に，物質的な結果に基づいた判断から，行為の意図や動機に注目した判断ができるようになるとされている。

　ピアジェは道徳性の発達について児童期まで述べていたが，これを青年期まで含めたのがコールバーグ（Kohlberg, L.）である。コールバーグは，道徳性の発達を3レベル6段階に分類しており（表6-5），第1段階では物理的な危害の大きさや罰の回避が重要な理由になっているが，第2段階では他者の主観的意図が理解できるようになる。第3段階では重要な他者からの期待を理解し，それに応える形で意見の違いを調整でき，第4段階は，全体という視点から個々人の役割を理解し，意見の違いなどを調整できるようになる。第5段階では，命や自由といった基本的価値や社会契約を根拠とし，規範を変更することができ，第6段階では人格の尊重が最優先されるようになる，といった特徴がある（藤澤・高橋，2015）。また，道徳性の発達を把握する方法として，モラル・ジレンマ課題（たとえば，ハインツのジレンマ）を用いた方法が有名である。

　その一方で，ギリガン（Gilligan, C.）は，コールバーグの理論は男性を中心にして正義や公正を重視した道徳性であるとし，それに対し，女性の道徳性は，配慮，思いやり，気配り，共感などを重視しているなど，道徳性の発達には性

差があると指摘している（このことの詳細については，藤澤・高橋，2015 や，戸田，1997 などを参照のこと）。

(3) 社会的学習理論

　バンデューラ（Bandura, A.）が提唱した社会的学習理論では，道徳性は行動に対する強化やモデルの観察によって社会的に学習されると考えた。そして，人は自身の行動の結果どのような強化を受けるか，もしくは，他者が行動の結果どのような強化を受けているのかを観察することをとおして，自身の行動を調整するようになる。その際に，自身の行動が社会や文化，個人の規範や考えから逸脱するのか，受容されるのか，ということに基づき，行動を調整しようとするが，このような調整メカニズムが道徳性に相当するとしている。

(4) 規範意識

　規範意識とは，「人が行動を判断するときに従うべき価値判断の基となる規範を守り，それに基づいた判断や行動をしようとする意識」とされている（文部科学省，2006）。つまり，法律や条例，社会集団の規範を遵守しようとする考えや価値観，それに基づいた行動を選択できるなどであり，子どもにとって身近な学校という環境で考えるならば，上記のことはもとより校則や学級のルールなども含まれる。そのため，学校教育において，いじめや学級の荒れといった生徒指導上の問題を予防・解決する対応の1つとして，道徳教育を充実させ子どもの規範意識を高める重要性が指摘されてきた（道徳性と規範意識の関係性については，有光・藤澤，2015 などが参考になるため，それらを参照されたい）。

　道徳性や規範意識の向上を目的とした取り組みを行う際の留意点として，子どもの学年が上がるにつれて，規範意識とともに規範行動も減少する（原田・鈴木，2000; 山田ら，2013）ため，子どもの発達段階に応じた教育実践内容にする必要がある。さらに，いじめや学級の荒れといった問題を予防・解決するためには，教師が一方的に道徳性や規範意識を教授することよりも，子ども同士の話し合いなどのコミュニケーションをとおして，他者はどのように思い，

感じるのかということを知り，学校・学級の中に冗談でも人をいじめたりすることはよくない，という雰囲気（学校・学級の風土）を醸成することが効果的であることが明らかにされている（水野ら，2018）。

4　おわりに

　現代の子どもの特徴として，他者への思いやりの心，自制心や規範意識の低下，人間関係を形成する力が低下していることが指摘されている（文部科学省，2009）。本章で述べてきたように，このような現状の原因を，子ども本人だけに求めても根本的な解決にはつながらないだろう。なぜならば，子どもの社会性を育成するためには，子ども自身へのアプローチはもとより，子どもを取り巻く環境である，家庭，学校・学級，対人関係，などへのアプローチも必要だからである。また，上述したように，たとえば，役割取得能力のみを高めるのではなく，向社会的行動や親和動機もセットにした取り組みを行うことで，より効果的な取り組みになり得るといえるだろう。このことについて，VLFや社会性と情動の学習プログラム（Social and Emotional Learning：SEL），ソーシャルスキル教育など，その効果が実証されているプログラムが多数開発されているため，それらを参考に学校・学級や子どもの実態に応じた取り組みを行うことが求められるだろう。

第 7 章

パーソナリティの発達

　あの子は性格がよい，あの人はパーソナリティに問題がある，といったように，学校生活を含む日常において，性格，パーソナリティという言葉は人を評価的に見る際によく使われる言葉である。パーソナリティとは，時間的，状況的にある程度一貫した個人の行動パターンのことであり，またその行動パターンを生み出す心理学的な構造のことである（Allport, 1937 を参照）。

1 パーソナリティはどのようにとらえられるのか

●●● 1．古典的な2つの枠組み

　「あの人はこんなパーソナリティ」といったように，人のパーソナリティを言葉で説明しようとするとき，2つのとらえ方から説明することができる。1つのとらえ方は，人のパーソナリティをいくつかのタイプに分ける方法であり，類型論と呼ばれる。古くには，クレッチマー（Kretschmer, 1921）が，体格（細長型・闘士型・肥満型）によって，パーソナリティのタイプを分類したり，ユング（Jung, 1921）が，心的エネルギーの方向性によって，内的・主観的な世界を重視する内向型，外的・客観的事象を重視する外向型という分類をしたりしている。こうした類型論によるパーソナリティの記述や理解は，質的かつ簡潔にパーソナリティを把握できるところに利点がある。

　もう1つのとらえ方は，特性論と呼ばれ，人のパーソナリティをいくつかの

特性の集まりとしてとらえ，そのそれぞれの特性の度合いによってパーソナリティを説明しようとする方法である。たとえばアイゼンク（Eysenck, 1953）のように，理論的に精神病傾向，外向性，神経症傾向という 3 つの特性からパーソナリティをとらえているものもあれば，キャッテル（Cattell, 1947）のように 16 個の特性からパーソナリティをとらえているものもある。他にも多数ある特性論によるパーソナリティの記述や理解は，量的かつ詳細にパーソナリティを把握でき，その変化もとらえやすいところに利点がある。

　類型論か特性論かというとらえ方の明確な区別よりも，私たちは普段から類型論的なとらえ方も特性論的なとらえ方もしていることの自覚が大切と思われる。たとえば，自分が担任している子どもたちがどのようなパーソナリティなのかを尋ねられれば，「あの子たちは人あたりのよい子」と答えたり，「その子はとても神経質なタイプで……」と答えたりする。こうした答え方は，その子どものことを人あたりがよいというタイプや，神経質というタイプに分類し，類型論的なとらえ方をしていることになる。一方，同じ子どもについて，他にはどのようなパーソナリティなのかを尋ねられれば，「神経質なところも少しあるけれど，とても外向的な子です」といったように，ひとりの子どもに対して複数の特性の程度を答える，つまり特性論的なとらえ方をすることもある。いずれのとらえ方も，日常的に用いているものなのである。

●●● 2. 対人認知のプロセス

　日常的に用いるとらえ方のうち，類型論的なとらえ方が先に生じ，特性論的なとらえ方は後から必要に応じて生じる。対人認知研究において著名な印象形成の二過程モデル（Brewer, 1988）では，他者のカテゴリカルな属性（性別など）が瞬時に自動的に判断される過程と，その他者について意識的に理解しようとする過程があることが示されており，その意識的な過程においても，はじめは類型論的なとらえ方がなされるとされる。認知的倹約家（Fiske & Taylor, 1995）といわれるように，人間を取り巻く環境には多様な情報があふれている一方，個人が持てる認知的な資源には限りがあるため，他者のパーソナリティ

の推測についても，はじめは少ない認知資源を用いて行うのである。そしてこうしたとらえ方は，多くの場合，無意識的に行われている。

　類型論的なとらえ方は，他者のパーソナリティの推測をゆがめることがある。女性は共同性（たとえば，あたたかさ），男性は作動性（たとえば，有能さ）が高いといった伝統的なジェンダーに関するステレオタイプ（伊藤，1978）など，ある社会的カテゴリーのメンバーについての信念や期待であるステレオタイプに基づいて他者のパーソナリティを推測することは少なくない。ステレオタイプは他者に関する情報を処理する際のさまざまな過程に影響を与えることが明らかにされており（池上，2001），ステレオタイプに基づく推測は必ずしも正確なものではない。教師からの質問に答える小学生の動画を見せて学力を推測させた実験では，実際には同じ学習場面を見ているにも関わらず，その動画の前にその子の家庭の社会経済的地位が高く感じられる動画を見た場合，社会経済的地位が低く感じられる動画を見た場合よりも，学力は高く推測された（Darley & Gross, 1983）。社会経済的地位に関わるステレオタイプに基づき，小学生の有能さについてゆがんで推測されたと考えられる。ここでは社会経済的地位を一例にあげたが，その他の社会的カテゴリーと結びついたステレオタイプに基づくパーソナリティの推測についても，正確でない類型論的な理解につながる恐れがある。

　こうした無意識的で正確でない対人認知のプロセスは誰もが持っている一方，教師という職業は，子どもたちの多様な側面の理解が求められる。2013年に発表された第2期教育振興基本計画では，教育における多様性の尊重が掲げられており（文部科学省，2013），現行の第3期教育振興基本計画でも，多様な人々の幸福と活躍の重要性が記されている（文部科学省，2018）。こうした多様性の尊重と，多様性を持つ子どもたちの活躍のためには，子どもの多様な特性をとらえていく必要があると考えられる。その多様な特性の理解を妨げる可能性があるステレオタイプに基づく判断は，修正することが可能である一方，修正のためには気づかないうちにゆがんだ判断をする可能性があることを自覚し，修正しようという動機づけを持つこと，そして実際に修正できるだけの資源を持つことが必要となる（たとえば，Wilson & Brekke, 1994）。子どもたち

の多くの情報があふれる学校で，保護者への対応や校務分掌などにも多くの認知的な資源を割いている多忙な教師にとって，子どもたち一人ひとりの多様な特性をとらえることは容易なことではない。しかし，連続体モデル（Fiske & Neuberg, 1990）においては，相手との相互作用を経て特性論的なとらえ方に移行するとされており，関わりをとおしてパーソナリティの理解を深めていくことの大切さがうかがえる。こうした対人認知に関する知見の多くは，初対面の他者についての推測であり，日々の子どもたちとの関わりにそのまま当てはめられるわけではないものの，1つの型に当てはめがちな思考から逃れ，子どもとの継続的な関わりの中で，多様な特性をとらえていくことの重要性を示唆している。

●●● 3. パーソナリティをとらえる5つの特性

　パーソナリティを包括的にとらえるためにいくつの特性が必要なのかについて，これまで多くの研究が行われてきた。たとえばラッシュトンとアーウィング（Rushton & Irwing, 2008）は，知能と同じように，集約すれば1つの特性としてパーソナリティをとらえることができるとしている。一方，日本を含む多くの国で翻訳されて使用されているミネソタ多面人格目録では，550を超える項目に答えることで，10を超える特性についてとらえている（Butcher et al., 1989）。他にも，著名なYG性格検査（矢田部, 1954）をはじめ，異なる特性の数によってパーソナリティをとらえようとする試みが多く行われている。

　近年では，5因子モデル（Costa & McCrae, 1995）あるいはBig Five（Goldberg, 1981）と呼ばれる5つの特性からパーソナリティをとらえた研究が多くなされている。5つの特性とは，感情が不安定になりやすい傾向のことである神経症傾向（neuroticism），人との交流が好きで活発な傾向のことである外向性（extraversion），さまざまなものに興味を持ち，空想をめぐらす傾向のことである開放性（openness），やさしく，他者の気持ちを思いやる傾向のことである協調性（agreeableness），真面目で誠実な傾向のことである勤勉性（conscientiousness）である（John & Srivastava, 1999）。この5つの特性か

ら成るパーソナリティの構造は，双子を用いた研究によって，生物学的な基盤を持つ一般性の高いものであることが示されている（Yamagata, et al., 2006）。

　次節で紹介するとおり，この5つの特性はさまざまな行動や心理的状態と関連しており，子どもたちの特性の理解や，その理解に基づいた関わりを考える際にも有用なものと思われる。学校現場において教師は，おもに子どもたちの日々の様子を観察し，時には保護者から家庭の様子をうかがったりすることによって，子どもたちの特性の理解に努めていると考えられる。教師としての専門性や，日々関わる存在だからこそ見える視点があり，そうした視点から子どもたちを観察して，特性の理解が進められることで，子どもたちの実情に即した教育実践が組み立てられていくと思われる。一方，パーソナリティの研究の中には，子どもたちを数十年にわたって追跡し，子どもたちの持つどのような特性がその後のどのような人生と関わるのかを明らかにしているものもある。学術的に明らかになっている人間のパーソナリティをとらえる視点を教育実践に活かすことは，すぐには見えない未来も視野に入れたより包括的な子どもの理解につながると考えられる。とくに上記5つの特性を測定する尺度には，10項目のみで測定可能なものも開発されており（小塩ら，2012，表7-1），容易に

表7-1　日本語版 Ten Item Personality Inventory の項目
（小塩ら 2012，Table 2 の一部）

外向性
1. 活発で外交的だと思う
6. ひかえめで，おとなしいと思う（逆転項目）
協調性
2. 他人に不満を持ち，もめごとを起こしやすいと思う（逆転項目）
7. 人に気をつかう，やさしい人間だと思う
勤勉性
3. しっかりしていて，自分に厳しいと思う
8. だらしなく，うっかりしていると思う（逆転項目）
神経症傾向
4. 心配性で，うろたえやすいと思う
9. 冷静で気分が安定していると思う（逆転項目）
開放性
5. 新しいことが好きで，変わった考えを持つと思う
10. 発想力に欠けた，平凡な人間だと思う（逆転項目）

取り入れることができる。Q-U などのアンケート調査を実施している学校も少なくないと思われるが，そうした実施の際に 10 項目を加えたり，アンケートとして実施しなくても，日々の関わりの中で子どもたちを見たり話を聞いたりする際の視点として用いることで，子どもの理解を深めることができるだろう。

2　パーソナリティは何と関わりどう発達するのか

●●● 1. パーソナリティをとらえることの発達的意義

　パーソナリティをとらえることは，他者の行動を予測することに役立つため，子どもを含む他者の理解や理解に基づいた関わりにとって大切と考えられる。学校の教室においても，子どものパーソナリティを理解していなければ，それぞれの子どもがどんな行動を取るのか，予想しにくくなる。そうすると，たとえば学習場面でのつまずき 1 つ取っても，慎重さなのか，勤勉さなのか，忍耐なのかなど，その子どものどこをどう支援する必要があるのかを理解し，見通しを持って指導することが難しくなると思われる。反対に，子どものパーソナリティをある程度把握していることは，そうしたパーソナリティの子どもが今している行動の意味を理解すること，そして見通しを持って関わっていくことの助けになるだろう。

　パーソナリティは，現在の行動の意味の理解や関わりを考える際に有用なだけでなく，その後の人生について予測力を持つものである。シャイナーら（Shiner et al., 2002）は，20 年間にわたって児童を追跡する研究を行った結果，児童期のパーソナリティ特性が，10 年後，20 年後の心理社会的適応と関連することを見いだしている。また，10 歳時点のパーソナリティ特性が，認知能力の高さに関わらず，30 歳時点の学業達成や職業能力，反社会的行動，さらには恋愛関係や友人関係と関連することも示されている（Shiner et al., 2003）。他にも，人生に重大な影響を与えるであろう学業・職業達成，離婚，死亡率のいずれに対しても，社会経済的地位や認知能力よりもパーソナリティ特性が強

い関連を示すことが示されている（Roberts et al., 2007）。人生を左右する要因として従来考えられていたような，生まれ落ちた家庭の社会経済的地位や生まれ持った認知能力よりも，パーソナリティは，その後の人生のさまざまな側面における結果と関連を示すことが見いだされている。

　上述した5つのパーソナリティ特性についても，現在および未来の行動や状態と関連することが示されている。メタ分析と呼ばれる手法を用いて，過去に行われた複数の研究結果から学力に関連する要因を検討したポロパット（Poropat, 2009）は，認知能力と同じ程度，パーソナリティ特性である勤勉性の高さが学力と関わること，協調性と開放性の高さも少なからず関連することを示している。勤勉性に関しては，喫煙や飲酒，運動や食生活といった健康に関連する行動を介して疾患の有無につながり（Lodi-Smith et al., 2010），寿命とも関連することが明らかになっている（Friedman et al., 1993）。他にも，10歳前後の子どもを20歳，30歳になるまで追って調査したシャイナーとマステン（Shiner & Masten, 2012）では，近年注目されている逆境に強い，いわゆるレジリエンスが高い子どもたちについて，勤勉性，協調性，開放性が高く，神経症傾向が低かったことを明らかにしている。こうした研究は，どのような特性をはぐくんでいくことが，子どもたちのその後の人生において有用なのかについて示唆に富むものである。

●●● 2. パーソナリティ発達のメカニズム

　他の多くの行動や心理と同様，パーソナリティも個人と環境の相互作用によって発達をしていく。相互作用とは，個人が持って生まれた特徴と，環境の影響が，たんにたし算されてパーソナリティを形づくっていくことではなく，持って生まれた特徴と環境とがお互いに影響を与え合いながら，パーソナリティを形づくっていくことを意味している。たとえば，些細な刺激に対して過敏でなだめることが難しい特徴を持って生まれてきた子どもは，養育者が関わることを難しくし，時には不適切な養育環境を招くことになる。養育者からうまく関わってもらえないことによって，さらになだめにくい特徴や過敏さを強めて

いくことは想像にかたくない。持って生まれた特徴が，ある特定の環境を引き出し，その環境が個人の特徴に影響を与え，またその特徴が環境に影響を与えるといったように，個人の特徴と環境とが相互に影響を与え合いながら，パーソナリティは発達していくと考えられるのである。

　こうした個と環境の相互作用の中で，パーソナリティは社会化と個性化をされていく。人間は生まれ落ちたときから他者の関わりなしでは生きていけないように，他者との関係性の中で生きている。そのため個人は，家族や学校，地域，あるいは友人グループなど，所属する社会的なグループで受容されるように生活していくことが求められる。所属するグループは大きさや形態もさまざまであるが，そのグループのメンバーとして必要な行動や能力，価値観などがあり，そういったものをグループの他のメンバーや，グループでのルール，制度などから学んでいくことになる。たとえば家族の中で，助け合うことがよしとされ，求められるとすれば，助け合うことをその価値とともに学んでいき，協調性といったパーソナリティが発達していくと考えられる。学校やクラスというグループにおいても同様で，教師が勉強することをよしとし，テストでの正答に得点を与えて評価を行うからこそ，またそのような成績のよい友人が学校や社会で求められる姿として共有されるからこそ，勤勉性といったパーソナリティが発達していくと考えられる。個人のパーソナリティは，その個人が所属するグループで求められ受け入れられるようなものへ社会化をしていくのである。

　一方，個人は社会から求められることに応えているだけの存在ではない。個人は複数のグループに所属しており，グループによっても求められる役割や獲得すべきことが異なる。また，遺伝的に生まれ持った特徴には個人差があるため，その特徴が活かしやすい役割や学習もあれば，活かしにくい役割や学習もある。どのグループに所属するかという選択に加え，複数所属しているグループ間やグループ内でも人によって異なる期待のうち，どのような期待に応え，役割を果たし，学習をしていくのかは，個人が選び取っていくものである。そして求められる役割や期待が変われば，発達する特性もまた変化していくことになる（McAdams & Zapata-Gietl, 2014）。外向的な特徴を持って生まれた子どもは，その特徴が活かしやすい集団競技の部活動に自ら所属することを希望

し，そこで期待される役割を果たしていくことで，結果的に協調的なパーソナ
リティも発達させていくかもしれない。あるいは，家族からの期待に応えよう
として部活動への所属はせず，勉強に打ち込むことで勤勉なパーソナリティを
発達させていくかもしれない。個人と環境の双方が持つバリエーションが，パ
ーソナリティの個性化につながり，社会化と相互作用しながら，容易には予想
できない発達の軌跡を描いていくと考えられる。

●●● 3. 年齢によるパーソナリティの変化

　個々のパーソナリティの発達は容易に予想できるものではないものの，年齢
による全体的な変化の特徴をとらえておくことは，発達の観点を持って教育を
行っていくうえで有用と考えられる。日本人を対象とした大規模な研究は多く
はないが，いくつかの研究から傾向が見いだされている。20 代から 70 代まで
の日本人を対象に調査を行った川本ら（2015）では，協調性と勤勉性は年齢に
伴って上昇する傾向がある一方，神経症傾向は年齢に伴って下降し，外向性と
開放性については年齢による差異はみられなかった（図 7-1）。成人期以降のパ
ーソナリティ発達については，ここでみられているように，神経症傾向といっ
た不適応的な特性が弱まり，協調性や勤勉性といった適応的な特性が強まるよ
うな，社会的におおよそ望ましい方向に発達していくことが明らかにされてい
る（Caspi et al., 2005）。
　成人期以降にみられる望ましい方向へのパーソナリティの発達は，自動的
に起こるものとは考えられない。ローディ - スミスとロバーツ（Lodi-Smith &
Roberts, 2007）は，こうした望ましいパーソナリティ発達は，個人が家族や仕
事などにおいて社会的な役割に積極的に取り組んだ結果としている。たとえば，
仕事に積極的に関与していくことが，3 年後の神経症傾向を低め，勤勉性を高
めることが示されている（Leikas & Salmela-Aro, 2015）。また，12 歳から 18
歳の思春期におけるパーソナリティの変化を調査した川本・遠藤（Kawamoto
& Endo, 2015）は，神経症傾向に関連する特性は年齢を追うごとに上昇してい
き，外向性に関連する特性は年齢を追うごとに下がるか変化しないことを示し

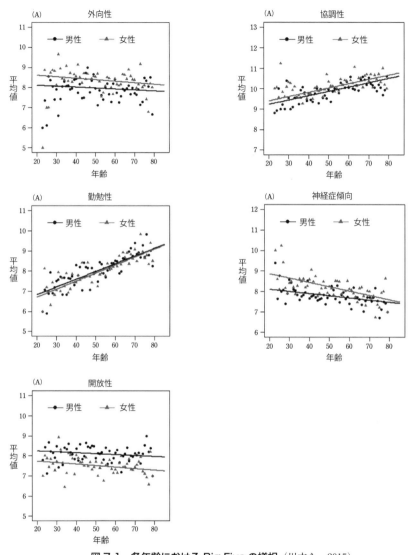

図 7-1　各年齢における Big Five の様相（川本ら，2015）

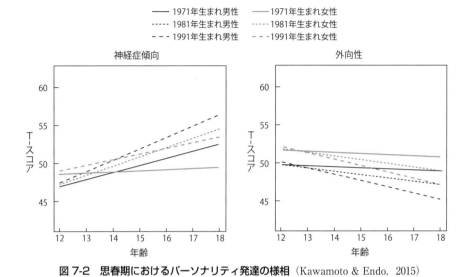

図 7-2　思春期におけるパーソナリティ発達の様相（Kawamoto & Endo, 2015）

ている（図 7-2）。神経症傾向が高くなることの基盤には，思春期に起こる性ホルモンの分泌や不均衡に進む脳の発達（明和, 2019）があると考えられる。思春期における望ましくない方向へのパーソナリティの変化は，生年コホートによってその傾向に違いがみられており（Kawamoto & Endo, 2015），パーソナリティは，社会文化的な影響を受けながら発達していくことが示されている。実際，地域によるパーソナリティの差異や（吉野・小塩, 2021），人口動態や経済動向などを含む社会指標との関連も明らかにされている（小塩・岡田, 2021）。望ましい方向へのパーソナリティの発達を支える環境をつくっていくことが重要と考えられる。

3　発達を支えるために

●●● 1．パーソナリティと発達課題との関わり

　パーソナリティの発達は，人生の各時期に乗り越えるべき発達課題とも深く関係すると考えられる。エリクソン（Erikson, 1959）の心理社会的発達理論によると，児童期は勤勉性の獲得が発達課題となる時期である。この発達課題に取り組むことで，パーソナリティとしての勤勉性についても養われていくこと，また反対に，児童期までに発達させてきた勤勉性というパーソナリティが，この発達課題の達成に影響することは想像にかたくない。ただし，勤勉性の発達課題を達成していくことは，たんに学校で用意されたカリキュラムをこなしていくことのみを意味しない。勤勉性の概念には，他の子どもたちとの作業ができることや，学ぶことへの広い好奇心に加え，楽しさなども含まれている（Kowaz & Marcia, 1991）。こうしたものとの関連が予想される外向性や協調性，開放性なども考慮に入れながら，子どもが好奇心を持って楽しく学習できる環境を整えることが，発達課題の達成，そして適応的なパーソナリティ特性としての勤勉性の発達にも寄与すると考えられる。

　児童期を超え，中学生や高校生を含む青年期になると，勤勉性とは別の達成すべき発達課題が出てくる。エリクソン（Erikson, 1963）は，青年期の発達課題としてアイデンティティの確立をあげている。アイデンティティとは，個人が自分の内部に斉一性と連続性を感じられることと，他者がそれを認めてくれることの，両方の事実の自覚のことである（Erikson, 1959）。自分とはどのようなものなのかについて，これまでの自分も今の自分もこれからの自分もつながっていて，他人とは違う唯一無二の存在として自覚できており，そのような自分をまわりも認めてくれていると思える感覚を身につけていくことが求められる。自分が何者なのかがわかることは，進路や職業の決定などと深くつながっているため，中学生や高校生を含む青年期において重要な課題となるのである。

　アイデンティティの形成は，さまざまな領域における選択や探求をくり返すことによって進んでいく。アイデンティティの形成過程は，教育や職業，対人関係などの各領域において，積極的に関わる価値や信念，目的といったコミットメントを形成するために多様な選択肢を探求する過程と，選択した対象が真にコミットメントに値するかを検討し，コミットメントを深めていく過程からなる（たとえば，Luyckx et al., 2006）。たとえば職業の領域において，さまざまな職業の選択肢の中から将来の夢を探す過程と，選んだ職業について詳しく調べたり考えたりしながら，本当にその職業が自分に合っているのかを考えて深めていく過程である。必要に応じてコミットメントした対象を捨て，他のさまざまな可能性を広く探求する過程に入るなど，この2つの過程をくり返すことで，アイデンティティの形成は進んでいくと考えられている。

　こうしたアイデンティティの各形成過程は，パーソナリティの発達と，相互に影響を与え合う関係にある。畑野ら（Hatano et al., 2017）は，中学生と高校生のアイデンティティとパーソナリティを2年間にわたって調査している。その結果，中学生では，外向性と開放性の高さが，広く自分の可能性を探求することにつながると同時に，広く探求することは，開放性を高めること，そしてコミットした対象についての深い探求は外向性を高めることが示されている。また高校生では，開放性の高さが，広く自分の可能性を探求することと，コミットしたものについて深く探求することの両方につながり，外向性の高さがコミットした対象を深く探求することにつながることが示されている。児童期に大きく関わることが予想される勤勉性については，高校生において，将来について悩んで思考を停止してしまう状態を引き起こしにくくすること，またコミットした対象について深く探求することが勤勉性を高めることが示されている。学校段階によって，アイデンティティ形成のどの過程と関わるのかには違いがみられるものの，おおむね，外向性と開放性の高さがアイデンティティの形成過程をうながす重要なパーソナリティと考えられる。子どもたちのこうしたパーソナリティの様相をとらえ，必要に応じて対人関係の支援や子どもたちの興味を引き出し育てていくことが，青年期発達を，またパーソナリティの発達を支えることになると考えられる。

●●● 2. 発達を支えるためにパーソナリティをどうとらえるか

　子どものさまざまな側面に影響を及ぼすパーソナリティは，個と環境との相互作用によって発達していくため，介入が可能なものである。パーソナリティ以外にも，子どもたちの学校生活やその後のさまざまな側面に対して，家庭の社会経済的地位や認知能力などが影響を及ぼすことが多くの研究で明らかにされている。たとえば子どもたちの学力に対して，60万人を超える児童生徒を対象とした調査から家庭の社会経済的地位の関連を示したコールマンレポート（Coleman et al., 1966）は著名であり，認知能力との関連も多くの知見が積み重ねられている（たとえば，Luo et al., 2006）。しかし社会経済的地位や認知能力は介入によって変化させることが難しい。それら以上に子どもたちのさまざまな側面に影響を与えるパーソナリティ（Roberts et al., 2007）は，環境によって可変なものである。実際，双子を用いた行動遺伝学の研究において，パーソナリティは遺伝によってすべてが決まるわけではなく，認知能力の場合（たとえば，Shikishima et al., 2009）と比べても，環境による影響を多く受けることが示されている（たとえば，Yamagata et al., 2006）。パーソナリティは環境の影響を受けながら発達していくため，子どもたちが多くの時間を過ごす学校においてどのような環境を提供するかは，パーソナリティを含むその後のさまざまな側面の発達や適応にとって重要である。

　環境の1つとして，教師が子どもたちのパーソナリティをどのようにとらえて関わるかが，子どもたちに影響を及ぼすと考えられる。たとえば前述したステレオタイプに基づいて行われる対人認知は，その人物を正確にとらえられない可能性があるだけではなく，子どもの実際の行動にも影響を及ぼす。ステレオタイプ脅威の研究では，自分の所属するグループと結びついたステレオタイプに基づいて評価されるのではないかと思うような状況に置かれると，実際にそのステレオタイプどおりの行動を取ってしまうことが実証されている。その1つとして，多くの人々が「女性は数学が苦手だ」というステレオタイプを持っているとされるが，数学のテスト前に，このテストには性差がみられると教示したり，たんに性別を記入させて意識させたりするだけで，本当に男女で

テスト得点に差が出ることを示した研究は有名である（Spencer et al., 1999）。中学生と高校生の女子生徒を対象に実験を行った森永ら（2017）では，数学の試験でクラスの平均点よりも高い点数を取った生徒に対し，教師がたんに「すごいね」と言うシナリオよりも，「女の子なのにすごいね」と言うシナリオを読んだときのほうが，生徒の数学に対する意欲が低くなることが示されている。もちろん，こうしたステレオタイプ脅威は，社会に広まっているステレオタイプによるものであるが，子どもにとっての学校社会の重大さを考慮すると，学校やクラスという身近な社会において，自分の所属するグループに対するステレオタイプ的な見方をされることにも同様の影響があるかもしれない。

●●● 3. 発達を支える言葉選び

　ステレオタイプのみでなく，個人やグループに対するイメージや先入観である期待は，その個人や集団が取った行動の解釈に影響し，言葉かけにも違いが生じてくると考えられる。ある行動を目にしたとき，その行動が期待と一致している場合には，その行動をした個人の安定的な特性ととらえる一方，期待と一致しない行動だった場合には，その行動は一時的なその場限りのものと解釈される傾向にある。このことは言葉の表現の違いに表れることが明らかにされている（Maass et al., 1995）。行動を説明する際，動詞を用いるのか，形容詞を用いるのかなど，用いる表現の抽象度の違いによって，その行動をどれだけ安定的な個人の特性に結びつけているかがわかるとされている（Semin & Fiedler, 1988）。たとえば，机を叩いている子どもを，「叩く」という動詞を用いて説明しているときよりも，「乱暴だ」という形容詞を用いて説明しているときのほうが，その子どもの特性まで判断していることになる。同じ机を叩くという行動を目にした場合にも，その子どもが優しいと期待している場合には，期待と一致しない行動になるため，「机を叩かないでね」といった声かけをするかもしれない。一方，その子どもが優しくないと期待している場合には，その期待と一致する行動になるため，「乱暴なのはダメだよ」といった声かけになるかもしれない。教師が持っている子どもに対する期待によって，その子ど

もの行動が解釈され，声かけも変わってくると考えられる。

　こうした声かけの際に用いる表現の違いは，その後の行動に対する教師自身やまわりの子どもたちの予測を変えると考えられる。カルナギら（Carnaghi et al., 2008）の実験では，「彼は芸術的だ」という形容詞による表現か，「彼は芸術家だ」という名詞による表現を読んだ後，その人物が 1 週間後にどのくらい絵を描くかを尋ねたところ，「芸術家だ」と名詞で表現されたほうが，絵を描く頻度は高く推測されることが示されている。名詞で表現されるほうが，その個人の変わらない特性としてとらえられるため，そうした特性を持つ人が行う典型的な行動についても多く推測されるのである。先の例で，「机を叩かないでね」と行動を具体的な言葉で表して言葉かけをするよりも，「乱暴なのはダメだよ」という抽象的な言葉で言葉かけするほうが，それを聞いたまわりの子どもたちや，他の教師などは，その子どもが今後同じように攻撃的な行動をする期待を高めるかもしれない。そしてその期待によって，その子どもを見る目や，その子どもへの言葉かけが変わっていき，そうした声かけを多くされた当該の子どもは，本当にその特性を強めていく可能性もあるだろう。教師やクラス内での関係性と大きく関わることが予想される言葉かけ，とくにその際に用いる表現は，子どものパーソナリティ発達に影響を与えるものと思われる。

　そもそも他者の行動を目にしたとき，私たちはパーソナリティを含む内的で安定的な特性を瞬時に考えがちである。たとえば授業中に寝ている子どもを目にしたとき，家庭の事情や体調不良で昨夜よく眠れなかったなど，さまざまな背景が考えられるにもかかわらず，不真面目な子だとかやる気のない子だと考えがちなところがある。このように，他者の行動に関する情報に接したときに，考えられるさまざまな背景要因よりも，パーソナリティ特性を考えてしまうことは，多くの場合，意識せずになされることがわかっている（たとえば，Uleman et al., 2008）。しかし，そうして特性に結びつけて考えてしまうことが言葉かけに，ひいてはその子どものパーソナリティの発達に影響を及ぼすことを心にとめ，子どものパーソナリティの理解や言葉かけをしていくことが大切と思われる。

4　おわりに

　子どもの学校での適応やその後の人生のさまざまな側面に対して影響を及ぼ
し得るパーソナリティが，個と環境との相互作用の中で発達し，介入可能であ
ることの利点は大きい。子どもの学力や行動が教師の期待する方向に成就する
という著名なピグマリオン効果（Rosenthal & Jacobson, 1968）の知見などか
らも，教師が子どもをどのような期待を持って理解していくかによって，子ど
ものパーソナリティの望ましい方向への発達を支えることができるだろう。一
方，パーソナリティの発達が社会の影響を多分に受けるということは，学校社
会で強い影響力を持つ教師が，何に価値を見いだし，子どもに何を求め，どう
評価するのかによって，子どものパーソナリティの発達は方向づけられる可能
性がある。しかし，教師の価値観や子どもに求めていること，何を基準に評価
しているのかなどについて，普段意識することは少ないだろう。たとえば評価
の際に，能力，態度，資質といった言葉は，自明のものとして使われ，政策や
制度も含めてさまざまに影響を及ぼす一方（本田，2020），その具体的な中身
や影響について説明できる人は多くないと思われる。今流行りの，何かを説明
した気になれるが何も説明したことにならない言葉を使ったりするのではなく，
教師自身の価値観を明確にし，子どもに，社会に，求めていることに自覚的に
なったうえで，子どものパーソナリティをとらえ，環境の 1 つとして支えてい
くことが大切ではないだろうか。

第 **8** 章

子どもが抱える発達的課題を理解する

1 発達援助という考え方

　子どもは，さまざまな他者や社会との関わりをとおして発達していく過程で，さまざまな問題に出会い，そのような問題を解決することをとおして，成長を遂げていく。子どもが抱える問題への援助については，問題となる発達状況に焦点を当てた心理臨床的介入を行う発達臨床心理学（下山，1998）や，子どもの問題の背景にある発達上の課題と教育上の課題の解決を援助する学校心理学（石隈，1999）などの発達援助という考え方が発展してきている。つまり，問題を抱える子どもに対する援助においては，その子どもが抱えている問題の背景にある発達的な課題について理解したうえで援助する必要がある。

　本章では，まず現代の子どもが抱えているさまざまな問題の背景にある発達上の課題について概観する。具体的には，発達課題の未達成の問題と近年増加が指摘されている発達障害について説明する。続いて，学校や家庭での生活場面における問題として，非行・暴力行為，いじめ，不登校，自殺，虐待を取り上げ，発達上の課題との関連についても合わせて説明する。

❷　問題の背景となる発達上の課題

●●● 1．発達課題の未達成と子どもの抱える問題

　発達心理学では，これまでさまざまな心理学者が，年齢により区分された発達段階ごとにその時期に応じた発達課題があり，課題を達成することを発達と考え，発達課題がうまく達成できないときには，適応の障害が生じたり，その後の人生に不適切な影響を与えたりすると考えられてきた（発達課題に関する代表的な理論の詳細については，第2章を参照のこと）。下山（1998）は，エリクソンの心理社会的発達理論やこれまでの発達心理学の成果をもとに，ニューマンらが示した生涯発達の各段階と課題を整理している（表8-1）。そして，各発達段階の重要なテーマと各時期にみられる心理障害が関連していることを指摘している。具体的には，乳幼児期は愛着という関係性の基盤の確立がテーマとなり，同時に器質的・発達的な障害が現れる時期ととらえ，発達障害などの早期発見が求められる時期であるとしている。児童期・思春期は，関係性の発展としての仲間関係がテーマとなり，児童期・思春期にみられる心理障害や不登校，いじめ，非行などの問題は，仲間関係の発達との関連で見ていくことが重要であるとしている。そして，青年期を青年期前期・中期（中学生・高校生の時期），青年後期（20歳前後から成人期に移行する前まで）に分類し，アイデンティティの確立がテーマとなり，現代青年に特有の「大人になれない」といった心理障害や精神疾患などの心理障害の生じやすさを指摘している。文部科学省（2009）もまた，社会構造の変化を背景として，育つ環境が大きく変容している現代の子どもの成長には，以前の子どもたちとは異なる形での特徴がみられるようになり，従来あまり注目されなかった領域でのつまずきが起こるようになっていると指摘している。つまり，社会構造の変化が現代の子どもの発達課題への取り組みに影響を与えており，子どもが抱える問題と関連していると考えられる。

　現代の子どもの発達課題への取り組みについては，学校心理学においても次

表8-1　生涯発達の各段階と発達課題（下山，1998 を参考に作成）

エリクソンの発達理論による区分	心理社会的危機	Newman & Newman（1984）の発達区分と課題	
乳児期 （0 〜 1 歳）	信頼　対　不信	乳児期 （0 〜 2 歳）	①社会的愛着　②感覚運動知能と原始的因果律 ③対象の永続性　④感覚運動的機能の成熟
幼児前期 （1 〜 3 歳）	自律　対　恥・疑惑	歩行期 （2 〜 4 歳）	①移動能力の完成　②空想と遊び ③言語の発達　　　　④セルフコントロール
幼児後期 （4 〜 6 歳）	自主性　対　罪悪感	学童前期 （5 〜 7 歳）	①性の同一視　　　　　　②具体的操作 ③初期の道徳性の発達　④集団遊び
児童期 （7 〜 12 歳）	勤勉性　対　劣等感	学童中期 （8 〜 12 歳）	①社会的協力：同性仲間集団　②自己評価 ③技能の学習　④チームプレイ
青年期 （13 〜 22 歳）	アイデンティティ　対 アイデンティティ拡散	青年前期 （13 〜 17 歳）	①身体的成熟　　　　　　②形式的操作 ③仲間集団における成員性　④異性関係
		青年後期 （18 〜 22 歳）	①両親からの自立　②性役割同一性 ③道徳性の内在化　④職業選択
成人前期 （23 〜 30 歳）	親密　対　孤立	成人前期 （23 〜 34 歳）	①結婚　②出産 ③仕事　④ライフスタイル
成人期 （30 〜 65 歳）	世代性　対　停滞	成人中期 （35 〜 60 歳）	①家庭の経営　②育児 ③職業の管理
老年期 （65 歳〜）	統合　対　絶望	成人後期 （60 歳〜）	①老化への対応　②新しい役割への再方向づけ ③自分の人生の受容　④死に対する見方の発達

注）（　）内はおおよその年齢を示す。

のように考えられている。石隈（1999）は，子どもの発達課題への取り組みが同年齢の子どもと比べて著しく遅れていることが教育上の課題や家族としての課題などの遂行を困難にするといった問題となりうるとしている。また，実際の年齢以前の発達課題（持ち越している発達課題）と実際の年齢段階の発達課題に同時に取り組む子どもが増えており，それらの子どもは学校生活への適応が困難になると指摘している。たとえば，小学校に入学した低学年の児童が，それまでの遊びをとおしての学びが中心となっていた幼稚園や保育所での生活から，学習を中心とした学校生活への移行期に，学校生活のルールに沿った生活にうまく適応できないという小1プロブレムの問題や，小学校から中学校への移行段階に，環境の変化に適応できず問題行動が増加するという中1ギャッ

プの問題などは，上述した課題を抱えた子どもたちの困難さが表面化した問題とも考えられるだろう。このように，すべての子どもが取り組む発達課題の未達成は，適応上の問題と関連していると考えられる。それゆえ，子どもの抱える問題を発達的課題という視点で理解し，発達を援助していくことが大切なのである。

●●● 2. 発達障害

　発達障害は，脳機能の障害である。文部科学省では，「自閉症，アスペルガー症候群その他の広汎性発達障害，学習障害，注意欠陥多動性障害その他これに類する脳機能の障害であってその症状が通常低年齢において発現するものである。」という発達障害者支援法の定義を採用しており，通常の学級にも学習面や行動面で何らかの苦戦がある子どもは，約6.5％いることが明らかにされている（文部科学省，2012）。表8-2に，文部科学省による定義を示し，障害名については，アメリカ精神医学会による精神疾患の診断・統計マニュアルの改訂版（DSM-5）における障害名も併記した。これらの障害は，環境によって

表8-2　文部科学省の発達障害の定義（文部科学省，1999）

学習障害 （限局性学習症：SLD）	学習障害とは，基本的には全般的な知的発達に遅れはないが，聞く，話す，読む，書く，計算する又は推論する能力のうち特定のものの習得と使用に著しい困難を示す様々な状態を指すものである。学習障害は，その原因として，中枢神経系に何らかの機能障害があると推定されるが，視覚障害，聴覚障害，知的障害，情緒障害などの障害や，環境的な要因が直接の原因となるものではない。
注意欠陥多動性障害 （注意欠如・多動症：ADHD）	年齢あるいは発達に不釣り合いな注意力，及び／又は衝動性，多動性を特徴とする行動の障害で，社会的な活動や学業の機能に支障をきたすものである。また，7歳以前に現れ，その状態が継続し，中枢神経系に何らかの要因による機能不全があると推定される。
広汎性発達障害 自閉症 高機能自閉症 アスペルガー症候群 （自閉スペクトラム症：ASD）	3歳くらいまでに現れ，①他人との社会的関係の形成の困難さ，②言葉の発達の遅れ，③興味や関心が狭く特定のものにこだわることを特徴とする行動の障害であり，中枢神経系に何らかの要因による機能不全があると推定される。 ※広汎性発達障害のうち，知的発達の遅れを伴わないものを高機能自閉症とし，さらに言語発達の遅れがないものをアスペルガー症候群としている。

注）文部科学省の定義を参考に作成。※部分は筆者が加筆。

問題の表れ方が大きく異なる（米田・糸井，2005）ことや，脳の中枢神経系の機能障害であるために複数の障害が重複することも多いなど，一人ひとりの様態はさまざまである。以下では，各障害による困難さの特徴を概観する。

(1) 学習障害（限局性学習症：SLD）

　SLD の子どもは，知的な遅れはみられないが，読み書きや計算するなどの特定の能力のみに困難さを示すために，その困難さを周囲から理解されにくい。そのため，障害に詳しくない教師との関わりの中で，苦手なことを無理強いされたり，できないことを努力不足と誤解されたりすることがある。また，子ども同士の関わりの中でも，勉強ができないことがいじめのきっかけになることもある。このように，SLD の障害特性に対する周囲の理解が不足していることにより，本人の自己評価や自尊感情が低下し，適応上の問題につながることがある。

(2) 注意欠陥多動性障害（注意欠如・多動症：ADHD）

　ADHD の子どもは，気が散りやすく集中することが難しい「不注意」，立ち歩きや手足を過度に動かすなどじっとしていることが難しい「多動性」，順番を守れない，話を最後まで聞けないなど行動の抑制が難しい「衝動性」という3つの主症状から，①不注意優位型，②多動性－衝動性優位型，③混合型に分類される。障害の特性により，幼い頃から失敗経験をくり返すことが多く，それにより，周囲から非難や叱責を受けやすい。叱責による自己肯定感の低下が反発に結びつき，反抗挑戦性障害（過度のストレスにより，怒りっぽく，反抗的，挑発的な態度をとる）や素行障害（他者や物への攻撃や犯罪行為などをくり返す）につながり，反社会的行動が表れることがある。また，思春期・青年期の仲間関係において，その衝動性や軽率さから，仲間からの冗談などのちょっとした言動を誤解してカッとなり思わず手を出す，仲間との約束をうっかり破るなどのトラブルが生じ，孤立してしまうこともある。そのような中でからかいやいじめの対象となった場合には，不安障害や気分障害の出現につながることもあり，結果として不登校などの非社会的行動に至ることもある。

(3) 広汎性発達障害（自閉スペクトラム症：ASD）

ASD の子どもの特徴は，他者とのコミュニケーションの難しさと行動や興味の幅の狭さ（こだわりの強さ）により説明されている。また，感覚刺激に対する過剰・過小反応（たとえば，音に対する過剰反応）や偏食，時間・空間の見通しを持つといった想像力の弱さなどの特徴もみられる。そのため，障害特性によって，さまざまな困難さを抱えやすい。その中でも，学校などで不適応を生じやすい理由としては，他者の気持ちを理解しにくく，対人関係の問題が生じやすくなることにより，教室がいづらい場所となることがあげられる。このような場合，不安や緊張の高まりや自尊感情の低下といった心理面の問題が表れ，不登校などの問題行動につながることがある。また，こだわりの強さという特性により，興味のある理科は教科書の隅々まで暗記しているが，苦手意識のある国語にはいっさい取り組もうとしないなど，学業成績に偏りが生じてしまう。感覚の過敏さの特徴により，教室のざわざわした音に過剰に反応してしまうなど，授業の参加に支障をきたし，学習面の困難を示す場合もある。

3　子どもや学校が抱える問題の実際

以下では，子どもや学校が抱えている問題について，発達上の問題との関連も含めて概説する。

●●● 1. 適応と不適応

人は生きていくうえで，さまざまな社会的活動を行うことにより自らの欲求を満たしているため，周囲の環境との間に適切な関係を築く必要がある。このように，自らの欲求を満たすために環境（とくに対人関係や組織などの社会的環境）に対して適切な働きかけを行うことができ，それに対し環境から肯定的な反応や評価が与えられ，結果として情緒的に安定し有能感を持っている状態（加藤，1990）のことを適応という。

　一方で，この働きかけがうまくいかず，本人または環境に何らかの不利益が生じ，心理的に不安定になっている状態を不適応という。不適応状態になると，身体症状（精神的ストレスや葛藤が身体に表れたもの，身体医学的には，原因がないのに頭痛，腹痛，下痢や発熱などが起きる），精神症状（不安や焦燥感が高まり，うつが強くなる症状が表れる），外的な行動（不登校，癇癪，暴力などの攻撃行動，手洗いをくり返すなどの強迫行動）という 3 つの現象が表れる。また，不適応状態が続くと，問題行動として表れてくることがある。問題行動は，社会を観点とした表面的な特徴から，反社会的行動と非社会的行動に大きく分けることができる。

(1) 反社会的行動

　反社会的行動とは，社会に反する行動のことである。広義には逸脱行動で，社会で一般的に承認され，共有されている価値体系や規範から逸脱し，それを攻撃，破壊しようとする行動や態度である。狭義には犯罪行動で，刑法もしくはその他の法規に触れる行動ととらえるとわかりやすい。学校現場でみられる反社会的行動として，①非行・暴力行為，②いじめについて概説する。

●非行・暴力行為

　少年法において，非行少年は，表 8-3 のように定義されている。また，非行少年にはあたらないものの，喫煙，飲酒，深夜徘徊などをしている少年を「不良行為少年」と呼び，警察による補導の対象にはなる（押切，2004）。非行については，非行が発覚しなかった場合や，発覚しても警察に通報されることなく叱責や非難によって済んだ場合は，統計データに反映されないことにより，データからその実態をつかむことの難しさが指摘されている（大場，2007）。

表 8-3　少年法による非行少年の分類

犯罪少年	14 歳以上 20 歳未満で，罪を犯したもの
触法少年	14 歳に満たないで刑罰法令に触れる行為をしたもの
ぐ犯少年	20 歳未満で，その性格又は環境から判断して，将来，罪を犯し，又は刑罰法令に触れる行為をするおそれのあるもの

このように，データによる実態把握の難しさはあるものの，警察庁（2021）によると，近年，少年非行は減少傾向にある。その一方で，薬物乱用（大麻乱用，麻薬等乱用）については検挙人員が増加しており，子どもたちにとって麻薬などの薬物が身近となっていることがうかがえる。

　文部科学省は，児童生徒の問題行動・不登校等生徒指導上の諸課題に関する調査において，子どもの暴力行為について調査している。暴力行為とは，「自校の児童生徒が，故意に有形力（目に見える物理的な力）を加える行為」とし，「当該暴力行為によってけががあるかないかといったことや，けがによる病院の診断書，被害者による警察への被害届の有無などにかかわらず」暴力行為に該当するものすべて対象とすることとしている（文部科学省，2020a）。また，暴力行為として「対教師暴力」「生徒間暴力」「対人暴力」「器物損壊」の４項目についての調査が行われている。令和元年度までの学校の管理下・管理下以外における暴力行為発生率の推移は，図8-1に示すとおりである。暴力行為については，中学校での発生率が最も多いものの，近年は低年齢化が指摘されており（文部科学省，2011），データ上でも小学生の暴力行為が増加している。また，小，中，高校生とも「生徒間暴力」の件数が最も多く，中，高校生は前年度に比較して発生件数が減少しているものの，小学生については，大幅な増加となっている。

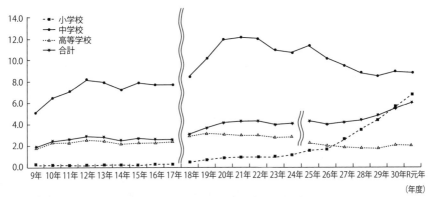

図8-1　学校の管理下・管理下以外における暴力行為発生率の推移（1,000人あたりの暴力行為発生件数）（文部科学省，2020a）

　非行の背景には，さまざまな要因の関連が指摘されているが，非行傾向行為には，親子関係，セルフコントロール，逸脱した友人関係が関連する（小保方・無藤，2006）ことが指摘されている。また，渕上（2010）は，小学生時の反抗挑戦性障害傾向が強いほど，不適切な養育経験を有しており，不適切養育経験は素行障害傾向を高めるといったリスク因となること，一方で個人内の非行抑制傾向は，不適切養育経験のような環境要因に左右されない，素行障害傾向を回避する要因となりうることを明らかにしている。つまり，非行や暴力行為の背景には，個人の性質といった個人内の要因に加え，乳幼児期からの親子関係や，青年期の仲間関係などの発達的課題が関連していると考えられる。

❷いじめ

　2013（平成 25）年に施行された「いじめ防止対策推進法」において，いじめは「児童等に対して，当該児童生徒が在籍する学校に在籍している等当該児童生徒と一定の人的関係のある他の児童が行う心理的又は物理的な影響を与える行為（インターネットを通じて行われるものを含む。）であって，当該行為の対象となった児童等が心身の苦痛を感じているものをいう。」と定義された。この定義では，一見するといじめとは受け取れないようなささいなことと感じられる内容であっても，被害者に影響を与えるような行為はいじめとして把握し，対処する必要があることを示している。平成 25 年以降，いじめの認知件

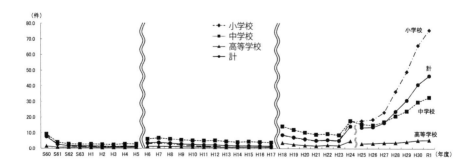

図 8-2　いじめの認知（発生）率の推移（1,000 人あたりの認知件数）（文部科学省，2020a）

数が増加している（図 8-2）が，文部科学省（2020a）は，「いじめを初期段階のものも含めて積極的に認知し，その解消に向けた取組のスタートラインに立っている」と肯定的に評価する一方で，いじめを認知していない学校には，気づかれずに未対応になっているいじめが存在する可能性を懸念している。このように，いじめについては，重大事態に至る以前の早期発見，対応が求められているといえる。

　森田（1985）は，いじめを被害者，加害者，観衆，傍観者の四層構造（図8-3）によってとらえ，周囲ではやしたてる観衆はもちろん，黙って見ているだけの傍観者も暗黙の支持を与えることでいじめを促進する要因となること，一方で，傍観者の中からあらわれる仲裁者の存在がいじめを抑止する要因になりうるとした。伊藤（2017）は，いじめの加害役割と被害役割は固定したものではないこと，いじめ被害と加害の両方の経験があることが，人間関係における自己肯定感を低下させることを明らかにしており，人間関係上満たされないものを抱えている子どもたちがいじめに走りやすいと述べている。また，保坂（1998）は，児童期から青年期の仲間関係の発達段階について，同性の同輩集団で同一行動による一体感が重んじられるギャング・グループ（児童期後半），同性の同輩集団で互いの類似性を確かめ合うチャム・グループ（思春期前半），男女混合で異質性を認め合い，尊重し合うピアグループ（思春期後半）という3つの段階を仮定し，現代の子どもたちにみられるいじめの背景にとして，ギャング・グループの喪失，チャム・グループの肥大化をあげている。そして，

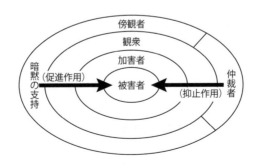

図 8-3　いじめ集団の四層構造モデル（森田，1985）

思春期に多発する陰湿ないじめは，このような仲間関係の変質による表面的な関わりや同調性の高まりを背景とし，自分たちに必要な集団を維持するために起きている側面があると指摘した。このように，いじめ問題には，子どもたちを取り巻く人間関係や子ども自身の人間関係に対する自信のなさ，仲間関係の変質といった問題が関連している。そのため，いじめの問題の理解には，子どもたちの仲間関係に関する発達的課題についての理解が重要となると考えられる。

(2) 非社会的行動

　非社会的行動とは，他者との関わりを回避し，社会的参加が達成されない状況を指す。対人関係を円滑に進めるための社会的スキルに欠けており，人との積極的なやりとりを回避し，対人場面に際して強い不安や緊張，あるいは抑うつ傾向を示し，自尊心や自信に欠け，自分を否定的に評価し，社会的に孤立しがちな行動特徴を総称したもので，反社会的行動と対局をなす行動である。学校現場で注目される非社会的行動として，①不登校，②自殺について概説する。

❶不登校

　不登校は，「不登校児童生徒とは何らかの心理的，情緒的，身体的あるいは社会的要因・背景により，登校しないあるいはしたくてもできない状況にあるため，年間30日以上欠席した者のうち，病気や経済的な理由による者を除いたもの」と定義されている（文部科学省, 2003）。文部科学省（2020a）によれば，平成24年以降，不登校児童生徒数は増加し続けており，令和元年度は，平成10年度以降で最多になっている（図8-4）。また，不登校児童生徒のうち，年間90日以上欠席した者は，不登校児童生徒数の55.6％を占めており，不登校が長期化していることがうかがえる。さらに，学年別不登校児童生徒数は，小学校から中学校への移行期に大幅に増加している（図8-5）。小学校から中学校への移行時には，学校生活や学習環境が大きく変化するため，適応がむずかしいことが推察される。

　不登校の要因については，学校に関わる状況として，いじめを除く友人関係，学業の不振，家庭に関わる状況として親子の関わり方，本人に関わる状況とし

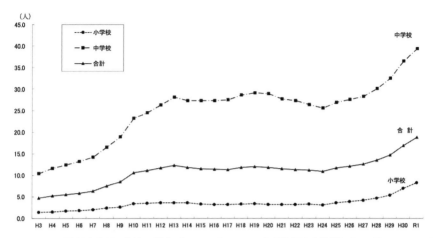

図 8-4　不登校児童生徒の割合の推移（1,000 人あたりの不登校児童生徒数）（文部科学省，2020a）

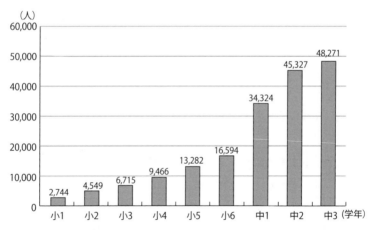

図 8-5　学年別不登校児童生徒数（国公私立計）（文部科学省，2020a）

て，無気力・不安などが多い（文部科学省，2020a）。伊藤（2011）は，現代に
おける不登校の特徴を“多様化”という言葉で示し，「発達障害」「怠学・無気力」
「虐待」「いじめ」など，多様な要因がきっかけとなっているとした。また，小
澤（2011）は，事例分析により，不登校を 3 つのタイプに分類し，①心理的な
対応が必要なタイプ（本人要因），②教育的な対応の必要なタイプ（学校要因），
③福祉的な対応の必要なタイプ（家庭要因）の 3 つに分類して，異なる要因を

背景とした不登校への対応の違いを示している。そしてその中で，心理的な対応が必要なタイプとして，思春期の特性である自我の確立に向かう中での自己の不安・葛藤，体制や権威に対する反発から急激に葛藤状態になる場合や，発達障害といった発達的課題を背景とした不登校の様相が示されている。このように，不登校の背景には，発達的課題を含む多様な要因があることを理解したうえでの対応が求められている。

❷自殺

　平成 29 年 7 月に閣議決定された自殺予防大綱（内閣府，2017）では，誰も自殺に追い込まれることのない社会の実現を目指すとして，国をあげての対策を示している。その中で，児童生徒が社会において直面するさまざまな困難・ストレスへの対処方法を身につけるための教育（SOS の出し方に関する教育），心の健康の保持に関わる教育の推進などを進めたり，自殺が急増する傾向にある長期休業期間の早期発見・見守りなどの取り組みや情報モラル教育および違法・有害情報対策の推進を実施したりするとしている。

　令和元年度，小・中・高等学校から報告のあった自殺した児童生徒数は，317 人である（文部科学省，2020a）。自殺の理由は，不明が最も多いが，家庭の問題（家庭不和，父母などの叱責）や進路の問題，精神障害などの人数が多い。また，年齢が上がるほど人数が増加する傾向にある。下山（1998）は自殺のリスクが高いのは，親に自殺歴のある者，安定した愛着を形成できなかった者，衝動行為やコントロール不能を示す者であるとしており，とくに思春期・青年期の発達的課題と関連していると考えられる。

●●● 2. 家族としての課題

　家族としての問題については，虐待の問題を取り上げる。令和元年度の児童相談所での児童虐待相談対応件数は，193,780 件で，過去最多となった。児童虐待は，表 8-4 のように，身体的虐待，性的虐待，ネグレクト，心理的虐待に分類される。令和元年度は，心理的虐待の割合（56.3%）が最も高く，次いで身体的虐待（25.2%），ネグレクト（17.2%），性的虐待（1.1%）となっているが，

表 8-4　児童虐待の分類

身体的虐待	殴る，蹴る，叩く，投げ落とす，激しく揺さぶる，やけどを負わせる，溺れさせる，首を絞める，縄などにより一室に拘束する　など
性的虐待	子どもへの性的行為，性的行為を見せる，性器を触る又は触らせる，ポルノグラフィティの被写体にする　など
ネグレクト	家に閉じ込める，食事を与えない，ひどく不潔にする，自動車の中に放置する，重い病気になっても病院に連れて行かない　など
心理的虐待	言葉による脅し，無視，きょうだい間での差別的扱い，子どもの目の前で家族に対して暴力をふるう（ドメスティックバイオレンス：DV），きょうだいに虐待行為を行う　など

表 8-5　虐待が及ぼす子どもへの影響（文部科学省，2020b より作成）

身体的影響	知的発達面への影響	心理的影響
外傷の他，栄養障害や体重増加不良，低身長などがみられる。愛情不足により成長ホルモンが抑えられた結果，成長不全を呈することもある。	安心できない環境で生活することや，学校への登校もままならない場合があり，そのために，もともとの能力に比しても知的な発達が十分に得られないことがある。	他人を信頼し愛着関係を形成することが困難となるなど，対人関係における問題が生じたり，自己肯定感が持てない状態となる。攻撃的・衝動的な行動を取ったり，多動の症状が表れたりする。

　多くの場合はいくつかの虐待が重複している。2004（平成16）年に改正された児童虐待防止法において，虐待を受けた子どもだけでなく，虐待を受けていると疑われる子どもについても通報の義務が明記されている。学校現場では，子どもの様子がいつもと違うなど違和感があり虐待が疑われる場合には，その時点から記録に残して教職員で情報を共有し合うようにし，必要に応じて，児童相談所との連携なども行うなどの対応が求められている状況である。
　虐待は，子どもの心身に深刻な影響をもたらす（表8-5）。とくに，脳に影響を及ぼすことが知られており，身体的虐待では前頭前野の一部委縮，言葉による虐待では聴覚野の変形，ドメスティック・バイオレンス（DV）の目撃や性的虐待では視覚野の委縮が生じることがあり，情緒の不安定さや言語理解力の低下，表情の読み取りの難しさ，学習の定着への困難など，さまざまな困難が

生じやすい。また，幼少期から虐待を受けた場合，人間関係の形成にも支障を
きたすことがある。

　厚生労働省（2013）は，虐待のリスク要因として，①多くの親は子ども時代
に大人から愛情を受けていなかったこと，②生活にストレス（経済不安や夫婦
不和や育児負担など）が積み重なって危機的状況にあること，③社会的に孤立
化し，援助者がいないこと，④親にとって意に沿わない子（望まぬ妊娠，愛着
形成阻害，育てにくい子など）であることの4つの要素が揃っていることを指
摘している。つまり，虐待の問題には，子ども自身の発達課題と，家庭を形成
し親となり，子を育てるという成人期の親の発達課題とが相互に関連し合う生
涯発達的な課題が背景となっているとも考えられる。また，そのような問題の
背景に発達障害などの特性を持つことによる育てにくさの問題が潜んでいる場
合もある。

4　本章のまとめ

　以上，概観してきたように，現代社会の急激な変化に伴い，従来とは大きく
異なった環境の中で，子どもたちの発達上の課題への取り組みにも変化が生じ
ている。このことが，子どもたちの抱える発達的課題の多様化・複雑化を生ん
でいると考えられるだろう。目の前の子どもの表面化した問題の背景として，
発達課題の積み残しや発達障害といった発達上の課題が関連している可能性を
視野に入れてとらえることが，問題についての理解を深め，子どもたちへの適
切な発達援助を計画，実施することに役立つと考えられる。

第 2 部

学　習

第 **9** 章

子どもの学習過程を理解する
行動主義的な学習理論

1 行動主義における学習理論

　普段の生活の中で，私たちは「学習」という言葉を「勉強する」という言葉
と似た意味で使うことが多い。しかし，心理学における「学習」の意味する範
囲はそれよりも広く，新しい知識や行動を身につけるということを意味してい
る。子どもたちは，成長・発達の中で，どのように新しい知識や望ましい行動
を身につけていくのであろうか。あるいは，もし望ましくない行動を身につけ
てしまったとしたら，どうすればその行動をなくすことができるのであろうか。
それらを理解するために，本章では子どもたちの学習過程を説明する学習理論
を概観していく。

　なお，学習過程を説明する学習理論としては，個人の行動の変化を学習とみ
なす，という行動に着目した行動主義的な学習理論や，知識の習得や認識の変
化を学習とみなす，という認知に着目した認知主義的な学習理論，主体的に知
識を構成していく過程に着目した構成主義的な学習理論などが存在する。本章
ではおもに行動主義的な学習を扱い，第 11 章では認知主義的な学習を，第 13
章では構成主義的な学習をそれぞれ扱うこととする。

　それでは，本章で扱う行動主義的な学習理論とは何であろうか。行動主義
（behaviorism）とは，目に見えない「心」を客観的に観察可能な「行動」でと
らえるという心理学の立場の 1 つであり，そこでは学習を「経験によって生じ
る比較的永続的な行動の変化」と定義している。そして行動主義的な学習の研
究では，外部から刺激を受けるという経験によって，どのような反応（行動）

が起こるのか，また，その一連のセットがどのように獲得，維持，変容されていくのか，というメカニズムが明らかにされてきた。

　行動主義的学習理論における基本的な学習のメカニズムは，出来事と出来事の結びつきの学習，すなわち連合学習である。連合学習とは，たとえば「ボタンを押す」という反応（行動）と「照明がついた」という結果が結びついて「ボタンを押したら，照明がついた」という関係を身につけることである。こうした連合学習のプロセスは条件づけ（conditioning）と呼ばれ，条件づけには「古典的条件づけ」と「オペラント条件づけ」の2種類がある。

2　古典的条件づけ（レスポンデント条件づけ）

　古典的条件づけ（classical conditioning）あるいはレスポンデント条件づけ（respondent conditioning）とは「ある反応を起こさせる特定の刺激と，それとは無関係な別の刺激を同時に与えることをくり返すと，最終的に別の刺激だけで特定の刺激に対する反応と同じ反応を起こす」という刺激と刺激の連合学習のことで，ロシアの生理学者パブロフが発見した現象である。

　パブロフは，唾液の分泌量に関する研究を行っている際に，実験に用いていたイヌが，エサを食べているときだけでなく，エサを運ぶ際の食器の音や運んでくる人の足音を聞いただけでも唾液の分泌量が増えることに気がついた。そこで，食器音や足音の代わりにベルなどを用いて，似たような状況を作り「ベルの音」という刺激と「エサ」という刺激を結びつける実験を行った（Pavlov, 1927）。具体的な手続きは以下のとおりである（図9-1）。

　まず，イヌはエサを食べるときに唾液を分泌する。これは教わったわけではなく，イヌが生まれたときからもっており，無条件的に起こる反応なので，無条件反応（unconditioned response：UR），あるいはエサに対して応答的に出現するのでレスポンデント（respondent）反応という。また，そうした反応を無条件に引き起こす刺激のこと（今回はエサ）を無条件刺激（unconditioned stimulus：US）という。一方，通常，ベルをいくら鳴らしても，イヌは唾

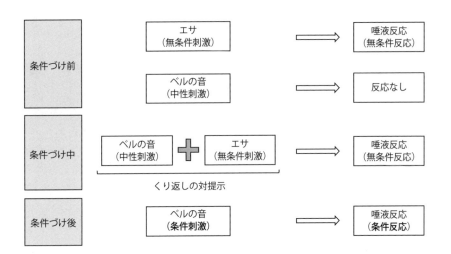

図9-1　パブロフのイヌの実験における古典的条件づけの形成過程

液を分泌しない。こうした無条件反応と無関係の刺激を中性刺激（neutral stimulus：NS）という。しかし，ベルを鳴らす（中性刺激）と同時にエサ（無条件刺激）を出すこと（ベルとエサの対提示）をくり返しイヌに対して行うと，イヌはベルを鳴らされただけで，唾液を出すようになる。すなわち，「ベルの音」という刺激と「エサ」という刺激の連合を学習したのである。こうしたベルの音に反応した唾液反応は条件反応（conditioned response：CR）といい，またベルの音のような，もともと中性刺激だったものを条件刺激（conditioned stimulus）という。この例からわかるように条件刺激（CS）は，無条件刺激（US）とくり返し対提示することによって，無条件反応（UR）と同様の条件反応（CR）を誘発するようになる，というのが古典的条件づけの手続きである。

　このような古典的条件づけはイヌだけでなく，ヒトでも，もちろん成立する。それどころかミミズや魚類，鳥類といったほぼすべての動物で確認されている学習の基本的な仕組みである。しかし，このようなイヌの唾液分泌とベルの音の組み合わせの手続きを理解することがなぜ教育において重要なのであろうか。古典的条件づけの重要な点は，「生まれ持った刺激—反応の関係」と「それまでは無関係だった刺激」が結びつくというところにある。そして，生まれ持っ

た刺激－反応の関係には情動も含まれる。すなわち、ヒトの情動反応も条件づけすることができるのである。その例として、ワトソン（Watson & Rayner, 1920）が行ったアルバート坊やの実験（恐怖条件づけの実験）を紹介する。

　ワトソンは、人間の情動も条件づけることができると考え、生後11か月のアルバートという名前の乳児に対して実験を行った。具体的な手続きは以下のとおりである。まず、乳児が生まれながらにして大きな音を聞くと怖がること、また、白ネズミを見ても怖がることはないことを確認した。そのうえで、ワトソンは、乳児が白ネズミに手を伸ばして触ろうとすると、鉄の棒をハンマーで叩いて大きな音を出す、ということをくり返し行った。するとその乳児は、白ネズミを見ただけで泣き出し、這って逃げ出そうとする素振りを見せるようになった。この手続きを先ほどと同じように図9-2に示した。

　この実験は「不快な情動を引き起こすもの」と「とくになんでもないもの」が一緒に体験されると「とくになんでもないもの」が不快な情動を引き起こすようになる（条件づけが成立する）ということを示している。学校現場でも同じように「とくになんでもないもの」が「不快な情動を引き起こすもの」と条件づけされてしまう例はたくさんある。たとえば「学校に行くこと」や「絵を

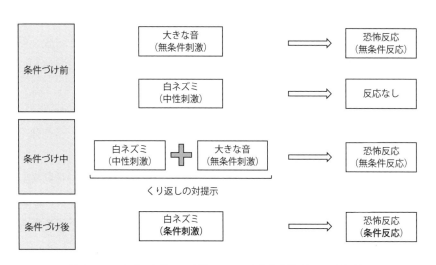

図9-2　アルバート坊やの実験における古典的条件づけの形成過程

描くこと」が不快な情動と結びついたりすることが，それにあたる。しかし逆に言えば，古典的条件づけの理論の枠組みを理解することで，それらをうまくコントロールすることが可能になるのである。

　また，古典的条件づけは学習した条件刺激だけでなく，それに似た刺激によっても生じることが知られており，これを般化（generalization）という。先ほど紹介したアルバートは，その後の実験において，白ネズミだけでなくウサギやイヌといった他の動物を見ても泣き出したり，避けたりする行動がみられた。このように似たものに対しても，条件づけられた反応が生じるのである。

　さて，学習された古典的条件づけは，それを起こさせなくすることも可能である。学習した「条件刺激－条件反応」の関係を減弱することを消去（extinction）という。その手続きは，条件づけが成立したあと，条件刺激だけを提示し，無条件刺激を提示しないというものであり，そうすると条件反応は徐々に減少していく。パブロフの実験の例で示すと，条件づけが成立したあと，ベルだけを鳴らし，エサを出さないということをくり返す。はじめのうちイヌは唾液を分泌するが，くり返されていくうちに唾液を分泌しなくなっていく。ワトソンは消去の実験は行わなかったが，アルバートも白ネズミだけが提示されることがくり返されれば，最初は泣き出すかもしれないが，徐々に泣かなくなっていくであろう。条件刺激を単独で提示することで消去の手続きは行われるのである。

　ただし，消去が行われたとしても，しばらくしてからまた条件刺激を提示すると条件反応が再び起こることが知られている。つまり，消去手続きの結果，アルバートが白ネズミを見て泣かなくなったとしても，しばらくするとまた白ネズミを見て泣き出すのである。こうした現象を自発的回復（spontaneous recovery）という（図9-3）。したがって，消去手続きは根気よく，辛抱強くなされる必要がある。

　また，アルバート坊やの実験で条件づけられた恐怖のような負の情動反応は条件刺激を提示するだけでは消去されにくい。ジョーンズ（Jones, 1924）はウサギに対して恐怖反応を示す2歳10か月のピーターに対して，恐怖を引き起こす程度の低い状況において，ウサギを見せながらお菓子を与えていき，徐々に恐怖を引き起こす程度の高い状況に移行していくという方法で治療した。す

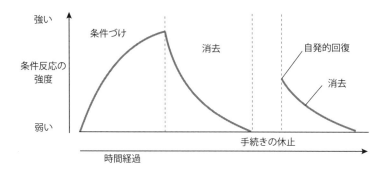

図9-3　古典的条件づけの獲得と消去，自発的回復のモデル図（Myers, 2013 をもとに作成）

なわち，条件刺激であるウサギと除去すべき条件反応である恐怖とは逆の快感情の条件づけを行ったのである。こうした手続きは拮抗条件づけ（counter conditioning）という。このように恐怖のような負の情動経験は積極的に快経験と条件づけることによって抑制することができると考えられている。

　こうした手続きは，のちにウォルピ（Wolpe, J.）によって系統的脱感作法（systematic desensitization）として体系づけられた。系統的脱感作法では，まずリラックスする訓練を行い，次に最も不安や恐怖を感じる状況や場面からほとんど不安や恐怖を感じない状況や場面までを順に並べた不安階層表を作成する。そして，ほとんど不安や恐怖を感じない状況や場面から順に，不安と拮抗するリラックス状態を条件づけさせていくという方法であり，不安を主症状とする不登校やスピーチ不安などの治療に有効な方法であるとされている。

3　オペラント条件づけ（道具的条件づけ）

　古典的条件づけのような刺激と刺激の連合学習ではない，別の形の連合学習も存在する。アメリカの心理学者ソーンダイクは，問題解決場面における学習について研究するために，空腹のネコを箱に閉じ込め，ネコが外に置いてあるエサを手に入れるための箱から出る方法を学習させるという実験を行った

(Thorndike, 1898)。この箱を問題箱（puzzle box）という。この箱の扉は押しても引いても開かないため，ネコは外に出るためにレバーを引くなどの適切な反応をする必要がある（図9-4）。ネコは最初，床をひっかいたり，柵を噛んだり，柵の間からエサに手をのばしたりするが，扉は開かない。それをくり返していくうちに，たまたまレバーに手が引っかかって扉が開き，外にあるエサを得ることができる。最初のうちは外に出るまでに長い時間を要するが，回数を重ねるうちに，短時間で外に出ることができるようになっていく（図9-4）。

　ソーンダイクは，この結果から学習は試みとやり損ないと偶然的成功によって生じると考え，こうした学習を試行錯誤学習（trial-and-error learning）と呼んだ。また，満足をもたらす反応（行動）は状況との結合を強め，不満足をもたらす反応（行動）は状況との結合を弱めるとする効果の法則（law of effect）を提唱した。つまり，「レバーを引く」という反応（行動）はエサを食べることができるという満足をもたらすために問題箱という状況との結合が強められ，「床をひっかく」や「格子を噛む」などの反応（行動）はエサを食べることができないという不満足をもたらすために問題箱という状況との結合が弱められると考えた。

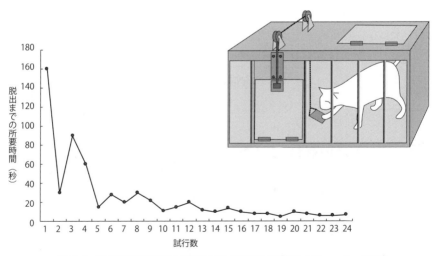

図9-4　問題箱とあるネコが脱出するのに要した時間（Thorndike, 1898）

　アメリカの心理学者スキナーは，ソーンダイクの研究を発展させ，オペラント条件づけを提唱した。オペラント条件づけ（operant conditioning）あるいは，欲求や動因を低減させるための手段や道具という観点から道具的条件づけ（instrumental conditioning）と呼ばれるこの現象は，「自発的な反応（行動）の結果，有益な結果が生じた場合には，その反応（行動）の生起頻度が高まり，有害な結果が生じた場合には，その反応（行動）の生起頻度が低下する」という反応（行動）と結果の連合学習のことである。オペラントとは自発的あるいは能動的ということを意味し，自発的な行動はオペラント行動と呼ばれる。

　スキナーはさまざまな実験を行って，どのようにすれば，ある行動の生起頻度を高めることができるのか，あるいは，生起頻度を低下させることができるのかについて，スキナー箱（skinner box）と呼ばれる装置を用いて研究を行った（Skinner, 1938）。この装置は，ネズミ用の場合，箱にレバーがついていてレバーを押すとエサが出る，という仕組みになっている（図9-5）。スキナーはこの装置を用いて，空腹なネズミが「レバーを押す」という行動を取ると，「エサを食べることができる」というネズミにとって有益な結果が生じる，ということを経験すると，有益な結果が起きた前に行った行動の生起確率が高まることを確認した。すなわち，図9-5右の累積反応記録にあるように，レバーを押すという行動は最初のうちはほとんど生起しないが，「レバーを押す」と「エサを食べることができる」という経験をくり返すと（この例では4回目の後），急速にその行動が生起するようになるのである。オペラント条件づけの基本的な枠組みとそれをネズミのレバー押しの例に適用したものを図9-6に示した。

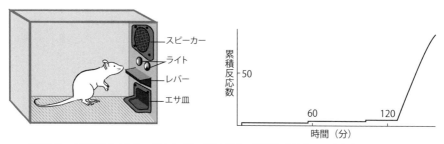

図9-5　ネズミ用スキナー箱とレバー押し実験の累積反応記録の一例（Skinner, 1938）

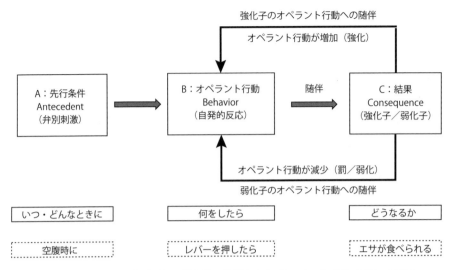

図9-6　オペラント条件づけの基本的な枠組みとネズミのレバー押しの例への適用

　このオペラント条件づけの基本的な枠組みのことを三項随伴性（three-term contingency）という。すなわち，ある反応が生起する文脈や場面（反応に先行する刺激）である先行条件（弁別刺激），反応そのものであるオペラント行動（自発的反応），そして，反応に後続する刺激である結果（強化子／弱化子）の一連のセットのことをいう。とくに重要であるのがオペラント行動と結果の随伴性であり，ネズミのレバー押し実験では，「レバーを押す」というオペラント行動に対して「エサを食べることができる」という結果が伴って起こることであった。こうした反応がもたらす状況の変化（結果）によって，その反応が生じやすくなることを強化（reinforcement）といい，逆に生じにくくなることを弱化（punishment）あるいは罰という。また，反応の生起確率を高める結果として提示される刺激のことを強化子（reinforcer）あるいは好子といい，これは一般に報酬性などの有益な性質を有している。一方，反応の生起確率を低下させる結果として提示される刺激のことを弱化子（punisher）あるいは嫌子といい，これは一般に罰や嫌悪性などの有害な性質を有している。

　オペラント条件づけの手続きを整理する際，しばしば結果の操作（提示，除去）

表9-1　結果の操作と特性による（左），あるいは結果の操作と反応の変化による（右）オペラント条件づけの分類

結果の操作	結果の特性		反応（行動）の変化	
	強化子／好子	弱化子／嫌子	反応（行動）が増加する	反応（行動）が減少する
反応（行動）後に提示	提示型強化／正の強化（反応頻度の増加）	提示型弱化／正の弱化（反応頻度の減少）	提示型強化／正の強化	提示型弱化／正の弱化
反応（行動）後に除去	除去型弱化／負の弱化（反応頻度の減少）	除去型強化／負の強化（反応頻度の増加）	除去型弱化／負の強化	除去型強化／負の弱化

と結果の特性（強化子，弱化子）によって4種類に分類される。まず，反応（行動）を増加させる手続きとして，反応（行動）直後にその個体にとって有益な結果（強化子）を提示する提示型強化（正の強化：positive reinforcement）と，有害な結果（弱化子）を取り除いたり，取りやめたりする除去型強化（負の強化：negative reinforcement）の2種類がある。また，反応（行動）を減少させる手続きとして，反応直後に弱化子を提示する提示型弱化（正の弱化：positive punishment）と強化子を取り上げたり，取りやめたりする除去型弱化（負の弱化：negative punishment）の2種類がある（表9-1左）。

　しかしながら，結果として提示される刺激があらかじめ強化子（有益な結果）であるのか，弱化子（有害な結果）であるのかを判断することは難しい。たとえば，「人前でほめられる」という結果は，ある人にとっては有益な結果かもしれないが，別の人にとっては有害な結果（人前ではほめてほしくない）であることもある。そこで表9-1左の分類は概念的な整理にとどめ，実際的には表9-1右のように，結果の操作と結果として提示される刺激がどのように反応（行動）を変化させるのか，という観点からオペラント条件づけをとらえたほうがよいであろう（中島，2020）。

　なお，オペラント条件づけで獲得された「反応（行動）と結果」の連合も古典的条件づけと同様に，学習した反応（行動）－結果の関係を減弱することが

可能である。その手続きは，反応（行動）が自発されても結果（強化子，弱化子）が随伴しないことによって行われ，オペラント条件づけにより増加していた反応（行動）が減少する場合を消去（extinction），オペラント条件づけにより減少していた反応（行動）が増加する場合を復帰（recovery）と呼ぶ。すなわち，ネズミのレバー押しの例であれば「レバーを押しても，エサがでてこない」という経験がくり返されていくうちにレバーを押さなくっていく。

　ただし，オペラント条件づけの消去手続きを行う際には，消去バースト（extinction burst）という一時的に反応が増加する現象が起こることに留意する必要がある。消去手続きを開始すると「レバーを押しても，エサがでてこない」ことをネズミは経験するが，そうするとネズミは，レバーを押す行動を一時的に増加させる。それは，たとえば私たちが照明のボタンを押して照明がつかなかったときに，何度も照明のボタンを押したり，強くボタンを押したりするように，ネズミも同様の行動を見せるのである。ヒトの問題行動などを消去する際にも消去バーストは当然起きるため（たとえば，Goh & Iwata, 1994），一時的な反応（行動）の増大に驚かず消去手続きを続けていくことが重要である。とくに消去バースト中に消去手続きを中止すると（結果の随伴を再開すると），以前よりも反応（行動）の生起頻度が高くなったり，反応の強度が強くなったりすることがあるため，注意が必要である（図9-7）。

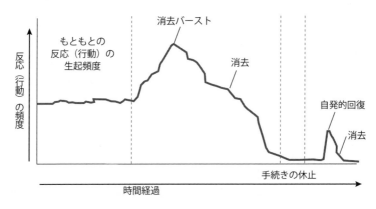

図9-7　オペラント条件づけの消去と消去バースト，自発的回復のモデル図

　さて，こうしたオペラント条件づけの枠組みはネズミなどの動物だけではなく，もちろんヒトにもあてはまる。教育場面においては，ほめる，あるいは注意するといった関わりがなされることが多いが，これらはオペラント条件づけの枠組みでとらえることが可能である。反応（行動）と結果の随伴性に着目すると，たとえば「勉強をしたら，褒められたので，ますます勉強するようになった」というのは提示型強化であると考えられるし，「勉強をしたら，ぶつぶつ言われなくてすむので，勉強するようになった」というのは除去型強化であると考えられる。また，「いたずらをしたら，注意されたので，いたずらをしなくなった」というのは提示型弱化であると考えられるし，「いたずらをしたら，ほめられないので，いたずらをしなくなった」というのは除去型弱化であると考えられる。重要なのは，褒めればいい，注意すればいい，という外形的なことに着目するのではなく，その関わりがどのような機能（反応を増加させるのか，減少させるのか）をもっているか，に着目することである。

　また，オペラント条件づけの原理を応用した，ヒトの問題行動の変容を目的とした心理療法を応用行動分析（applied behavior analysis）という。とくに，オペラント条件づけの枠組みで行動を分析することを，先行条件（antecedent），行動（behavior），結果（consequence）の頭文字をとってABC分析（ABC analysis）あるいは機能分析（function analysis）という。これは，どのような状況で問題となる行動が起こるのか（先行条件），問題となる行動はどのような行動か（行動），その行動の結果どのような結果が起きているのか（結果）を分析したうえで，どの要因にどのような働きかけをするのか考えていく方法である（図9-8）。

　たとえば，授業中の私語について考えてみよう。ABC分析を行い，「授業がわからなくなると退屈になる」という先行条件があった際に，「私語をする」という行動が生起し，その結果，「退屈が紛れる（楽しくなる）」という一連の流れがあった場合，これは提示型強化（楽しさの提示），あるいは除去型強化（退屈さの除去）として理解することができる。したがって，その随伴性への介入としては，除去型弱化（楽しさの提示を取り上げる），提示型弱化（注意をする），消去（私語に楽しさを随伴させない），といったものが考えられる。しかしな

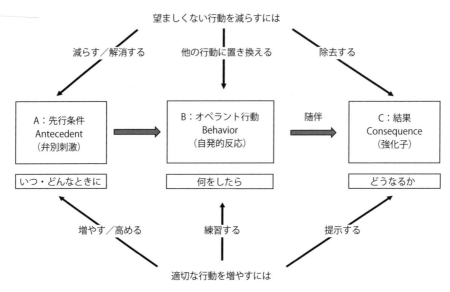

図9-8　ABC分析の図式と分析に基づく介入方法（鈴木・神村, 2005をもとに作成）

　がら, 私語がはじまってしまうと楽しさという結果を随伴させないのは難しい
し, 毎回注意するのも難しいかもしれない。そうした際には, 先行条件である
「授業がわからなくなると退屈する」に介入して, わかりやすい授業を行ったり,
わからなそうな時に声をかけてみたりする, ということも考えられる。あるい
は, 「私語をする」という行動を「先生に質問する」などに置き換え, それを
強化していくという方法も考えられるかもしれない。このように望ましくない
行動を望ましい行動に変えていくためにABC分析は有効な方法である。
　ただし, 提示型弱化の使用には留意が必要である。それは, 教育場面で問題
となっている体罰と関連しうるからである。体罰とは問題行動などの望ましく
ない行動を起こした子どもに対して, 教師や指導者などが暴力を行うことであ
り, 一般にこれは提示型弱化であると考えられる。しかしながら, 先に紹介し
たとおり, 提示型弱化の手続きによって反応（行動）を減らすことができる
が, 提示型弱化では一時的な行動減少の効果しかみられなかったり, 不安や恐
怖, 怒りといった望ましくない情動反応が高まったり, それによって別の問

題行動が起きたりすることが明らかになっている（吉野，2015）。したがって，体罰のような提示型弱化の手続きは教育現場においては用いるべきではなく，ABC分析の例でみたように，先行条件に働きかけたり，あるいは望ましい行動を強化したりすることが強く推奨される。体罰が有効でない理由，また望ましい行動を強化する方法についての詳細は日本行動分析学会（2015）を参照してほしい。

4　認知主義的学習理論

　ここまで，古典的条件づけとオペラント条件づけによる学習についてみてきた。しかしながら，すべての学習が条件づけによるものではない。私たちは，急に何かをひらめく事もあるし，別の誰かの行動をみて学ぶこともある。そのような学習において重要なのは認識の仕方や頭の中での情報処理の仕方であると考えられており，こうした考えを認知主義的学習理論（第11章参照）という。ここでは，そのような考え方の発展に重要な役割を果たした洞察学習と潜在学習，そして社会的学習という理論について紹介する。

　ケーラーは，学習には，洞察（気づき）によって起こる要素間の関連性の理解によるものがあることを示した。ケーラー（Köhler, 1948）は，チンパンジーの入った檻から手の届かない所に果物と長い棒を置き，また檻の中に短い棒を置いてどのようにチンパンジーが振舞うのかを観察した。チンパンジーは手を伸ばして果物を取ろうとするが届かないので，実験者にエサをとってくれるように頼む。しかし，実験者は果物を取ってはくれない。しばらくすると，チンパンジーは，突然，檻の中にあった短い棒を使って長い棒を引き寄せ，その長い棒を使って果物を引き寄せた。すなわち，試行錯誤することなく問題場面を解決したのである。ケーラーはこのような解決は，チンパンジーによって場面全体が見通され，その場面にあるものが目的との機能的関連をもったために起きたと考えた。つまり，洞察によって環境に対する認識の仕方の変化が起こったと考えたのである。こうした学習を洞察学習（insight learning）という。

　トールマンも，学習が条件づけによるものだけでないことを示した。トール
マン（Tolman & Honzik, 1930）が行った迷路を用いた実験では，ネズミは目
的地に到達してもはじめの 10 試行は報酬であるエサを与えられないが，11 試
行目からエサが与えられると，最初から常に報酬としてエサを与えられていた
ネズミよりも，すばやく迷路をすり抜けるようになった。つまり，エサを与え
られていない期間に表面上は学習が進んでいないようにみえても，潜在的には
学習が行われていたと考えられる。こうした学習を潜在学習（latent learning）
という。また，トールマン（Tolman, 1948）は，学習されるのは空間的な表象
である認知地図（cognitive map）であり，行動を学習しているのではないと
主張し，頭の中の認知の変化が重要であるとした。

　さて，古典的条件づけやオペラント条件づけでは，条件づけされる対象が実
際に条件づけ手続きを経験することが必要であった。しかし，他の人が怒られ
ているのを見て，自分の行動を改めるといったように，自身が直接経験しなく
とも，他者（モデル）の行動を観察することでも学習が成立することがある。
このようなモデルの行動を観察し，観察者の行動に変化が生じることをモデリ
ング（modeling）という。また，こうした他者の経験を見聞することによっ
て生じる学習は社会的学習（social learning）と呼ばれる。社会的とは他者を
介してという意味である。

　社会的学習による学習は，①モデルの行動を観察する段階と②モデルの行っ
た行動を自身が実行し，モデルの行動と一致した場合に自身が強化を受ける段
階の 2 つの段階に分けて考えられている。①のように観察するだけで生じる学
習を観察学習（observational learning），①と②の段階を踏んで生じる学習を
模倣学習（imitation learning）と呼んで区別されている。

　バンデューラは，このようなモデルの行動を観察することで学習が成立す
るのかについて数多くの実験を行った。たとえば，ある実験（Bandura et al.,
1963）では，子どもに他者（大人のモデル）がボボ人形（bobo doll）と呼ば
れる風船人形に攻撃行動を行うのを観察させ，その後，子どもをモデルと同じ
状況に置き，行動観察を行った。その結果，実際の人，動画の中の人，アニメ
のいずれのモデルの行動を観察した場合にも，観察していない子どもと比べて，

〈大人（モデル）の行動〉

〈子ども（観察者）の行動〉

図 9-9　攻撃行動の観察学習の例（Bandura et al., 1963 より作成）

攻撃行動が増加することが示された。また，単に攻撃行動が増加しただけでなく，モデルが行ったのと同じ種類の攻撃行動がとくに増加したり，モデルが発した言葉と同じことを自ら口にしたりしていた（図 9-9）。

　バンデューラ（Bandura, 1971）は，こうした観察学習は条件づけの枠組みでは説明できないとし，観察学習の背景にある頭の中で行われる情報処理過程を重視する社会的学習理論（social learning theory）を提唱した。この理論では，観察学習が成立するためには，モデルを見るという注意過程や見たものを記憶する保持過程，観察した内容を実際に行う際の運動再生過程，さらに観察した行動を実際に行う必要性を感じる動機づけ過程という 4 つの過程が必要であると考えられている。

5　本章のまとめ

　本章では，行動主義的学習理論を中心に学習過程について概観した。行動主義的学習理論である古典的条件づけやオペラント条件づけという学習に関する理論から導かれる教育における強調点として，環境（外部）からの働きかけが重要であること，学習させる行動（教える内容）を明確にすることが重要であること，くり返し教えることが重要であること，褒めたり，叱ったりといった結果の随伴性（フィードバック）が重要であることといったことがあげられよう。こうした強調点を活用した教授法として，スキナー（Skinner, 1954）のプログラム学習（programmed learning）がある。

　近年，学習者の主体的な学びが強調される中で，外部からの働きかけを重視する行動主義的学習理論には一定の批判もある。しかし，行動主義の残した功績は大きい。誰が観察しても同等の行動（知識）を身につけることを目指す過程として学習をとらえたことで，学習・評価に客観性が生まれたのである。したがって，行動主義的学習理論は一概に否定されるべきものではなく，これらの知見を活用し，どのようなことを学ばせるには行動主義的学習理論が有効であるのか，あるいはどのようなことを学ばせるには認知主義的あるいは構成主義的学習理論が有効であるのかを考えることが教育を行っていくうえで重要なのである。

第10章

動機づけ
動機づけ研究の教育実践への応用

1 はじめに

　動機づけ（motivation）の一般的な定義は，「行動を生起させ維持する心理的なエネルギー」である。平たい言い方をすれば，やる気のことである。動機づけは行動の源であり，とくに学校などでの学習を考えるうえでは重要な概念である。古くからさまざまな理論家が動機づけについて言及しており（それこそフロイトのリビドーなど），動機づけに関連する用語には，誘因，欲求，動因などさまざまなものがあるが，それらの概念的な解説は既存の書籍に譲り（たとえば，鹿毛，2013; 速水，2012），本書では動機づけの教育への応用的な側面について紹介する。

　とくに1970年代以降，動機づけに関するさまざまな理論的な枠組みが整理され，実証的な知見が生み出されてきた。それらの知見は教育実践において何かしらのヒントになり得るが，即座に役立てることは難しいと考えられる。基本的に動機づけ研究者は，動機づけとパフォーマンス（たとえば，成績）の関係について，「動機づけ→パフォーマンス」という因果関係を想定しているが，既存の研究において，一口に実証的といっても，単純な相関分析からランダム比較実験までさまざまな研究デザインによる成果がある。いくら研究者が理論的に因果関係を想定していようとも，一時点の相関分析を用いた研究は因果関係を実証していることにはならない。また，調査研究の報告でありがちな，変数間のパスモデル（測定した変数間の関係を矢印でつないで表現した図）をながめるだけでは具体的な実践方法がイメージしにくいであろう。一方，介入研

究（実験）は因果関係の推論や具体的な実践方法についてかなり現実的な示唆を与えてくれると考えられる。そこで本章では，近年の代表的な動機づけ理論の中からとくに介入研究を含め実践的な示唆に富んでいる「達成目標理論」，「期待・価値理論」，「マインドセット理論」，「自己決定理論」について解説し，どのような介入研究が行われているのかを紹介することとする。

2 近年の動機づけ理論とその教育への応用

●●● 1. 達成目標理論

(1) 概要

　達成目標理論とは，勉強をするときにどのような目標を持つかについての理論であり，おもに熟達目標（mastery goals）と遂行目標（performance goals）の二次元でとらえられる。熟達目標とは，コンピテンス（有能感：〜できるという感覚のこと）の増大を目指す目標であり，一方，遂行目標とは他者と比較したときのコンピテンスの高さを追及する目標である。すなわち，「内容をしっかり理解すること」は熟達目標にあたり，「（友だちと比べて）良い成績をとる」は遂行目標に該当する。一般的に，熟達目標は課題への取り組みや成績などに正の関連を示し，遂行目標はそれらと無関連，あるいは負の関係を示すことが知られている。

　また，エリオットとマクレガー（Elliot & McGregor, 2001）は望ましい状態の獲得あるいは望ましくない状態の回避を表す「価（valence）」の重要性を指摘し，達成目標の次元に組み込んだ2×2モデルを提唱した（表10-1）。このモデルは，同じ目標でも接近と回避どちらを志向するかで認知，感情や行動が異なることを示唆している。実証的な知見においても，村山とエリオット（Murayama & Elliot, 2012）は競争がさまざまな領域のパフォーマンスに及ぼす影響について既存の研究をメタ分析により明らかにしている。その結果，競争は遂行接近目標を喚起した場合，パフォーマンスを高めるものの，遂行回避

表 10-1　2×2の達成目標の概要

コンピテンスの定義	価	
	接近	回避
絶対的 (個人内)	熟達接近目標 例：内容を理解したい	熟達回避目標 例：内容を理解できないのを避けたい
相対的 (個人間)	遂行接近目標 例：勉強で皆より良い点をとりたい	遂行回避目標 例：勉強で皆より悪い点をとりたくない

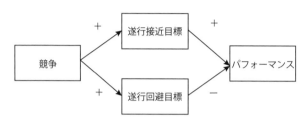

図 10-1　Murayama & Elliot（2012）の結果

目標を喚起した場合には成績にネガティブに働くという2つの経路を明らかにしている（図10-1）。さらに，達成目標と学業成績の関連をメタ分析したヴァン・イペレンら（Van Yperen et al., 2014）は，熟達接近は有意な正の相関，熟達回避は有意な負の相関，遂行接近は有意な正の相関，遂行回避は有意な負の相関を報告している。同じ目標でも接近と回避の次元によりパフォーマンスが異なるといえるだろう。

(2) 達成目標理論の介入・教育への示唆

　筆者が知る限り，達成目標理論では介入研究はほとんど行われていないものの，同理論は教育的な示唆に富んでいるといえる。達成目標に関するメッセージを教師が投げかけることでこうした目標が生徒に内在化されると考えられる。ヒントになるのが達成目標の実験研究である。達成目標の実験では，実験者が実験参加者に対して，熟達目標や遂行目標を強調することで生徒の目標を操作する。たとえば，村山とエリオット（Murayama & Elliot, 2011）は，記憶の

実験を行う際に，「課題に取り組むことで認知能力を伸ばすことを強調する」条件（熟達接近目標条件），と「他の者よりできるだけ多く覚えることを強調する条件」（遂行接近目標条件）を比較している。その結果，熟達目標条件は遂行目標条件に比べ，1週間後に行われた遅延テストで高い保持率を示した。

　また，達成目標理論には，達成目標を学級版に拡張した「学級の目標構造（classroom goal structures）」と呼ばれる概念が存在している。これもおもに，熟達目標構造と遂行目標構造から学級レベルの目標を扱っている。熟達目標構造の学級では，教師が生徒に課題の熟達をうながす（たとえば，失敗してもそこから学ぼう）メッセージを投げかける。一方，遂行目標構造の学級では，教師が生徒に他の生徒よりも優れた課題の遂行をうながす（たとえば，まわりの人よりよい点数を取ろう）[*1]。これらについても，熟達目標構造の学級は適応的な雰囲気を有すること，そこに所属する生徒の学業への取り組みを促進することなど多くのポジティブな側面を有することが示されている（たとえば，大谷ら，2012）。熟達目標構造の学級風土を醸成することが教育実践上重要だといえるだろう。

●●● 2. 期待・価値理論

(1) 概要

　動機づけを考えるうえで課題をうまくこなせそうかどうかの「期待」と，その課題が自分にとってどれくらい重要かという「価値」は古くから着目されてきた要因である。アトキンソンの古典的な期待価値モデルでは，達成場面での動機づけは以下のように期待と価値の関数で決まると仮定している。

達成動機づけ = Ms（達成動機）× Ps（主観的成功確率：期待）× Is（誘因：価値）
ただし，Is = 1-Ps

---

*1　これらについても接近・回避という価の次元を想定できるが，実際の教育現場で回避目標が強調されることはまれであろう。したがって，ここでは接近の次元のみを扱っていると想定して差し支えないと考える（すなわち，熟達接近目標構造，遂行接近目標構造）。

　Ps は成功の主観的確率と呼ばれ，どれくらい課題を達成できそうかの「期待」を表す。ちなみに，Ps は 0 〜 1 の値をとることが仮定されている。また，Is の部分は達成したときの誘因（満足感），すなわち課題の「価値」を表す。Ps に何か 0 〜 1 の値を代入してもらいたい。式全体について，達成動機づけが最も高くなるのは，期待が 0.5 のときである。一方，動機づけが最も低くなるのは期待が 0 あるいは 1 のときである。これはたとえば，受験の際に志望校の合格率が 50％のとき最も動機づけが高くなることを意味している。一方，志望校のランクを落として絶対に合格する場合（Ps=1）や，絶対に合格できないところを記念受験する場合（Ps=0）には動機づけが上がらないことも意味する。

　なお，Ms は達成動機であり，その人が持つ潜在的な成功への動機を表す。このモデルではその傾向が強い人を仮定したモデルなので定数と考え無視されたい。ちなみに，失敗回避動機づけモデル（失敗回避動機が強い人の場合）も考案されている。パターンは逆で，失敗の主観的確率が 50％のときにその課題から回避動機づけ（課題から逃げたい）が最も高くなる。詳しくは速水（2012）などを参照されたい。

　近年の期待・価値理論は，エックルス（Eccles, J.）らを中心とした研究グループにより展開されている（Wigfield & Eccles, 2000）。このモデルでは，生徒の学習動機づけや学業達成は，よい結果を期待することと，学業に価値を置くことで促進されるとしている。ここでの期待は自己効力感（self-efficacy）によって測定されることが多い[2]。自己効力感とは，ある課題において特定の行動をとることができるという自分の行動の見通しととらえられる。価値の部分はより細分化され，内発的価値（課題がおもしろい），利用価値（課題が自分の将来に有効だから），獲得価値（課題を達成することの重要性）の 3 つからとらえられる。これらにコスト（課題を遂行するために必要な努力）を加えることもある。自己効力感と価値のそれぞれの側面は成績や学習行動（たとえば，科目履修）と正の関連を示す一方で，コストとそれらは負の関連が報告さ

---

[2]　自己効力感ではなく，学業自己概念（academic self-concept）を期待の概念として用いることも多い。自己効力感と学業自己概念は理論的には異なるものの，実証的にはほぼ同様の結果を示すことが知られている。詳しくはトレイシーら（Tracey et al., 2020）の議論を参照されたい。

れている（Perez et al., 2014 ; Robinson et al., 2019; Simpkins et al., 2006）。

(2) 期待・価値理論の介入・教育への示唆

　期待・価値理論では，おもに生徒の学習における価値の側面に介入する「価値介入」が行われている。価値の中でもとくに利用価値を認識させるという介入が近年盛んに行われている（Hecht et al., 2021）。価値介入では，実験群と統制群をランダムに割り振り，実験群の生徒には，「学習内容（単元）がどのように自分の生活や将来と結びつくと思うか」について1パラグラフのエッセイを書かせるというものである。このとき統制群は学習内容を単にまとめる課題を与えられる。

　日本では解良ら（2016）が大学生を対象に価値介入を行っている。対象になったのは大学の「発達と学習」の授業で，授業期間に3回の介入を行っている。実験群への処遇は「子どもの学びと育ちの理解に役立ちそうだ」と思ったテーマや事柄について具体的に説明し，その理由についての記述を求めるというものであった。なお，統制群は内容をまとめる課題が課せられた。その結果，介入群は統制群に比べ，利用価値が有意に上昇した。価値介入はこのように簡単な介入ではあるが一定の効果が実証されており，とくに勉強に自信がない生徒や経済的にハンデのある子どもについて効果があることが報告されている（Harackiewicz et al., 2016; Hullman & Harackiewicz, 2009）。

　また，ハラキウィッチら（Harackiewicz et al., 2012）は親に介入することで，子どもの理数系科目の履修に及ぼす影響について検討している。実験では，研究参加者をランダムに実験群と統制群に分け，実験群に割り当てられた10年生（高校1年生）の親に理数系教育の将来の職業への重要性や子どもにその重要性をどのように伝えるのかを解説した冊子を郵送した。このとき，統制群は何も送られなかった。おおよそ1年後にも同様の冊子を送付し，1年半後，実験群と統制群を比較した。その結果，理数系の科目の履修が統制群よりも多いことが示された。このように利用価値を強調することで，生徒に動機づけを喚起できると考えられる。

●●● 3. マインドセット理論

(1) 概要

　マインドセット（知能観とも呼ばれる）とは自身の能力を固定的なものか変動的なものととらえるかについての概念である。多くの研究では，知能を能力の指標として用いている。このうち知能は努力次第で伸ばせるととらえる傾向を増大マインドセット（あるいは増大的知能観とも呼ばれる），固定的であるととらえる傾向を固定的マインドセット（固定的知能観とも呼ばれる）と呼ぶ。自分の頭の良さは変えられないととらえると，失敗は自分の能力の低さを示すことになる。そのため，失敗で過度に落ち込んだり，失敗を避けてしまうことなど，さまざまなネガティブな反応が起きやすくなる。増大マインドセットの傾向が高い者と，固定マインドセットの傾向が高い者とではあらゆる物事に対して世界の見え方やとらえ方が異なってくるのである。これまでの研究からも，増大マインドセットの者ほど，失敗に対して柔軟であり，学業成績が良好なことなどが示されている（Dweck, 2006）。また，増大マインドセットの者は勉強に対して内容の理解を目指しやすく（熟達目標を持ちやすい），一方固定マインドセットの者ほど，他者と比較した成績のよさを目標としやすい（遂行目標を持ちやすい）。

(2) マインドセット理論の介入・教育への示唆

　知能観の教育への応用の意義は，子どもに増大マインドセットを持たせることでよりよい教育上の成果や適応をもたらすことにある。子どもの増大マインドセットを高めるにはいくつかのポイントがある。その1つに批判があげられる。子どもを批判する際に，無能の烙印を押すようなしかり方（たとえば，お前はバカか！）をするのではなく，建設的な批判を行うようにする。建設的批判とは，改善を目的とした批判であり，具体的にどこが悪かったかを明らかにし，改善の方法を伝えるというものである（Dweck, 2006）。こうすることで，失敗しても次に向けて動機づけを維持あるいは向上させることができる。もう1つは，褒めることである。褒めることは動機づけになりやすいが，「頭がい

いね」と能力を褒めることは，子どもにとって固定マインドセットを植えつけることになりやすい（Kamins & Dweck, 1999）。増大マインドセットを高めるには，努力（頑張ったね）や方法（よいやり方だね）を褒めるようにするとよいことが知られている。

　また，子どもに直接マインドセットについて教えることも有効である。これはマインドセット介入と呼ばれるものである。介入では，脳の可塑性について科学的な証拠を提示し，目標の立て方，原因帰属の仕方を教授するというものである。自分の成長を目標とすること，すなわち熟達目標を持つよう働きかける。原因帰属とは，失敗した際に，その原因をどうとらえるかについての概念である。固定マインドセットの子どもは失敗を「頭が悪いから失敗した」という，内的でコントロール不能な要因に帰属させやすく，失敗に対して打たれ弱い傾向にある。一方で，失敗を内的でコントロール可能な要因（努力：努力が足りなかったからだ）（方略：やり方が変だったからだ）に帰属させることで，失敗に対して柔軟で動機づけを維持することができる。こうしたマインドセット介入の有効性は実証されており，とくに経済的に困難な状況にある者の学業達成を向上させる効果があることが報告されている（Yeager et al., 2019）。

　また，子どもは親の増大マインドセットの影響も受けやすい。大谷ら（Ohtani et al., 2020）は，親の増大マインドセットと中学生の子どもの増大マインドセットと抑うつの関係を2時点の縦断データで調べた。すると，親の増大マインドセットは1年後の子どもの増大マインドセットを予測した。また，親のマインドセットは，1年後の子どもの抑うつ症状を緩和していたことから，養育者が増大マインドセットをもって働きかけることは子どものメンタルヘルスによい影響をもたらすといえるだろう。

●●● 4. 自己決定理論

(1) 概要

　自己決定理論はライアンとデシ（Ryan & Deci, 2000）が提唱している動機づけ理論である（図 10-2）。自己決定理論では，外発的動機づけと内発的動機

づけについて，自己決定性（自律性）という一次元で連続したものとして動機
づけを分類している。さらにこの理論で特徴的なのは，外発的動機づけを完全
に自分の外側にある動機づけから，ある程度自分の内側にある動機づけまで段
階的に分類している点である。ちなみに，外発的動機づけとは行動する理由が
自分の外側にあるものであり，内発的動機づけとは行動する理由が当該課題そ
のものになっている動機づけである（楽しいから勉強する）。外発的動機づけ
の中で，行動する理由が完全に自分の外側にある動機づけは，外的調整と呼ば
れる。たとえば，褒めてもらいたいから勉強するというのがそれにあたる。次
に外発的な動機づけは，取り入れ調整である。取り入れ調整は，「よい成績を
とることで頭がよいと思われたい」など課題遂行が自己高揚や恥の回避になる
ような動機づけを指す。3つめの動機づけは，同一化調整である。これは課題
に取り組むことの価値が内在化された状態で，たとえば，「自分の将来に必要
だから勉強する」というような動機づけである。最後の外発的動機づけは，統
合的調整であり，課題の価値がさらに自分の中の欲求と調和している状態であ
り，たとえば，「学びたいから勉強する」というような動機づけである。
　自己決定理論によると人間には3つの心理学的欲求を有しているとされる。
それぞれ，自律性（autonomy），有能感（competence），関係性（relatedness）
である。自律性への欲求は自分の行動は主体的に選択したいという欲求であり，

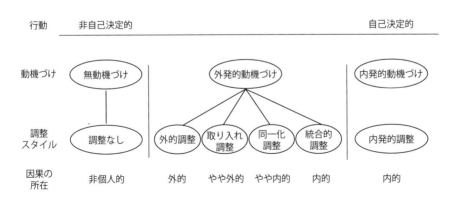

図 10-2　自己決定理論の概要（Ryan & Deci, 2000 をもとに作成）

有能感は課題をうまくこなしたいという欲求，関係性への欲求は他人との心理的につながっていたいという欲求である。そして，これら3つが満たされるとき，より自律性の高い動機づけに移行するとされる。つまり，友だちと勉強する（関係性）ことによって，勉強がわかる（有能感）ようになり，自ら学習を行う（自律性）という生徒がいたとする。このときの動機づけは外的調整ではなく，もっと自律性の高い動機づけ（たとえば，同一化調整，統合的調整）だといえるだろう。

(2) 自己決定理論の介入・教育への示唆

　自己決定理論による介入では，自律性支援という枠組みによる介入が行われている。自律性支援とは児童生徒の自律性への欲求を満たすような教師や環境の働きかけを指す。具体的な自律性支援に該当する行動は，①生徒の視点に立つ，②内的な動機づけ資源を活性化する，③何かを要求する際に理由を示す，④非統制的な言語表現，⑤生徒のネガティブな感情を認める，⑥忍耐を示す，が該当する（Reeve, 2016）。これらについて表10-2にまとめた。さらに詳細な具体的な行動については リーヴとチャン（Reeve & Jang, 2006）を参照されたい。また自律性支援の概念的な解説は岡田（2017）が詳しい。

　自律性支援の介入は，教師を対象とした介入を行うことで学級の状態をよりよいものにするというものである。リーヴら（Reeve et al., 2004）は，20人の教師をランダムに自律性支援条件と統制条件に割り振った。自律性支援条件に割り振られた教師は，まず1時間程度の情報セッションを受講した。情報セッションでは集団で自己決定理論の概念枠組みや自律性支援の方略について教えられ，最後にグループディスカッションでその有用性などを話し合った。その翌週以降，個別に特設のwebサイトにアクセスして，自律性支援についての補足的な資料を閲覧し勉強した。統制条件にはとくに何もなされなかった。その後，授業中の学級の様子が観察され，自律性支援条件の教師の行動が統制条件に比べてより自律性支援の方略を用いることが見いだされた。なお，このような介入は教師の教育に対する心理的な欲求も充足させることが明らかにされている（Cheon et al., 2018）。

表 10-2　自律性支援における教師の行動

生徒の視点に立つ
・生徒の内面をくみとる，尋ねる，歓迎する
・生徒に共感を示す
・生徒の欲求や目標，優先事項，好みや感情に気づいていること

動機づけの源泉を活性化する
・興味を刺激する：面白い学習活動の提供
・自律性・有能感・関係性の欲求を活性化させる，もしくは援助する
・生徒の興味に基づいた学習活動を構成する

要求や決まり事，指導や退屈な活動の導入には理由づけを述べる
・なぜそれが必要なのか説明する
・要求の価値，重要性，メリット，有用性について明確にする

非強制的でなく，情報的な言語表現
・柔軟で応答的なコミュニケーション
・選択肢を与える
・丁寧な言葉づかい

ネガティブな感情を受容する
・共感的に注意深く聴く，防衛的にならない
・ネガティブな感情を受け入れる（「そうだよね」，「うん」などの表現を用いて聴く）
・不満を重要だと受け入れる（「そうだよね」，「うん」などの表現を用いて聴く）

忍耐を示す
・生徒に自分のやり方で，自分のペースで取り組ませる
・生徒の主体性を静かに待つ

3　本章のまとめと教育実践における示唆

　本章では，各動機づけ理論における教育実践や介入を紹介してきた。ここで紹介した介入は，どれも一定の介入効果があることが明らかになっており，中でもとくに自己決定理論による介入に高い効果が認められることがメタ分析研究で報告されている（Lazowski & Hulleman, 2016, 表 10-3）。一方で，こうした介入を考えるうえで，実施に関わるコストパフォーマンスは各理論によって異なると考えられる。自己決定理論や知能観による介入などは，その理論的基盤を熟知したうえで実施者または教師が生徒に接する必要があることから実施者（教師）に対して一定の勉強量が求められることはいうまでもない。その点，

価値への介入は簡単なエッセイを書かせるだけなので実践に取り入れやすいであろう。

　また，ここでは各介入プログラムの詳細な手続きや，実際に使用される具体的な教材などの資料には言及できていない。興味を持った理論があれば，理論的枠組みに理解を深めながら，教育実践に取り入れる方法や教材を自身で考案することをおすすめしたい。ここで紹介したものはおもに欧米の教育文脈で行われたもので，しかも研究用のプログラムである。そのまま日本の教育現場への適応は難しいかもしれない。とくに日本の教員は多忙を極めるため，コストが少ない実施の仕方が望まれるであろう。心理学の介入でありがちな心理教育を行うという介入であれば，そのために時間を割かなくてはならず，余裕のない現場では現実的ではない可能性がある。

　一方，介入という明確な形でなくとも，普段の教育実践や授業などにこうした知見を活かすことも可能であろう。たとえば，達成目標理論やマインドセットの理論に基づくような学級づくり，すなわち熟達目標構造の学級を志したり，頭の良さは伸ばせるのだというメッセージを児童生徒らに伝えるなど，普段の児童生徒とのコミュニケーションに留意することでも十分知見を教育実践に活かし得る。期待・価値理論であれば価値介入の他にも，単元の内容がどのように現実社会と関連があるか（社会の中で利用されているか），生徒が将来就く

表10-3　各介入のメタ分析結果
（Lazowski & Hulleman, 2016, Table 2から該当する個所のみ抜粋）

	研究数	効果量（d）	95%CI
自己決定理論	11	0.70	[0.53, 0.87]
マインドセット理論	6	0.56	[0.31, 0.80]
期待・価値理論	7	0.39	[0.18, 0.59]
達成目標理論	4	0.38	[0.18, 0.59]

注）効果量（d）とは，介入の効果の大きさを示す値である。値が大きいほど効果が大きいことを示す（0は効果がない状態）。
　95%CI(95%信頼区間)は，概ね効果量の真値が含まれる範囲と理解されたい。正確な理解には統計学の書籍（たとえば，山田・村井，2004）を参照すること。

かもしれない職業でどのように活かされているかなど，利用価値を強調する，教えるというような授業を展開し，教材を工夫することも可能であろう。このような活かし方であれば，普段の教育実践を工夫あるいは + a するだけなので，特別大きなコストはかからないはずである。各学校の実情にあう介入や実践について教育に関わる研究者や教員（それを目指す学生も含む）で知恵を出し合うことが望ましいのではなかろうか。

第11章

記　憶

1　はじめに

　テレビのクイズ番組を見ていると，解答者の豊富な知識には毎回驚かされる。彼らはさぞかし優れた記憶力を持っているにちがいない。いったい彼らはどのようにして知識を記憶しているのだろうか。第9章で見てきたような行動主義的な学習では刺激と反応の連合をもって学習が成立すると説明してきたが，クイズ番組で問われるような内容は行動主義的な学習で扱える範囲を優に超えてしまっている。そこで登場するのが認知主義的な学習である。認知主義的な学習では，すでに持っている知識構造に基づきながら外部からの情報を処理して新しい知識構造を作り上げることをもって学習の成立をとらえている。本章では，頭の中でどのようにして情報を処理し知識の再構成をしていくのか，そのメカニズムを知ることによって認知主義的な学習の正体に迫っていく。そして，この認知主義的な学習の重要概念にあたる記憶（memory）について学ぶことが本章での読者のミッションである。

　「記憶とは何か？」また「記憶はどのように形成されるのか？」といった議論のはじまりは，古代ギリシャまでさかのぼる。科学的形式に即した記憶の研究の登場は19世紀後半からである。その先駆者の1人が，エビングハウス（Ebbinghaus, H. E.）である。彼は，無意味つづり（nonsense syllable）と呼ばれる刺激（子音・母音・子音の3文字：たとえば，XOB，QACなど）を用いて，記憶の根本的な原理を発見した。いくつか紹介すると，勉強はひとまとめに集中して行うよりも，時間を分散してくり返し行うことが良く，一度覚え

た事柄はさらに勉強することで記憶の定着がうながされる。前者は分散学習
（distributed practice），後者は過剰学習（overlearning）と呼ばれている。また，
図11-1に示したエビングハウスの忘却曲線（forgetting curve）は節約率によ
る独自の関数によって表現された曲線である。節約率とはその内容を再び完全
に覚えるまでにどのくらいの時間を節約することができたかを表しており，学
習後はなるべく早く復習し，そしてくり返し学習していくことの重要さが示さ
れている。なお，エビングハウスの忘却曲線をめぐっては，人が1日のうちに
何％のことを忘れるかを表す曲線であるという紹介がインターネットを中心に
出回っているが，これは誤りである。詳しくは，エビングハウスの著書である
『記憶について：実験心理学への貢献』（Ebbinghaus, 1885／宇津木・望月（訳）
1978）を参照してほしい。

　図11-2に示した系列位置効果（serial-position effect）の発見もエビングハウ
スの功績である。これは無意味つづりの刺激を用いた実験において，最初と
最後の刺激を覚えていることが多く，それらの中間で提示された刺激は覚え
にくいという現象である。前者は初頭効果（primary effect），後者は親近効果
（recency effect）と呼ばれている。これらはどのようにして起こるのだろうか？
理屈は以下のとおりである。まず初めに学習する情報は頭の中で何度も復唱さ

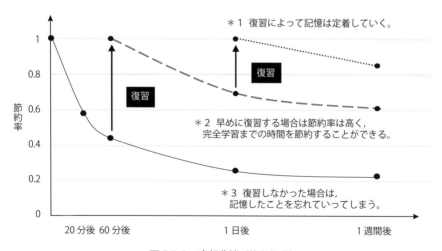

図11-1　忘却曲線（筆者作成）

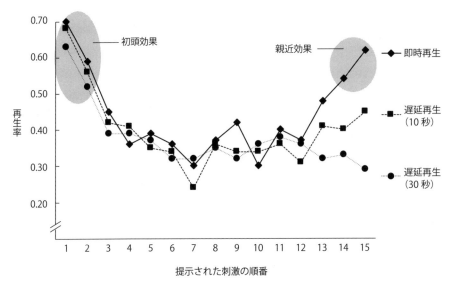

図 11-2 系列位置効果（Glanzer & Cunitz, 1966 の結果を参考に筆者が独自に作成）

れる可能性が高い。それによって初頭効果が起こる。一方，最後のほうに学習
する情報は最も新しい情報であるがゆえに，再生することが容易なのである。
なお，再生するまでの時間を延ばせば延ばすほど親近効果は生じないことが確
認されている（Glanzer & Cunitz, 1966）。また学習した直後よりもしばらく時
間をおいた場合のほうが思い出しやすくなることがある。これをレミニッセン
ス（reminiscence）という。

　エビングハウスが先行知識とは関係のない無意味つづりに興味があったのに
対して，バートレット（Bartlettt, F. C.）は無意味つづりの記憶実験は現実の
場面にそぐわないため，有意味な刺激での記憶実験が重要であると考えた。実
験の結果，有意味刺激に対して，彼は先行知識が記憶に大きな影響を及ぼすこ
とを発見し，人は何かを想起しようとしているときは，自分の持っている先行
知識に基づいて記憶を構築することを見いだした。この際，重要となるのがス
キーマ（schema）である。これは私たちが外界を解釈するうえで必要となる
先行知識のことを指す。バートレットはスキーマの効果を確認するために，実
験参加者に物語を読ませ，読んだ直後から数か月後または数年後にそれを彼ら

に再生させる実験を行った。その結果，再生させた物語の内容が実験参加者の持つスキーマに沿った形に修正されたことを報告している。この結果は，私たちの記憶というものは，自身が持つスキーマによって再構成されるものであり，何らかのバイアスが生じてしまう可能性があることを示唆している。人は生きている以上，スキーマと無関係ではいられない。だからこそ，記憶の誤りは当然起こるし，過去の記憶に関して自信をもって発言している人がいたとしてもそれが必ずしも正確なものとは限らないのである。

　現在までに記憶研究者の並々ならぬ努力によって記憶に関する多くのことがわかってきているが，その中でも本章では，教育に関係の深い内容を中心に扱っていくこととする。本章では次節以降，記憶とは何か，記憶モデル，長期記憶，ワーキングメモリ，記憶の定着をうながす教育についてまとめている。

2 記憶とは何か

　記憶とは日常的に使用する言葉であるが，実は多義的である。ラドヴァンスキー（Radvansky, 2017）によると 3 つの定義的立場がある。記憶を情報が保存される場所（貯蔵庫）と見なす立場，記憶を経験の内容を表したものとする立場，そして情報を獲得（学習）し，貯蔵し，検索するために用いられる認知的な過程と見なす立場である。心理学はこれら 3 つの立場に即して研究が進められ，横断的にこれらの知見がまとめられてきた。

　人が記憶したか否かを調べるためには記憶の証拠を提出させればよい。心理学では再認（recognition），再生（recall），再学習（re-learning）という証拠が扱われる。再認は，提示された情報を以前見たことがあるかどうかを答えてもらうことによって得られる証拠である。再生は，ある事柄を思い出してもらうことによって得られる証拠である。再学習は，一度学習したものを再び学習したときに，どのくらい再生することができたか，（もしくは再生までに掛かった時間を節約することができたか）を調べることによって得られる証拠である。

　これらの証拠について教育現場に照らし合わせて応用例を考えてみると，最も用いられているのは再生に即した課題(再生課題)であろう。たとえば「○○」とは何ですか？　という質問がこれにあたる。再認がそのまま問われることはなかなかないが，たとえば，選択肢を提示する方法は記憶における再認を足がかりに再生をうながしていると考えてよい。再学習に最も近いのは，同じ内容を復習する場合である。以前学んだ内容を簡単に思い出すことができたのであれば，それは再学習の証拠である。他にも，赤点を取った場合，同じテストをやり直すという取り組みもある。しかし，そこで問われるのは知識の定着率であり，前回のテストよりもどのくらい早く問題を解けたかに焦点を当てられることはまずない。したがって，完全に同一のものではないということに留意してほしい。

　これまで，再認，再生，再学習の3つの証拠を見てきたが，選択問題よりも選択肢のない問題（穴埋め問題）を苦手に思う人が多いようだ。この理由の1つは単に再生課題の認知的負荷が大きいからである。自由記述式問題は，出されたテーマに関する知識を思い出す必要があるため再生課題ではあるが，その後，自分の知識を整理して記述しなければならない。再生に加えて，自分の考えをまとめて表現するという他の認知処理も必要になるため，最も認知的負荷が大きくなるのである。このように，学校現場で出題されるテストの形式や授業中の発問がどの記憶の証拠と関連があるのかを見ていくことによって，記憶が身近な教育的課題と関係していることを再確認することができる。

3　記憶のモデル

　記憶という言葉は，一般的には物事を「覚える」こととして考えられているが，心理学では記憶の機能はおもに記銘（覚える），保持（覚えておく），検索（思い出す）の過程があると考えられている。このような記憶がどのように機能するのか，またどのように構成されているのかを理解するために，アトキンソンとシフリン（Atkinson & Shiffrin, 1968）は3つの要素から構成される記憶の

二重貯蔵モデルを提案した。それらの要素とは感覚記憶，短期記憶，長期記憶である。近年では，このモデルの短期記憶から長期記憶に情報が送信される過程において，ワーキングメモリという情報をコントロールし能動的に処理する機能が想定され記憶全般に対する理解が進んでいる。ワーキングメモリは短期記憶を代替したものという考えもあるが，本研究ではこれらを同列にあるものとして紹介している。モデルの全容を図11-3に示した。

　第一の要素である感覚記憶（sensory memory）は，外界からの情報を受けとる場所である。ここでは，視覚，聴覚，嗅覚，味覚，触覚をとおして得られた情報がごく短時間（数秒）保持される。この中で中心となるのは視覚から得られる情報である。たとえば，映画で投影される画像は静止画像であるが，これを連続的に投影することによって，まるで動いているかのように見ることができる。これは感覚記憶のおかげである。感覚記憶の中に残像ができ，これらを統合して一連の動きとして知覚できるからである。そして感覚記憶にある情報のうち，選択的に注意を向けられた情報が第二の要素である短期記憶（short-term memory）に送られる。ここでの情報は長くても1分くらいしか保持されないが，この情報を使って物事を考えたりすることによって長時間保持することも可能である。容量は有限であるが意識的に情報を制御することができる。しかし，ここで情報を積極的に利用しなければ，その情報は消失することとなる。ここで重要となるのがリハーサル（rehearsal）である。リハーサルとは短期記憶における情報の消失を防ぐため，保持すべき情報を頭の中で復唱することである。声に出して復唱する方法もある。掛け算の九九も覚えるために何度もリハーサルをした経験が読者にもあったはずである。そして，そ

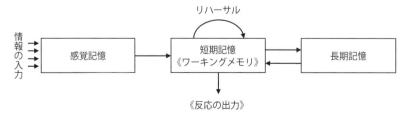

図11-3　記憶の二重貯蔵モデル（Atkinson & Shiffrin, 1968を参考に作成）

第２部　学　習

の後，必要な情報が第３の要素である長期記憶（long-term memory）に伝達
される。記憶の貯蔵庫と呼ばれ容量はほぼ無限である。私たちが情報を思い出
す際には，この長期記憶から情報が検索され，短期記憶の中で出力されている
のである。

　ワーキングメモリ（working memory）についてもここで簡単に触れておく。
この記憶要素は，単なる受動的な統合と検索のメカニズムというよりは，情報
を積極的にコントロールしようとする能動的な処理機能とみなされている。短
期記憶の機能は情報を単にリハーサルをして長期記憶に送るというものである
とは今日では考えられてはいない。詳しくは第４節で説明する。なお，短期記
憶の容量について有名なミラー（Miller, 1956）のマジカルナンバー７±２（The
magical number seven, plus or minus two）というものがある。情報をある程
度のまとまりと見なすチャンク（chunk）を単位とした場合，人間の記憶は７
±２チャンクまでというレトリックな説明である。しかし，近年のワーキング
メモリに関する研究では，この説には疑問が投げかけられている。物の形態や
色などの組み合わせによって短期記憶の中に留めておける情報はいかようにも
変化してしまうからである（Brady et al., 2011）。

　以上のように記憶の二重貯蔵モデルについて見てきたが，注意すべきことは，
このモデルが記憶について論じるためのガイドとして長く用いられているとい
うことである。頭（脳）の中に図11-3に示したような二重貯蔵モデルが実在
しているわけではない。このような記憶モデルを仮定することによって，私た
ちは記憶とそのメカニズムについて共通認識を持つことができるようになった
のである。あくまで記憶を理解するための手がかりである。

4　長期記憶

　長期記憶に話を戻そう。長期記憶は永続的で無意識な無限の容量を持つ記憶
でありいくつかの種類がある。図11-4に示したように，まず長期記憶は，宣
言的記憶と非宣言的記憶の２種類に分けることができる。

168 ●●●●●

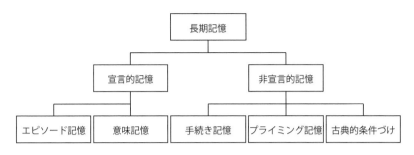

図 11-4 長期記憶の区分と種類

　宣言的記憶（declarative memory）とは，イメージや言語として意識上に内容を想起することができ，言葉で表すのが比較的容易な記憶のことであり，エピソード記憶と意味記憶とに分類される。エピソード記憶（episodic memory）とは，個人が経験した出来事に関する記憶である。今日の朝食は何を食べたのかというような例が相当するが，その出来事の経験そのものと，その経験に付随する情報（時間や場所，そのときの心理状態など）の両方が記憶されていなければならない。また，歴史の教科書に出てくる重要なイベントはエピソード記憶ではない。この理由は個人的な経験ではないからである。このエピソード記憶の中でも自分の性格や自己概念に大きな影響を及ぼした記憶のことを自伝的記憶（autobiographical memory）という。一方，意味記憶（semantic memory）とは，私たちが普段用いている知識におおむね相当し，言語とその意味（概念），対象の意味や対象間の関係，社会的ルールなどの記憶のことである。たとえば，「りんご」に関する意味記憶について例をあげるとすれば，りんごは果物の一種であることや大きさや色，形，りんごを名産としている県やその種類などが該当する。また，上述した歴史のイベントも意味記憶に該当する。
　非宣言的記憶（nondeclarative memory）は意識上に内容を想起することができず，言葉で表現することが困難な記憶である。手続き記憶，プライミング記憶，古典的条件づけの3種類に分類することができる。手続き記憶（procedural learning）とは，運動技能や認知技能，習慣などの同じ経験を反

復することによって形成された記憶のことである。たとえば，読者が水泳でク
ロールの練習をしたときのことを思い出してほしい。足をバタバタさせながら，
右手と左手で交互に水を掻く動作をくり返していくわけだが，はじめて練習し
たときは，肩から大きく腕をまわすことに意識を集中させたり，息継ぎのタイ
ミングに細心の注意を払ったりしたであろう。しかし，一度クロールをマスタ
ーしてしまうと，そのような意識的な注意は必要がなくなる。身体が自然とク
ロールのやり方を覚えてしまい，今では意識せずともクロールができるように
なっているはずである。もちろん，今著者がしているようにクロールのやり方
について言語化することはできるが，クロールをしている最中にすべての体の
動作を言語化しながらクロールしている人は皆無にちがいない。

　次に，プライミング記憶（priming memory）とは，前に入力された情報が，
その後の情報に影響を与える記憶のことをいう。たとえば，突然，「は」から
始まり「い」で終わる4文字の言葉を考えてくださいと言われたら，なかなか
思いつかないかもしれない。だがしかし，「野菜－白い－漬物－冬－は□□い」
と「警察－法律－悪人－泥棒－は□□い」の2つの文字列があった場合はどう
だろうか？　今回は，前者は「はくさい（白菜）」で，後者は「はんざい（犯罪）」
が浮かぶはずである。どうしてこのような違いが生じたかというと，先行する
情報によって想起のしやすさが変わったからである。これがプライミング記憶
の証拠である。したがって，今読者は記憶に関する本章を熟読しているわけだ
が，今日一日は，記憶（もしかしたら教育心理学全般）に関連する語が想起し
やすくなっているかもしれない。また，外出しようとして家でスマートフォン
が見あたらないことに気づいたとき，立ち返って家に帰ってきた場面を再現し
た経験はないだろうか。まず帰宅して，台所につづくドアを開けて，たしか
……というように。これはプライミング記憶を頼ってスマートフォンを置いた
場所を想起させようとしているのである。

　最後に記憶における古典的条件づけ（classical conditioning）は長期記憶の
中の非宣言的記憶に分類される。経験のくり返しによって本来，無関係な刺激
と反応との間に新たに連合が生まれる現象のことをいう。この連合は意識する
ことができないため，古典的条件づけは潜在記憶に分類される。詳細について

は第 9 章の学習で説明されているため割愛する。

　最後になるが，長期記憶については，顕在記憶（explicit memory）と潜在記憶（implicit memory）による分け方がある。この点については顕在記憶と潜在記憶をそれぞれどのように定義するかによって説明が変わってしまう。もし仮に記憶の再生や想起に伴い，「思い出している」という実感を重視する場合を顕在記憶，ない場合を潜在記憶とした場合は，エピソード記憶は顕在記憶にあたるが，残りの意味記憶や手続き記憶，プライミング記憶，そして古典的条件づけは潜在記憶に該当する。一方，記憶を再生し短期記憶の中で操作できるというものを顕在記憶とした場合は，エピソード記憶と意味記憶は顕在記憶に分類され他は潜在記憶に分類される。教科書によって顕在記憶と潜在記憶に分類される長期記憶の下位カテゴリー（区分）が異なるのはこのためである。

5　ワーキングメモリ

　先に説明したとおり，二重貯蔵モデルにおいてアトキンソンとシフリンは短期記憶から長期記憶の情報伝達においてリハーサルを主要な手段として考えていた。しかし，長期記憶への情報伝達において，当初想定されていたような単なるリハーサルによる活動ではなく，能動的に情報を処理し，それを意識化の中でコントロールする処理が注目された。これがワーキングメモリである。

　ワーキングメモリとは，「目標に向かって，一時的に目標の遂行のために必要な情報を保持しながら，処理を進める記憶システム」のことであり（Baddeley, 1986），この定義からわかるとおり焦点を当てているのは，情報を頭の中で積極的に操作することである。構成については図 11-5 に示したが，授業などにおける板書などの視覚的情報は視空間スケッチパッドにおいて，教師の発話などの聴覚的情報は音韻ループにおいて処理される。さらには，複数の情報を統合するのがエピソードバッファである。そしてこれらの情報を扱ううえで，必要な情報を選択したり，不要な情報を抑制したりして限られた容量を効率的に使用するといった能力をつかさどるのが中央実行系である。

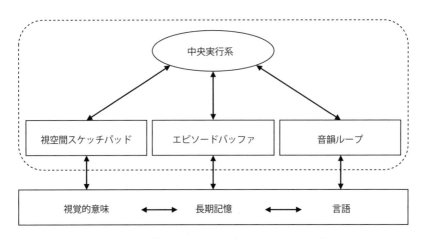

図11-5　ワーキングメモリのモデル（Baddeley, 2000 を参考に作成）

　ワーキングメモリには個人差がある。たくさんの情報を一度に扱える子ども
もいればそうではない子どももいる。ワーキングメモリを机にたとえてみると
わかりやすいだろうか。頭の中を机の上の作業場としてイメージしてみてほし
い。たくさんの情報を一度に扱える子どもは，机の上の作業場が広く，情報が
きちんと整頓されている机のイメージである。一方，情報をうまく扱えない子
どもは，机の上の作業場が狭かったり，物が散らかっている状態を想起すれば
わかりやすい。マルチタスクが得意な子どもとそうではない子どももこのワー
キングメモリの個人差によって理解することができる。

　このワーキングメモリに関連して，子どもの認知的な問題を見取る視点とし
て，情報を自分なりに整理する2つの認知処理スタイルを知っておくと良い。
継次処理（sequential processing）は，情報を連続的にとらえ，時間的に順を
追って整理していくのが得意な認知スタイルである。このような子どもに対し
て，同時に複数の情報を提示してしまうと，彼らはうまく情報を整理すること
ができない。彼らのワーキングメモリは，「まず○○をやって，それが終わっ
たら次に□□をする」というように物事を順番に処理することを好んでいるの
である。1つずつ順を追って説明するか，1つの課題が終わってから，次の指
示を出すといった指導が有効であろう。一方，同時処理（parallel processing）

は情報を全体的にとらえることに長けている認知処理スタイルである。このような子どもに対して，見通しのない指示や細かすぎる指示を出してしまうと，彼らはうまく情報を整理することができない。彼らのワーキングメモリは，「これら一つひとつの作業が全体をとおして何になるのか」がわからないと苦痛を感じてしまうのである。彼らには全体の見通しを説明したうえで細かい説明を行い課題に取り組ませることが大切である。このようにワーキングメモリと認知処理スタイルを知ることによって，子どもの認知的特性に適した学習指導が可能になるのである。

6　記憶の定着をうながす教育：認知主義的な学習

　勉強の際は，ただリハーサルして丸暗記するのではなく，意味のあるものとして学ぶことが重要である。その際，新しく学習した情報は，自分のスキーマ（先行知識）と結びついて知識構造に取り込まれれば長期記憶に留まりやすくなる。そのための指導方法として先行オーガナイザー（advanced organizers）を利用した有意味受容学習（meaningful reception learning）がある（Ausubel, 1960）。先行オーガナイザーとは，知識の構成を助ける先行知識のことであり，これが提供されると学習者は新しい情報を自らの知識構造に当てはめて処理しやすくなる。一方，受容学習のそもそもの意味は教授者が学習者に知識を教授する学習形態のことを指すが，そこにあらかじめ先行オーガナイザーが提示されていると，これを足がかりとして学習者は知識の再構成をしやすくなるのである。ここでいう「有意味」は意味のあることを学ぶという意味ではなく，自らの認知構造に学んだ内容を結びつけるという意味で用いられている。これが有意味受容学習の由来である。なお，先行オーガナイザーには，先行する情報（既有知識）という意味で一般的に扱われることが多いが，これから学ぶ内容の全体像を示す説明オーガナイザーとこれから学ぶ内容とすでに学んだ内容との違いを示す比較オーガナイザーというのもある。どちらも授業に取り入れることによって学習者の主体的な学びを促進させる働きが期待されているが，説明オ

ーガナイザーについては本章でも冒頭で活用されている。さて，読者は言われるまでに気づいていただろうか？

　学校で学ぶ知識は，精緻化（elaboration）によって長期記憶に留まりやすくなる。精緻化とは知識に対して情報を付加し，その内容を豊かにすることである。たとえば，江戸幕府は鎖国政策をとっていたが，その理由について知ることによって江戸幕府と鎖国政策との知識としての結びつきを強めることができる。この他にも，数学の公式をただ覚えるだけではなく，なぜその公式が導かれるのか，またその公式の意味や使い方を理解することが大切である。英語の単語を覚えるにしてもどのような場面で使われる単語なのかを意識して学ぶと単語は覚えやすい。そして，学んだ知識については，頭の中でイメージしたり，自分でノートに書いたり，その知識に関連した問題を自分で考えることによって知識の精緻化は進んでいく。

　自らの知識を整理し，認知構造を更新していく「有意味学習」について，それを図式化したものに，コリンズとキリアン（Collins & Qullian, 1969）の階層的ネットワークモデルがある。知識というのは詳細な情報を付加することによって意味記憶として洗練されたものになっていく。これを構造化（organization）という。図11-6に示したように，情報を整理した形でノート

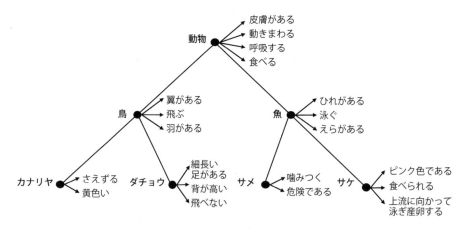

図11-6　意味記憶の階層的ネットワークモデル（Collins & Quillian, 1969）

にメモをとるという行為は記憶の定着において有効な方法である。このような形で整理された情報については，階層化された情報間の結びつきや同じ階層にあるもの同士の相違点について理解することによって，より精緻な知識となるのである。

　また，コリンズとロフタス（Collins & Loftus, 1975）は図 11-7 に示した意味ネットワークを提案している。これは私たちの記憶というのはそれぞれが単独で保存されているわけではなく，関連する言葉や概念がネットワークによって結びついているという考えである。ただし，ここで強調されていることはプライミング記憶としての機能である。つまり，私たちの長期記憶に留まっている知識は，ある言葉を想起したり耳にしたりするだけで，その言葉と関連する意味ネットワークが潜在的に刺激を受けているのである。意識を向けていなくても，確実に私たちの意味ネットワークは豊かなものになっていくのである。

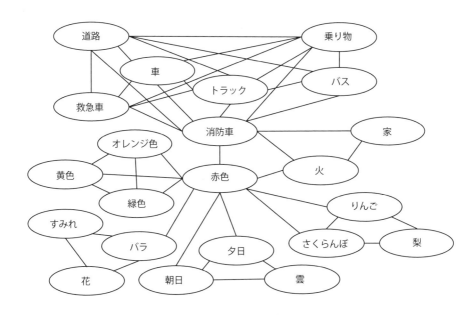

図 11-7　意味ネットワークモデル（Collins & Loftus, 1975）

7　本章のまとめ

　本章では記憶について，主に教育に関する内容について概観してきた。概して私たち人間は「記憶力＝頭の良さ」といった暗黙の図式を持っているが，そうではないこともつけ加えておきたい。すなわち，記憶というのは単なる「頭の良さ」を表すものではなく，時として私たちの感性を左右し，個性をも彩っているのである。人それぞれ異なる記憶があるわけだが，唯一無二の経験を積み重ねた結果，そうなるのだ。同じ景色や絵を見ても感じ方が異なるのはこのためである。

　さて，これまで多くの専門用語が出てきたが，本章で説明した記憶のメカニズムを思い出してほしい。そして，どのようにすれば新しい知識が自分の知識構造に取り込まれて，記憶として定着していくのかについても説明した。知識を意味づけ，精緻化し，構造化し，ネットワークを構築するのである。読者には知識の再構成を目的とする認知主義的な学習，そして有意味学習を今一度推奨したい。以上，これまで長々と記憶について説明してきたが，おそらく読者の関心でもある記憶力を鍛える確かな方法は，まずは本章を熟読し記憶のメカニズム自体を知ることなのかもしれない。

第12章

知能・学力

　私たちは日常の中で,「頭がよい／悪い」ということがあるが, そもそも「頭のよさ」とは何であるのか。「頭のよさ」は知能や学力という言葉で表現されることもあるが, 知能と学力のとらえ方は人によりさまざまであり, また, 時代につれて変遷している。知能や学力を測定したり, 発達させたりするためには, まずは知能や学力を正確にとらえることが重要になる。そこで本章では, 知能の構造と学力観について整理したうえで, 知能検査と学力調査について解説していく。

1　知能とは

　「頭がよい」という言葉は, たとえば数学の成績のよい生徒は英語や国語, 理科などの他教科・科目の成績もよいことを暗黙的に想定している。一方で,「数学や理科の能力の高さは, 国語や英語の能力の高さと関係がない」という場合には, 頭のよさには複数の側面があることを想定していることになる。こうした知能の構造に関する問題について, スピアマン (Spearman, C.) は, 古典, 英語, 数学, 音楽などのテスト成績の相関関係をもとに, すべての成績に共通する一般因子（g 因子）と, それぞれの成績に固有の特殊因子（s 因子）があることを示し, 知能の2因子説を提唱した。知能の2因子説は, 人は「頭がよいか悪いか」という1つの次元である程度とらえることができることを意味する。

　これに対してサーストン（Thurstone, L. L.）は，57 種類の知能テストの成績の相関関係をもとに，知能は，①言語，②語の流暢性，③推理，④空間，⑤数，⑥記憶，⑦知覚の速さの 7 つの側面に分けられることを示し，知能の多重因子説を提唱した。これは，「言語能力は優れているが，記憶力は劣る」というように，能力には複数の次元があることを意味する。またキャッテル（Cattell, R. B.）は，複数の側面がある知能を，結晶性知能と流動性知能の大きく 2 つに分類した。結晶性知能は，語彙や知識など過去の学習や経験によって獲得された能力であり，流動性知能は，推論や思考力など新しい場面への適応に必要な能力である。

　近年では，CHC 理論（Cattell-Horn-Carroll theory）が多くの研究者に支持されている（三好・服部，2010）。CHC 理論では，知能に階層的な構造を仮定する。すなわち，話し声の弁別や一般的な音の弁別など，70 以上の狭い能力因子から構成される第 1 層を置き，その上位に，結晶性知能や流動性知能，聴覚処理，短期記憶などの広範な能力因子から構成される第 2 層を置く。そして，最上位の第 3 層に一般因子（g 因子）を置くことで，知能は一次元でとらえることができるのか，複数の側面に分かれるのかという問題が統合されている（図12-1・表 12-1）。ただし，一般因子の扱いや，第 2 層の広範な能力をいくつ置くかなどについては，統一した見解は得られていない（三好・服部，2010）。

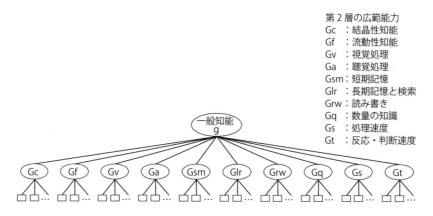

図 12-1　CHC 理論による知能の階層構造（大六，2019a をもとに作成）

表 12-1　広範な能力とその内容（大六，2019a; 三好・服部，2010 をもとに作成）

広範な能力	内容
Gc：　結晶性知能	学校で受けた教育や，社会生活の中で得た経験に基づいた知識
Gf：　流動性知能	新しいことを学習する能力や，新しい環境に適応するための能力
Gv：　視覚処理	視覚的なパターンや刺激の知覚・操作・思考に関する能力
Ga：　聴覚処理	聴覚的刺激の知覚・分析や，音のパターンの差異を検出する能力
Gsm：短期記憶	情報を数秒間保持し，その後，取り出すことに関する能力
Glr：　長期記憶と検索	保持した情報を長期記憶から取り出すことに関する能力
Grw：読み書き	書き言葉の基本的な読みや，読みの流暢性に関する能力
Gq：　数量の知識	数学の能力
Gs：　処理速度	比較的単純な課題を素早く正確に解いていく，認知的処理速度に関する能力
Gt：　反応・判断速度	刺激に対する反応や決定の素早さに関する能力

2　知能検査

●●●　1. ビネー式知能検査

　知能を測定するための検査を初めて作成したのは，フランスの心理学者のビネー（Binet, A.）とされている。ビネーによって開発された知能検査の考え方を踏襲する検査を，ビネー式知能検査という。

　ビネーは，普通教育に適応するための十分な知的能力を持たず，特別な教育を行う必要のある児童を調べるための方法を考案することを求められた。当時，そうした子どもを客観的に識別する方法はなく，両親の年齢や子どもの出生順位，身長や頭蓋の測定などが行われていた（中村・大川，2003）。こうした中でビネーは，医学生のシモン（Simmon, T.）の協力を得て，推論や記憶，判断などの能力を測定することができるような項目を集め，1905 年にビネー・シモン式知能検査を作成した。

　ビネー式知能検査は，ゴダード（Goddard, H.）によってアメリカに紹介さ

れ，ターマン（Terman, L. M.）が，アメリカ文化に合うようにビネー・シモン式知能検査を改訂し，1916年にスタンフォード・ビネー式知能検査を開発した。また，ビネーによって開発された知能検査は，児童を対象とする個別式検査であったが，アメリカが第一次世界大戦に参戦した際，陸軍では新兵の選別と配置をするための方法を必要としており，成人を対象とする集団式の知能検査が1917年に開発された。さらに，兵士の出身はさまざまであったことから，英語が話せる人向けの α 版（言語性検査）と，英語が話せない人向けの β 版（動作性検査）が作成された。

●●● 2. ウェクスラー式知能検査

　陸軍で知能検査の仕事に従事し，ベルビュー病院に勤めていたウェクスラー（Wechsler, D.）は，患者の診断を目的とするウェクスラー・ベルビュー知能検査を1939年に開発した。ウェクスラーの検査は言語性検査と動作性検査の2領域で構成され，全体の得点に加えて言語性知能と動作性知能が算出された。ウェクスラーによって開発された一連の知能検査をウェクスラー式知能検査といい，何度も改訂され，現在では幼児から高齢者までが使用できる検査として，世界で広く利用されている。おもに就学前の子どもに用いられるウェクスラー幼児用知能検査（Wechsler Preschool and Primary Scale of Intelligence：WPPSI），おもに小中学校の児童生徒に用いられるウェクスラー児童用知能検査（Wechsler Intelligence Scale for Children：WISC），青年から成人に用いられるウェクスラー成人知能検査（Wechsler Adult Intelligence Scale：WAIS）があり，現在の日本では，WPPSI-Ⅲ，WISC-Ⅳ，WAIS-Ⅳが作成されている。

　児童用のWISC-Ⅳは，CHC理論に準拠し，10の基本検査と5の補助検査で構成されている。10の基本検査を実施することで，「全検査IQ」以外に，「言語理解」「ワーキングメモリ」「知覚推理」「処理速度」の4つの指標得点が算出される（表12-2）。通常は，10の基本検査のみが実施され，補助検査である「知識」「語の推理」「算数」「絵の完成」「絵の抹消」は，基本検査の代替として実

表 12-2　WISC-Ⅳの下位検査の内容（Flanagan & Kaufman, 2009／上野（訳）2014 をもとに作成）

下位検査		検査内容
言語理解	類似	日常的な物や概念を表す 2 つの単語がどのように類似しているかを説明する。
	単語	絵の名称を答える。単語の定義を答える。
	知識*	広範囲の一般知識に関する質問に答える。
	理解	一般原則や社会的状況の理解に基づいた一連の質問に答える。
	語の推理*	一連のヒントによって述べられた共通概念を答える。
ワーキングメモリ	数唱	順唱では，読み上げられた数字を同じ順番で答える。逆唱では，読み上げられたものとは逆の順番で答える。
	算数*	口頭で提示された算数問題を制限時間内に暗算で答える。
	語音整列	読み上げられた一連の数字と文字を，数字は昇順に，文字は五十音順で答える。
知覚推理	積木模様	一連のモデル，あるいは二次元の幾何学模様を赤と白の積木を使って，制限時間内に作る。
	絵の概念	共通の特徴でグループを作るように，2 列または 3 列の提示された絵の中から 1 つずつ絵を選択する。
	行列推理	一部分が欠けている絵の行列を見て，5 つの選択肢から欠けている部分に当てはまるものを選ぶ。
	絵の完成*	絵の中で欠けている重要な部分を，制限時間内に答える。
処理速度	記号探し	刺激記号が記号グループの中にあるかどうかを制限時間内に答える。
	符号	手がかりを使って，幾何学的図形または数とペアになった記号を制限時間内に書き写す。
	絵の抹消*	不規則に，あるいは規則的に配置された絵を見て，制限時間内に目標の絵に印をつける。

注）*のついたものは補助検査

施されることがある。たとえば，手や指を使った細かく精密な動作をすることに問題のある子どもには，「積木模様」の代わりに「絵の完成」を実施することがある。これは，「絵の完成」はものを操作するのではなく，言葉や指さしで回答する検査であるためである（Flanagan & Kaufman, 2009）。また WISC-Ⅳでは，それまで使用されていた言語性知能と動作性知能が廃止され，より純粋な言語理解力や知覚・非言語性推理力は，言語理解指標や知覚推理指標によって測定可能とされている（上野ら，2015）。ウェクスラー式知能検査は，知

能の領域の個人内差を調べることができることから，知的障害だけでなく，発
達障害や高次脳機能障害の能力特性も検討でき，日本の知能検査の中では最も
よく用いられている（大六，2019b）。

●●● 3. K-ABC

　K-ABC（Kaufman Assessment Battery for Children）は，1983年にカウフ
マン夫妻（Kaufman & Kaufman, 1983）によって開発された。K-ABCは，ビ
ネー式やウェクスラー式の検査と比較して，少数民族の子どもたちをより公平
に評価できる点に特徴がある（Kaufman et al., 2005）。K-ABCは2004年に改
訂され，KABC-Ⅱが発行された。KABC-Ⅱの対象年齢は3歳から18歳11か
月（日本版は2歳6か月〜18歳11か月）であり，CHC理論とルリア（Luria,
A. R.）の神経心理学理論*1に準拠している。

　K-ABCは，基礎的な認知能力と，それを基盤として習得された知識・能力
とを測定するものであったが，KABC-Ⅱでは習得度を測定する検査は除外さ
れ，KTEA-Ⅱ（Kaufman Test of Educational Achievement-Second Edition）
に吸収された。より具体的には，KABC-Ⅱでは，CHC理論における広範な能
力として，「読み書き能力（Grw）」と「数量の知識（Gq）」を測定することを
意図していない。これは，これらの能力を認知能力検査ではなく，学力検査に
よって測定するほうが適切と考えられたためであり，KTEA-Ⅱによって測定
される。ただし，日本には個別式の習得度検査が存在していないため，米国版
KABC-Ⅱとは異なり，日本版KABC-Ⅱには習得尺度という形で残されている。

───────────

＊1　ルリアの神経心理学理論では，覚醒と注意を司るブロック，情報を分析し符号化し記憶するこ
　　とに関する感覚の使い方を司るブロック，行動を計画し組織化するといった実行機能の適用を
　　司るブロック，これら3つが統合的かつ相互依存的な機能体系であることによって複雑な行動
　　が可能になると考えられている（Kaufman et al., 2005）。

3　知能検査で測っているもの・測っていないもの

　CHC 理論の構造と WISC-Ⅳ，WAIS-Ⅳ，および KABC-Ⅱの測定内容との対
応関係は表 12-3 のように整理でき，各知能検査には測定していない能力があ
ることには留意が必要である。また，ルリアの PASS 理論に準拠して作成さ
れた検査として DN-CAS（Das-Naglieri Cognitive Assessment System）があ
る。PASS 理論は，集中力の維持（注意）や，よりよい結果のために工夫する
力（プランニング）などの 4 つの要素で知能を整理したものであり，DN-CAS は，
ウェクスラー式知能検査や KABC-Ⅱでは測定できない側面から，各種障害の
特徴を見いだし，トレーニングにつなげることが可能である（大六，2019b）。
　また，米国版の KABC-Ⅱが，基礎的な認知能力を測定する検査で構成され
ているように，一般的に知能検査で測定しているものは認知能力ということ
ができ，知能の一部を測っているにすぎない。たとえばガードナー（Gardner,
H.）は，従来の知能検査では測定できない知能に注目し，多重知能理論を提案

表 12-3　CHC 理論の構造と知能検査の対応関係
（大六，2019a; Kaufman et al., 2005 ／藤田ら（訳）2014 をもとに作成）

広範な能力	WISC- Ⅳ，WAIS- Ⅳの指標	KABC- Ⅱの CHC 尺度
Gc： 結晶性知能	言語理解	結晶性能力
Gf： 流動性知能	知覚推理	流動性推理
Gv： 視覚処理		視覚処理
Ga： 聴覚処理		
Gsm：短期記憶	ワーキングメモリ	短期記憶
Glr： 長期記憶と検索		長期記憶と検索
Grw：読み書き		読み書き *
Gq： 数量の知識		量的知識 *
Gs： 処理速度	処理速度	
Gt： 反応・判断速度		

注）* のついた尺度は米国版には含まれていない

している。この理論では，知能は言語・論理数学・音楽・身体運動・空間・対人・内省・博物的知能で構成される（Gardner, 1999）。このうち対人的知能とは，他人の意図や動機づけ，欲求を理解して，他人とうまくやっていくための能力であり，内省的知能は自分自身を理解する能力に関係するものとされる。またスタンバーグ（Sternberg, R. J.）は，知能（サクセスフル・インテリジェンス）が，「問題をとらえ，さまざまな思考の質を測る」分析的知能と，「優れた問題を提起し，思考を形成する」創造的知能，「思考とそれに対する分析を，日常生活において効果的に活用する」実践的知能の 3 つからなり，従来の知能検査は分析的知能の一部を測っているにすぎないとした（Sternberg, 1996）。これらのように，他者の感情や意図を理解する能力，社会的な文脈において何かを達成する能力のように，認知能力以外の能力も知能としてとらえる考え方もある。

4　知能指数

IQ（Intelligence Quotient）という言葉は日常の中で耳にする機会は多いが，IQ が何かは意外と知られていない。IQ という概念自体はドイツのシュテルン（Stern, W.）によって提唱され，スタンフォード・ビネー式知能検査を開発したターマンが，知能検査の結果の表現に IQ を取り入れた。

はじめて知能検査を開発したビネーは，年齢による知的水準の違いに着目し，たとえば標準的な 3 歳児ができる問題には正答したが，標準的な 4 歳児ができる問題には正答できなかった子どもは，知的水準が 3 歳児レベルにあると考えた。これは精神年齢と呼ばれる。しかし，たとえば生活年齢（実年齢）が 4 歳の子の精神年齢が 3 歳である場合と，生活年齢が 10 歳の子の精神年齢が 9 歳である場合，どちらも知的発達は 1 歳遅れているが，「1 歳遅れ」の意味は異なると考えられる。そこで，生活年齢と精神年齢の差ではなく，両者の比に着目し，以下のように IQ（比率 IQ）が定式化された。

$$比率\,IQ= \frac{精神年齢}{生活年齢} \times 100$$

　比率 IQ に対して，ウェクスラー式知能検査や KABC-Ⅱ では，偏差 IQ と呼ばれる IQ が採用されている。

$$偏差\,IQ= \frac{各個人の得点 - 同年齢集団の平均点}{同年齢集団の標準偏差} \times 15 + 100$$

　偏差 IQ は，検査の得点を，平均値が 100，標準偏差が 15 になるように標準化したものである。たとえば，知能検査の得点分布が左右対称の釣り鐘型である正規分布のときに，偏差 IQ115 は上位約 16%，偏差 IQ130 は上位約 2% の位置にいることを意味する。このように偏差 IQ というのは，同年齢集団の中での相対的な位置（順位）を表す（図 12-2）。

　なお，スタンフォード・ビネー式知能検査も改訂を重ねて，偏差 IQ が導入されている（中村・大川，2003）。また，日本におけるビネー式知能検査の 1 つである田中・ビネー知能検査の 2003 年版「田中・ビネー知能検査Ⅴ」では，2 ～ 13 歳までは精神年齢，および比率 IQ を算出し，14 歳以上では偏差 IQ を算出する（中村・大川，2003）。田中・ビネー知能検査Ⅴの改訂を手掛けた 1

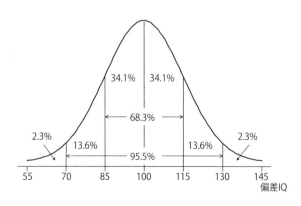

図 12-2　正規分布と偏差 IQ

人である中村淳子氏によれば，子どものケアを考えた場合，子どもの発達が何歳くらい遅れているのかを把握できるメリットがあるために，精神年齢と比率IQ，偏差 IQ とが併存している（鈴木，2018）。

5　教育場面での知能検査の利用

　知能検査により個人の認知能力の特徴を把握することは，個に応じた教育を実現するうえで有用である。たとえばカウフマンら(Kaufman et al., 2005)では，文字や文章を書くことが苦手な中学 1 年生に対して WISC-Ⅲ と KABC-Ⅱ を実施した事例が紹介されている。彼は字を書きたがらないため，そのことが学習全般に影響を及ぼしていた。検査を行った結果，知的水準は平均的で，「語彙」や「読み」が強いにもかかわらず「書き」が弱いことが示された。書字が困難である背景として，「処理速度」が弱いことや，手先が不器用であることなどが考えられた。そこで，作文などの文章構成力を高めるための課題ではパソコンで下書きを作る，漢字の学習ではノートの 1 ページ全面に 1 文字（1 熟語）だけ書くことなどが，支援方針として提案された。

6　学力とは

●●● 1.　学力観

　「学力」という言葉は，学校で教えられる知識や技能の習得度を表す言葉として用いられることが多いが，知能と同様に学力もさまざまなとらえ方がなされている。本田（2020）によれば，少なくとも 1960 年代までの教育学においては，「学力」という言葉を限定的に定義する議論が勢力を持っていた。たとえば，勝田（1972）は，性格の形成や学習態度は学校教育に関わるものとしつつ，学力を客観的に計測可能な学習到達度と規定している。1970 ～ 80 年代になる

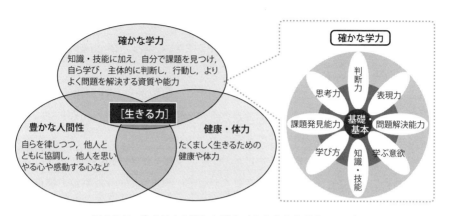

図 12-3　生きる力と確かな学力（中央教育審議会，2013）

と，学力は人格を含むものとして拡張されていき（本田，2020），1989 年に改訂が告示された学習指導要領では，児童生徒の関心・意欲・態度を重視し，思考力・判断力・表現力に裏づけられた自己教育力を獲得することが目指された（田中ら，2018）。こうした学力観は，それまでの筆記試験で測られていた学力（古い学力）に対して，新学力観（新しい学力観）と呼ばれる（野崎，2006）。

　また，1998 年に改訂が告示された学習指導要領では，「生きる力」を知の側面からとらえた「確かな学力」育成のための取り組みの充実が必要であるとされた（図 12-3）。確かな学力とは，「知識や技能に加え，思考力・判断力・表現力などまでを含むもので，学ぶ意欲を重視した，これからの子どもたちに求められる学力」（中央教育審議会，2013）である。さらに，2007 年の学校教育法改正により，「基礎的な知識・技能」「基礎的な知識・技能を活用して課題を解決するために必要な思考力，判断力，表現力その他の能力」「主体的に学習に取り組む態度」は，「確かな学力」を構成する 3 つの要素（学力の三要素）として位置づけられた。

●●● **2.　コンピテンシー**

　読み・書き・計算する力とは別に，人生の成功や幸福を得るため，就職や

家族をつくるときなど，生涯のさまざまな場面で重要となる根源的な学習の力として，コンピテンシーという言葉が用いられている（Rychen & Salganik, 2003）。一方で，スキルやリテラシー，クオリフィケーションといった言葉とコンピテンシーの違いが明確でないといった問題から，経済協力開発機構（OECD）は DeSeCo（Definition and Selection of Competencies）において，コンピテンシー概念を整理することをミッションとした。

　DeSeCo では，コンピテンシーは，「特定の文脈における複雑な要求に対して，知識や（認知的，メタ認知的，社会情緒的，実践的な）スキル，態度，価値観を結集して適切に対応する能力」と定義されている（Rychen, 2016）。また，①社会や個人にとって価値のある結果をもたらす，②幅広い文脈で有用である，③すべての個人にとって重要である，という３つの基準から，キー・コンピテンシーが選択され，「社会的に異質な集団で交流する力」「自律的に活動する力」「道具を相互作用的に用いる力」の３つのカテゴリーでキー・コンピテンシーが概念化された（Rychen & Salganik, 2003）。３つのキー・コンピテンシーそれぞれには下位のコンピテンシーがあり，「省察・振り返り」を中心に，これらは相互に関係する（図 12-4）。

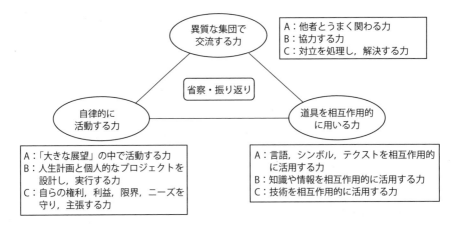

図 12-4　３つのキー・コンピテンシーと下位のコンピテンシー
（Rychen & Salganik, 2003 ／立田（訳）2006; 白井, 2020 をもとに作成）

　日本でも，2018 年に改訂が告示された学習指導要領は，DeSeCo プロジェクトの成果も踏まえて検討が進められ，コンピテンシーに相当する言葉として「資質・能力」が用いられている。学習指導要領では，学校教育法における学力の三要素を踏まえて，「何を理解しているか，何ができるか（生きて働く「知識・技能」）」「理解していること・できることをどう使うか（未知の状況にも対応できる「思考力・判断力・表現力等」）」「どのように社会・世界と関わり，よりよい人生を送るか（学びを人生や社会に生かそうとする「学びに向かう力・人間性等」）」が，育成すべき資質・能力の 3 つの柱として位置づけられた（中央教育審議会，2016）。知識や技能は，思考・判断・表現を通じて習得されたり，その過程で活用されたりするものであり，また，社会との関わりや人生の見通しの基盤ともなるように，資質・能力の 3 つの柱は相互に関係し合いながら育成されるとされている（中央教育審議会，2016）。

7 学力調査

●●● 1．国際学力調査

　代表的な国際学力調査としては，国際教育到達度評価学会（IEA）による国際数学・理科教育動向調査（Trends in International Mathematics and Science Study：TIMSS）と，OECD による国際学習到達度調査（Programme for International Student Assessment：PISA）がある。TIMSS は，算数・数学および理科の教育到達度を測定するものであり，1995 年から 4 年ごとに小学 4 年生と中学 2 年生を対象に実施されている。TIMSS では，学校で学ぶ内容である「内容領域」と，児童生徒がその内容に取り組んでいるときに示すと期待される行動である「認知領域」の 2 つの枠組みに基づいた問題が作成されている（図 12-5，図 12-6）。また，2 つの領域には下位領域があり，たとえば TIMSS2015 の算数の場合，内容領域は「数」と「図形と測定」「資料の表現」，認知領域は「知ること」（数学的な事実, 概念, 道具, 手順を基にした知識）と「応

あつこさんはひもを 12 本，丸いビーズを 40 こ，平らなビーズを 48 こ持っています。
あつこさんはひもを 1 本と，丸いビーズを 10 こと，平らなビーズを 8 こ使って，1 つの
ブレスレットを作ります。
あつこさんは上と同じブレスレットをいくつ作ることができるでしょうか。

　選択肢：① 40　② 12　③ 5　④ 4

図 12-5　TIMSS の公表問題（内容領域：数，認知的領域：推論）

まわりの長さが 30 センチメートルの五角形があります。3 つの辺の長さはそれぞれ 4cm
です。のこりの 2 つの辺アとイは同じ長さです。
アの辺の長さは，次のどれですか。

　選択肢：① 6cm　② 9cm　③ 12cm　④ 18cm

図 12-6　TIMSS の公表問題（内容領域：図形と測定，認知的領域：応用）

用すること」（知識や概念的知識を問題場面に応用すること），「推論を行うこと」
（見慣れない場面の問題や複雑な文脈の問題や多段階の問題を解くこと）であ
る（国立教育政策研究所，2017）。

　PISA は，2000 年から 3 年ごとに高校 1 年生を対象に実施されている。読解
力と数学的リテラシー，科学的リテラシーの 3 分野が主要分野として調査され，
各回では，3 分野のうち 1 つが中心分野として詳細に調査される。また，2003
年と 2012 年には問題解決能力，2015 年には協同問題解決能力，2018 年にはグ
ローバル・コンピテンスの調査が実施された（ただし，日本はグローバル・コ
ンピテンスの調査には不参加）。PISA は，知識や経験をもとに，自らの将来
の生活に関係する課題を積極的に考え，知識や技能を活用する能力があるかを
見るものである（図 12-7）。たとえば数学的リテラシーは，「さまざまな文脈
の中で数学的に定式化し，数学を活用し，解釈する個人の能力。それには，数
学的に推論することや，数学的な概念・手順・事実・ツールを使って事象を記
述し，説明し，予測することを含む」と定義されている（国立教育政策研究所，
2019）。

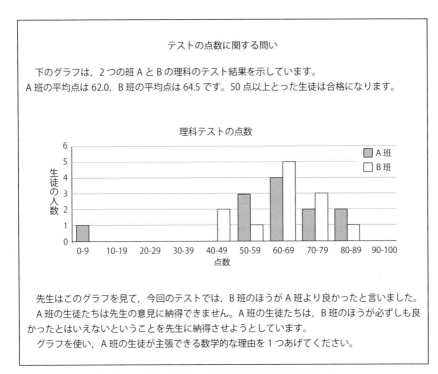

図 12-7　PISA2003 年の調査問題（数学的リテラシー）

●●● 2. 全国学力・学習状況調査

　現在，日本国内で実施されている代表的な学力調査である全国学力・学習状況調査は, 2007 年から小学 6 年生と中学 3 年生全員を対象に実施されている[*2]。学力調査の内容は算数（数学）と国語であり，2012 年度から理科，2019 年度からは英語が追加され, それぞれ 3 年に 1 回程度の頻度で実施されている。また，算数（数学）と国語の調査は 2018 年まで，「知識」に関する問題（A 問題）と，「活用」に関する問題（B 問題）とに整理して実施されてきた。より具体的には，A 問題は「身につけておかなければ後の学年等の学習内容に影響を及ぼす内

---

*2　2010 年〜 2013 年は抽出調査であった。また，実施が中止となった年度もある。

容や，実生活において不可欠であり常に活用できるようになっていることが望ましい知識・技能など」，B問題は「知識・技能等を実生活のさまざまな場面に活用する力や，さまざまな課題解決のための構想をたて実践し評価・改善する力などに関わる内容など」とされている。

2019年度からは，A問題とB問題という区分は見直され，「知識」と「活用」を一体的に問う問題形式で実施されている。これは，2018年に告示された学習指導要領における，資質・能力の3つの柱は相互に関係し合いながら育成されるもの，という考えを踏まえてのものである（国立教育政策研究所，2018）。

8　経年変化の測定

日本人の学力は低下しているのかという問題はくり返し議論がされてきた。中でも2000年前後には，学力の低下について大きな論争が起きた（市川，2002）。こうした問題について建設的に議論をするためには，俎上に載っている「学力」がどのような学力であるかを正確にとらえる必要があると同時に，学力調査によって学力の経年変化をとらえることが重要となる。

全国学力・学習状況調査は，教科の指導に活用されることを狙いとしているため，調査後に調査問題はすべて公開されている。そのため，基本的には同じ問題は使用されない。調査問題が毎年変更されることから，問題の難易度は年度によって異なり，児童生徒の学力の経年変化を検討することはできない。これに対してTIMSSやPISAでは，出題された問題の多くが非公開になっている。これは，同じ問題を再度出題し，学力の経年変化を検討するためである。

学力の経年変化を見るためには，等化（equating）と呼ばれる手続きをする必要がある。等化とは，異なるテストの得点を同一の尺度上の値に変換して，結果を相互に比較できるようにする手続きである（日本テスト学会，2010）。TIMSSやPISAでは，一部に共通の問題項目を入れ，項目反応理論と呼ばれる統計手法を用いることで，年度間で得点の比較ができるようにしている。

9 おわりに

　知能も学力も定義はさまざまであると同時に，知能検査や学力調査によって，どのような知能や学力を測定しているかは異なる。検査や調査の結果を教育に活用するためには，そこで測定しようとしている「知能」や「学力」を正確にとらえ，結果を適切に解釈することが重要となる。同時に，検査や調査の限界も認識する必要がある。たとえば，1つの知能検査や学力調査が測定しているものは知能と学力の一側面であり，万能なものはないといえる。また，学力調査には，学力の経年変化が把握できるように設計されているものとそうでないものとがある。知能検査や学力調査の特徴を把握し，結果を適切に解釈・活用できることも，教師に求められる力の1つといえよう。

第13章

学習活動を支える教授指導法

1　子どもの学びを支える教授指導法とは

　2020年度より新学習指導要領による学校教育がスタートしている。新学習指導要領では，これまでの教育目標を継承しつつも，とくに強調されたことは，「何を知っているか」から「何ができるようになるか」を意識した指導が求められるようになったことである。この背景には，子どもを取り巻く環境が目まぐるしく変化する現在において，受け身で対処するのではなく物事を主体的に判断しながら，他者と一緒に課題を解決していくための力の育成が社会的な要請となっていることが関連している（中央教育審議会，2016）。そのため，安彦（2014）も指摘しているように，学校教育では学習・指導内容を「教育内容中心」，「各教科等中心」から，「資質・能力中心」，「汎用的能力中心」へと変えることが求められているのである。

　新学習指導要領において育成することが目指される資質・能力として，「知識及び技能」，「思考力，判断力，表現力等」，「学びに向かう力，人間力等」が明記された。そして，これらをはぐくむために，「主体的・対話的で深い学び」の視点からの授業改善が求められており，①子どもの学ぶことに対する興味や関心を高める（主体的な学び），②自己の学習活動を振り返って次につなげ，子ども同士の協働，教職員や地域の人との対話などを通じ，自己の考えを広げ深める（対話的な学び），③各教科等の特質に応じた見方・考え方を働かせながら，知識を関連づけてより深い理解，情報の取捨選択，問題の解決策を検討することができる（深い学び），が実現できているかに留意する必要があると

されている（文部科学省，2017a）。ただし，このような取り組みは，知識の習得を疎かにするものでも，授業に対する教師の意図性を否定することでも，特定の指導法を推奨しているわけでもなく，学習の内容と方法の両方を重視し，子どもの学びの過程を質的に高めていくことが目的なのである（文部科学省，2017b）。そのため，日々の授業では学習内容そのものを充実させることはもとより，心理学的な諸能力や社会性・人間関係などを活用した授業構成にする必要がある（安彦，2014）。

　以上のことから，子どもの「主体的・対話的で深い学び」を支える教授指導法を検討する際に，心理学の諸理論や，それらに基づいた実践の効果を理解しておくことは有益といえるだろう。そこで，次節からは，学習活動を支える代表的な心理学の諸理論を整理し，それらを背景にして実践されているさまざまな取り組みについて紹介する。

2 構成主義的な学習とは

　本節では「主体的・対話的で深い学び」がどのように心理学における学習の諸理論と結びついているのかについて，まず大きな枠組みとしての構成主義（constructivism）を，客観主義（objectivism）と対比しながら解説する。

　これまで私たちは，行動主義的な学習（第9章）と認知主義的な学習（第11章）について学んできた。これら行動主義や認知主義における学習理論は，教師がどのように教えるかという教える側の視点に立った考え方である。すなわち，行動主義的な視点では，学習とは刺激と反応の連合による行動の変容であり，どのように連合を形成していくのか，その過程が明らかにされてきた。また，認知主義的な視点では，学習とは情報処理過程を踏まえた知識の獲得であり，どのようにすれば情報を効果的かつ効率的に伝達できるのか，その過程が明らかにされてきた。これら行動主義や認知主義による学習理論は，客観主義というパラダイムでとらえることができる（久保田，1995）。

　客観主義パラダイムの特徴は，表13-1に示したとおりである。これらに基

表 13-1　客観主義のパラダイム（久保田，1995）

存在論	人間の外側に自然の法則に従う唯一の客観的「真理」が存在する。
認識論	もし自然法則によって作用する唯一の真実が存在するなら，知ろうとする主体は対象から離れて，調べたい変数以外の要因を制御し，実験や観察をする必要がある。
方法論	仮説を立て，条件を注意深く制御し，検証していく。
人間論	人間の行動も自然法則に従い，外部からの刺激により行動が導かれる受け身な実態である。

表 13-2　構成主義のパラダイム（久保田，1995）

存在論	真理は多様である。それはそれぞれの人間の心の中で社会的，経験的な過程をとおして形づくられるため，基本的に主観的である。
認識論	知ろうとする主体と対象は分けることのできない同一の実体である。知識とはまさにこの二つの相互作用の中で構成される。
方法論	知識は体験と内省のくり返しの中で構成される。それは弁証法的な過程であり，比較したり，対比したりしながら行われる。
人間論	人間は自ら知識を構築するために，積極的に対象と関わる能動的な実体である。

づいた教授・指導法は，科学理論や問いに対する正解といった「客観的な事実」を教師から学習者へ伝達する，という教師中心の知識伝達型の教授・指導法であり，受動的あるいは暗記主義的なものとしてとらえられてきた（森本，2008）。

　しかしながら，学習活動において学習の主体は学習者であり，学習者がどのように学ぶのか，という視点から学習をとらえようという考え方や，知識を暗記するだけでは十分でなく，活用することが重要であるという考え方，さらには，そもそも「客観的な事実」は存在しえるのか，という考え方など客観主義パラダイムに対する批判として，構成主義というパラダイムが台頭してきた。

　構成主義パラダイムの特徴は，表 13-2 に示したとおりであり，客観主義パラダイムとはまったく反対の前提に立っている。これらの特徴から導かれる構成主義的な学習とは，「学習者が環境と関わりながら，主体的に知識を構成していくこと」（北澤，2019）である。すなわち，構成主義的な学習とは，外部から伝達された「客観的な知識」を受動的に記憶するものではなく，学習者自

身が自身の認知構造をもとに主体的・能動的に外的な対象を取り入れたり，意味づけたりすることによって，個人内の認知構造を変化させ，またそれによって外的な対象を取り入れたり，意味づけたりしていくような相互的なプロセスのことをいう。このような学習者が学習内容を暗記し，それを出力するだけの存在ではなく，主体的に学習内容に関わっていく中でこそ学びが成立するという視点が「主体的な学び」につながっているのである。

　さて，客観主義的な学習と構成主義的な学習では，学習に対する考え方がまったく異なることから，行動主義・認知主義的な教授・指導法だけでは十分ではなく，新たな教育方法も求められることになろう。以降では，構成主義的な教育方法を考えるうえで，その前提となる構成主義的な理論を紹介する。

3 構成主義の代表的な理論

　構成主義の中でも，人間が個としてどのような概念や知識を構築していくかに焦点を当てているものは個人的構成主義に分類され，ピアジェの認知的発達理論（Piaget, 1970）はその代表的な理論である。ピアジェの理論は第5章でも紹介したとおり，発達の理論であるがピアジェは発達によって学習を説明できると考えており（Piaget, 1964），その意味で学習の理論でもある。

　この理論における，学習とはすなわち，人間が持つ認知構造（シェマ）が同化（assimilation）と調節（accommodation）による均衡化（equilibration）の過程を通じて，段階的に発達することである。同化とは主体が持っているシェマを外界に当てはめ，自分に合わせて外的な対象を取り込むことを，調節とは外的な対象に合わせて自分の既存のシェマを変形させることを意味する。

　たとえば，ある子どもが金魚を飼った経験から，水中に住んでいる，ヒレがあるといった特徴を持つ，一般的な「さかな」という概念的シェマを持っているとする。このシェマが持つ特徴に近い新しい情報（たとえば，トゲウオ）と出会ったとき，同化が行われる。すなわち，既存のシェマにトゲウオの情報を取り込んでいく。ここでは既存のシェマと新しい情報はズレがほぼないため，

均衡している状態である（図 13-1）。一方，既存のシェマと似ているが異なる新しい情報としてイルカの情報（水中に住んでおり，ヒレがあり，肺呼吸をする）と出会ったときも，同化が行われるが，既存のシェマと新しい情報にズレがあるため，不均衡状態が生じる（図 13-1）。さらに，既存のシェマと似ているが異なる「さかな」の情報としてクジラ（水中に住んでおり，ヒレがあり，肺呼吸をし，大きい）の情報と出会ったとき，既存のシェマと新しい情報にズレが大きくなり，不均衡状態を解消するために「さかな」のシェマと「クジラの仲間」のシェマにシェマを分化（変形）させる，すなわち調整が行われる（図 13-2）。

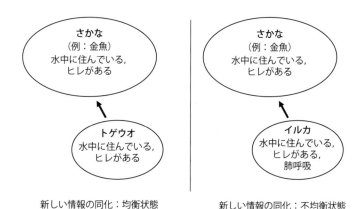

図 13-1　**新しい情報の同化過程**（Long et al., 2010 をもとに作成）

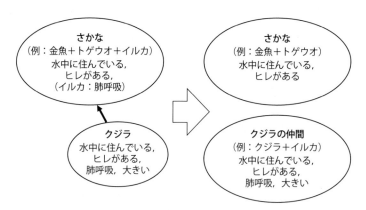

図 13-2　**不均衡状態を解消するための調整過程**（Long et al., 2010 をもとに作成）

　この例にあるように，人間が環境（外的な対象）と関わりながら，自身の認知構造をもとに主体的・能動的に学習内容を取り入れたり，個人内の認知構造を変化させたり，意味づけたりするような相互作用を行うことによって，個人内の認知構造を変化させていくことがピアジェ理論における学習である。

　一方，構成主義の中でも，他者との社会的な相互交渉による概念変化や知識構成に焦点をあてているものは社会的構成主義に分類され，ヴィゴツキーの理論（Vygotsky, 1987）はその代表的な理論である。ヴィゴツキーの理論も発達の理論として紹介されることが多いが，ヴィゴツキーは発達と学習を相互的な関係でとらえているため，その意味で学習の理論でもある。

　ヴィゴツキーは，人間の高次の精神機能（言語や思考など）は，他者との社会的な相互作用を通じて個人の内部に取り込まれていくこと（内化）によって発達するとしている。そして，その学習過程を発達の最近接領域（zone of proximal development）という概念を用いて説明した。発達の最近接領域とは，子どもの発達を考える際，ひとりで到達できる水準（現在の発達水準）と大人や友だちからの指導や援助，あるいはその人たちとの協同により可能になる水準（明日の発達水準）との間にある，形成されつつある領域のことである（図13-3）。たとえば，ある子どもに知能検査を行い，8歳の子どもが解答可能な問題までを解けたとする。この検査は，本来，人の助けを借りずにひとりで解くものであるが，検査者が自分だけでは解くことができない問題に教示や質問，ヒントを与えながら解かせたら，12歳相当の問題まで解けたとしよう。ヴィ

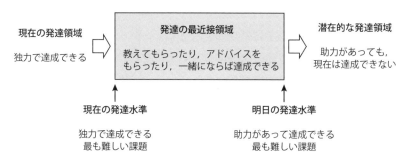

図13-3　発達の最近接領域（Long et al., 2010 をもとに作成）

　ヴィゴツキーが重視したのは，このようなひとりでは難しいが，他者との関わりによっては解決することが可能になる領域であり，ここにこそ教授・指導の役割が重要であると考えている。すなわち，ピアジェ理論では個人内のプロセスによる概念や知識の構成に重きを置かれていたが，ヴィゴツキー理論では言語などによる他者との相互作用プロセスを通じた概念や知識の構成を重視しているのである。

　さて，ピアジェやヴィゴツキーの理論では，学習は頭の中に獲得される知識であるととらえていたが，知識を環境や状況に埋め込まれているもの，すなわち，他者や状況との相互作用の中で生じる関係的な過程としてとらえる考え方を状況的学習論（situated learning）という（Lave & Wenger, 1991）。この理論では知識を文脈や状況と不可分のものであることを強調している。つまり，知識は文脈や状況の中にあって初めて，意義づけられ，方向づけられるとされる。そうした考えから，状況的学習論では，学習者が社会的・文化的な活動が行われている共同体への参加を通じて，知識を文脈や状況と結びつけて学習し，また，それによって所属する共同体への参加を深め，その共同体の一員として認められるようになること，あるいはその共同体の一員としてアイデンティティを持つことが学習であるとしている。つまり，意味のある世界の中で自分が世界とどのようにつながりを持っていくか，どのように関わっていくか，その過程を学習と見るのである。

　ここまで見てきたように「主体的・対話的で深い学び」とは，客観主義パラダイムの克服であった。その背景理論として，ピアジェ理論にあるような人の主体的で能動的な学習プロセス，ヴィゴツキー理論にあるような対話などによる他者との相互作用による学習プロセス，そして，状況的学習論にみられる文脈や状況と知識を結びつける，深い学習プロセスを紹介した。それでは，これらはどのように学校教育の中で具体化されているのであろうか。次節以降では，構成主義パラダイムによるさまざまな教育方法を紹介する。

4　他者との対話の中で学ぶ教育方法

　本節では，他者との対話の中で学ぶ教育方法の考え方の1つとして，協同学習（cooperative learning）を取り上げ，その特徴について解説する。

　学校では，他の学習者とともに学ぶことが多い。一斉授業だけでなく，他者とともに学ぶグループ学習が行われたりする。私たちの経験を振り返ると，グループ学習をすることで，お互い協力し，励まし合いながら学ぶ経験をしたことがあるだろう。一方で，グループのメンバーの存在がプレッシャーになったり，グループ内で手を抜くメンバーがいたりすることで，グループ学習が効果的に機能しない場合もある。グループ学習をしたからといって，主体的・対話的で深い学びにはつながらないのである。

　グループ学習の相互作用が対話的な学びとして有効に機能するにはいくつかの条件が必要になる。協同学習では，以下の5つの基本的要素が機能することで，グループ学習が協同学習として成立すると定義されている（Johnson et al., 2002）。その5つの基本的要素は以下のとおりである。

①互恵的な協力関係　メンバー間でお互いに信頼関係が形成されていることである。グループのメンバーが助け合うことに動機づけられるような互恵的な関係性を形成するために，明確な課題とグループ目標が設定される。グループのメンバーすべての成長が目標とされ，その目標達成にはメンバーすべての協力が不可欠なことが了解されている必要がある。

②個人の役割責任　課題に対する責任とグループの目標を達成するための責任を果たすことが求められる。メンバーは，グループ活動に貢献できるように活動する必要がある。

③積極的な相互作用　メンバー同士の活発な相互交流が求められる。どのように問題を解決するかを説明したり，自分の持っている知識を仲間に伝えたり，今学んでいることと学習したことの関連性を説明し合うだけでなく，目標を達成するために助け合い，励まし合い，お互いの存在を認め合うような活動も必要になる。

④社会的スキルの活用　グループのメンバーとしての責任を果たすため，社会的スキルや学習スキルの活用が求められる。これらのスキルの活用をうながしたり，スキルの知識がなければ教えたりする必要がある。リーダーシップ，意思決定，信頼関係の構築，対立の調整について，スキル学習の機会が設けられる。

⑤振り返り（グループの改善手続き）　グループ活動の最後に，個人として，またグループとして，どのような行動が役に立ち，どの行動が役に立たなかったのかについて振り返り，適切な活動ができたかを省察する改善手続きが組み込まれている。

　これらの5つの要素を目指したグループ活動を行うことで，協同的な学びとして効果を高めるだろう。

●●● **1. 協同学習と協調学習の違い**

　協同学習と協調学習はグループ活動の教育方法としてのつながりがあるため明確に区別することは難しく，研究者間によって違いもあるが，成立した背景を鑑みると，一般的には異なるものとして扱われてきた（たとえば，Davidson & Major, 2014）。すなわち，協同学習は競争に対する教育としてグループダイナミクスを背景としており，知識は伝統的な見方を前提として，正しい答えがあると仮定される。一方，協調学習は社会構成主義を背景としており，知識は仲間同士の共通認識によって社会的につくり出されるものとされる（関田・安永，2005）。そのため，協同学習は，初等中等教育において，児童生徒の認知スキルや社会的スキルの強化を目指した，教師による構造化がなされた教育方法である。一方，協調学習は学習者が知識文化に参入することを目的としており，おもに高等教育において進められてきた教育方法である（Bruffee, 1999; Oxford, 1997）。したがって，協同学習は教師中心の教育方法，協調学習は学習者中心の教育方法といえるだろう。

　Jacobs（2015）は，教師中心の教育方法を協同学習，学習者中心の方法を協調学習として，その特徴を整理している（表13-3）。さらに，次の3つの留意

表 13-3　協同学習と協調学習の違い（Jacobs, 2015 をもとに改変）

	教師中心（協同学習）	学習者中心（協調学習）
知識について	知識の伝達： 学習者は教師/教材が教えてくれることを習得する	知識の構築： 教師は学習者の知識の活用をうながし，新しい知識を生み出す
教材選択	教師がグループ活動のために教材を見つけたり，作ったり，選んだりする	学習者がグループ活動の教材を見つけたり，作ったり，選んだりする
動機づけの特徴	外発的動機づけ	内発的動機づけ
学習者の評価	教師による評価	教師による評価だけでなく，仲間や学習者の自己評価で補足
活動するために必要なこと	環境づくり 社会的スキルの学習 スキル活用のモニタリング	信頼
相互作用	教師が管理する。グループサイズを 2 人から 4 人にすることで相互作用を調整する。	学習者が決める

点を指摘している。①どちらか一方ではなく，教育実践の中で連続性を持つもの，②グループ活動を利用するアプローチは，学習者中心のグループ活動に行きつく，③連続性のあるグループ活動を教育実践で選択する場合，教師の見解だけでなく，実際の学習者の主体性やモチベーションの高さや，教師の働く環境などによっても影響される。これらのことから，教師が教育実践でグループ学習を進めるうえでは，どこを教師中心にして，どれを学習者中心の展開にするのか，柔軟性を持って進めることが重要といえるだろう。

●●● 2.　協同学習の代表的な方法

　ここでは，協同学習を進めるための代表的な方法を紹介する（Barkley et al., 2005）。

❶シンク・ペア・シェア

　ひとりで考える（think），ペア活動をする（pair），ペアおよび全体で共有

する（share）のプロセスを踏むグループ活動である。全体に課題を提示し，ひとりで考える時間をつくり，自分の回答を書く時間を設ける場合もある。次にペアになり，相互に自分の考えを伝え合う。次に，お互いの考えを比較し，整理する。その後，全体で共有する。シンク・ペア・シェアは，シェアを教室全体に拡大することも可能であることから，グループ活動をするときの基礎的な方法といえる。留意点として，シェアをするときのペア活動では対話のために相手の話を聴くスキルが必要になる。

❷バズ学習

　バズ学習は，フィリップス（Phillips, 1948）が考案した会議や研修で使われるバズセッションを塩田（1967）が学校教育における学習指導に適用し，学習指導理論として提唱した学習指導法である。教師から与えられた課題に対して，4〜6名のグループで意見交換を行う学習である。学習者が積極的に活動に取り組むように教師が教示や注意したりして進めていく。意見を交わす様子がハチの羽音を示す buzz に似ていることから命名されている。小グループに分けることで情報や考えを短時間で引き出すことができ，全体で発表することが難しい学習者でも自分の考えを表現しやすくなるメリットがある。

❸ジグソー学習

　教室を協同的な環境に変えるための方法として，アロンソンとパトノー（Aronson & Patnoe, 2011）が考案した協同学習の方法がジグソー学習である（図13-4）。ジグソーパズルのような学習方法のデザインから命名されている。ジグソー学習の手順として，グループをつくったあと，そのグループのメンバーが，別々のグループ（エキスパートグループ）に割り当てられ，グループで異なる課題を学習する。その後，もとのグループ（ジグソーグループ）に戻り，それぞれのメンバーが異なるグループ（エキスパートグループ）で学習したことを伝える活動をする。ジグソー学習では，あるテーマには専門家になり，他の部分は別のメンバーから教えてもらう必要があるため，対話的な学びができる。グループ学習では社会的手抜き（グループで活動すると自然と手を抜いてしまう現象）が生じるが，ジグソー学習ではこのようなグループ活動のデメリットを防ぐことが可能になる。なお，学習科学の領域から学習者中心のアプロ

ジグソーグループ

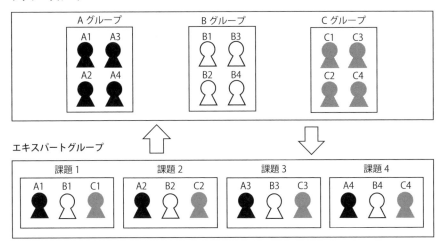

図 13-4　ジグソー学習による学習プロセス

ーチとして，知識構成型ジグソー法（三宅ら，2011）がある。

❹相互教授法（Reciprocal Teaching）

　パリンサーとブラウン（Palincsar & Brown, 1984）による読解方略を獲得するための教授法である。学習者が教師役割を交代しながら，お互いに要約したり，質問をしたり，難しいところを明確にしたり，その後の話がどうなるか予測するなど，説明し合うことで，学習者の自己理解のモニタリング方略を育成し，文章の内容理解を促進させることを目的とした教育方法である。

5　知識を発見・創造し，社会や文化を学んでいく教育方法

　2節で説明したとおり，子どもの発達には，ひとりで到達できる水準（現在の発達水準）と大人や友だちからの指導や援助，あるいはその人たちとの協同により可能になる水準（明日の発達水準）との間に発達の最近接領域は存在する。実際には，明日の発達水準にいきなり到達することは難しく，教育者とし

ては，いくつかの段階を想定して支援していくことになる。ウッドら（Wood et al., 1976）は，これを足場づくり（scaffolding）と命名した。要するに，発達の最近接領域の中に明日の発達水準に到達するための足場を構築するという意味である。子どもが問題を独力で解決できるまで，子どもと関わりながら足場を徐々に減らすように支援すればいい。図13-5には，足場づくりの方針の一例を示した。

　ただし，知識というのは個人の思考活動で完結するものではない。少なくとも「主体的・対話的で深い学び」では，知識というのは他者との交流や社会，そして文化の中で実体感をもって洗練されていくものと考えられている。したがって，教育という側面から考えると，社会との接点を見いだしながら，明日の発達水準に向けての足場を設け，子どもの深い学びを実現していくといった点が重要になる。

　学習を社会的なものとみる状況的学習論の立場の代表的な考えとして，学習を社会的実践の一部ととらえる正統的周辺参加（legitimate peripheral participation）論がレイヴとウェンガー（Lave & Wenger, 1991）によって提唱されている。ここでは，子どもが地域社会の中で役割を見いだし，活動に必要な知識や技能を身につけていく中で学習が成立する。その過程の中で，実践への理解や地域社会へのコミットメントを深めていくことができれば，社会の成員としての誇らしい感情を抱くはずである。このようにしていけば子どもは

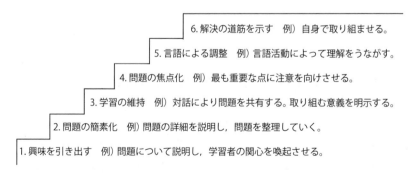

図13-5　足場づくりのステップ（Upham et al., 2014 を参考に作成）

その社会的実践に自ら進んで関与していくであろう。このような社会参加の過程を通じて，状況的学習論でいうところの学習が成立するのである。

　また，ブラウンら（Brown et al., 1989）は，社会的相互作用をとおしての発達を具体化する試みの1つとして，認知的徒弟制（cognitive apprenticeship）の視点を導入することを提起している。徒弟制とは，専門家集団から文化的に受け継がれるべき知識や技能をその活動の中で自らが会得することである。専門家集団が有する知識や技能は言語化されていないものもあり，弟子はそれを見よう見まねで会得していかなければならない。ゆくゆくは後人にその知識や技能を伝える立場になるわけだが，優れた熟達者とともに仕事をすることが意味のある文脈の中での学習を加速させていく（波多野，1996）。専門家集団への一員となる過程からも状況論でいうところの学習が成立していることが理解できる。

　以下では，上記で紹介した考えと関連のある教育方法について見ていこう。

●●● 1. 発見学習

　発見学習とは，ブルーナー（Bruner, 1961）によって提唱された教授・学習法である。学習者が能動的に知識の生成過程をたどることによって知識を発見し学習していく。学習者が自分で学習すべき知識を発見できるように教師が学習課題を提供するものであり，学習者が仮説をたててそれを検証しながら法則や概念を発見していく学習方法ともいえる。科学者は自分で問題を発見し，仮説を設定し，検証していく。そしてその結果を別の場面や社会において適用していくのである。発見学習は小さな科学者を育てる教授学習方法なのである。

　発見学習の基本的な方針は次のとおりである。まず第1段階が課題の把握である。問題場面において，解決すべき課題を明確にとらえる段階といえる。問題に接したとき，自分の持つ知識では理解できない，「なぜ」という問題意識がこのあとの思考を推進する動機づけとなる。第2段階が仮説の設定である。すでにわかっていること，知っていること，さらにはそこで得られた新たな情報に基づき，問題解決を予想し，仮説を設定していく。そして第3段階が，仮

説の検証である。仮説を，そこでの事実と照合しながらより洗練された仮説へと導いていく。そして最後の第4段階が発展である。ここでは得た結果を社会の中で実践したり，次の課題を見いだしたりしていく。この過程に関して教師は足場づくりを意識した指導が求められるが，もちろん解決すべき課題が地域社会に根差したものであれば，第4段階の発展において，状況的学習論的な意味合いも含むと考えられよう。

●●● 2. 問題解決学習

　問題解決学習（problem-based learning）とは，学習者の生活や要求に応じ，日常的な生活事態を足場にして，問題解決を行わせ，学習者の諸能力を高めようとする学習方法である。デューイ（Dewey, 1916）の教育哲学をもとに実践的経験を重ねながら現在の形に至っている。人間が問題場面に遭遇したとき，その問題を解決するための思考に焦点を当てた学習指導の過程が重視される。すなわち問題の明確化，問題解決に必要な情報の収集，解決可能な仮説をたてる，多様な仮説の中から適切な仮説を選び出す，実際に仮説をテストして検証する，といった学習過程をたどっていく。しかしその過程は多様で，一定した様式はない。問題解決の対象に左右されるからである。

　問題解決学習は，系統的に知識を提供する授業過程に相対するものである。すなわち，学習者の興味や要求を生かすことを考える。教師は教授者というよりも学習者の理解をうながすファシリテーターである。実社会での問題を扱っている点において，ここでは正統的周辺参加的な意味合いが強いものの，学習者の思考過程への介入も行うことから，問題解決に向けての足場づくりという視点も見て取れるだろう。

●●● 3. 体験学習

　体験学習（experiential learning）とは，教師中心，教科書中心の詰め込み教育に対して，子どもの興味・関心や生活経験に根ざした主体的な学習活動を

重視する学習方法のことである。子どもの自発性を軸とした問題解決的学習活動を通じて，生きて働く知識や技能を形成することを目的としている。21世紀型のスキルや教育観から推測しても，新学習指導要領の中で，中核的な学習方法として推奨されている。

　体験は教育にとって不可欠の要素であるが，一般に，授業において，教育内容としての客観的な知識や技能を子どもに伝達するための手段として，子どもの経験が利用される場合が多い。子どもの日常体験から類推させて新しい知識を獲得させたり，また，見学や観察など子どもの直接的な体験を踏まえて事象の本質を把握させたりする。具体的には，学習主体である子どもが，生活環境に働きかけ，その中から問題を発見し，その問題を解決していく。そしてその中で子どもの経験を質的に高め，学んだ知識を再構成していくように授業を構成・組織するのが体験学習である。学習指導要領で定義される体験活動は，豊かな人間形成（自己形成）にとって重要であるという立場に立って定義されており，総合的な学習の時間ばかりではなく，各教科においても積極的に多く取り上げられている。必ずしも教師による答えが用意されていないことからも，認知的徒弟制の色合いが最も強い指導方法であると考えられる。

6　本章のまとめ

　「主体的・対話的で深い学び」を実現するにあたって，社会や文化の中で知識を再構成していくという社会的構成主義や状況的学習論に基づく，協同学習，発見学習，問題解決学習，体験学習などの教育方法の重要性は増すばかりである。これもひとえに，実社会の中で生きている知識というのは学校の中だけで完結するのではなく，社会や文化の中で意味づけられ，また学習者自らが情報を主体的に意味づけしていかなければならないからであろう。その中で新しい知識を創造し，社会に応用していく。すなわちそれが主体的・対話的で深い学びの実現なのである。今日，学習者（子どもたち）にはこのような能力が学校教育の中で求められ，そしてこれらの能力は学習カリキュラムの中で潜在的に

培われようとしている。

　しかし，だからといってこれまでに学んだ行動主義的な学習（第9章）や認知主義的な学習（第11章）による教育方法がだめだということでは決してない。教える内容の難易度や子どもたちの熟達度，あるいは教育の目標によって，どの教育方法が有効であるかは異なるし，それぞれの立場による学習にはメリットとデメリットが存在し，それはそれぞれに補完し得るものでもある。したがって，最も重要なことは，教育方法に関する幅広い知識を身につけ，それをもとに，教える内容や子どもの状況，教育目標に応じて，柔軟に指導方法を選択するという教師の姿勢ではないだろうか。

第14章

学級集団

1　はじめに

　学級を観察したことはあるだろうか。同じ学年であっても，学級によって授業のやりやすさや学級の雰囲気はまったく異なる。意欲的な子ども，授業に集中できない子ども，立ち歩きをする子ども，多種多様な子どもたちがいる。学級の違いの背景には，教師と子どもたちの人間関係，すなわち相互作用の生じ方に違いがあることに，読者は気づくのではないだろうか。

　本章では「学級集団」を扱う。学級集団の研究は，社会心理学の理論を教育心理学に応用し，発展してきた。そして，現在では発達心理学や学校心理学の視点も導入され，より学級の正確な相互作用のプロセスを明らかにするために研究が進められている。読者は理論を学ぶことで，学級集団の仕組みについて理解することができる。私たちが学級をどのように育成していけばよいのか，多角的な視点から仮説を立てて考えることができる。それでは，「主体的・対話的で深い学び」を実現するために，その土台となる望ましい学級集団のあり方について学んでいこう。

2　学級とは

　学級とは，教育目標を達成するために，同一年齢の児童生徒が集められた集団のことをいう。近年では，わが国では学級の人数について大きな変更があっ

たことは記憶に新しいであろう。令和 3 年 4 月 1 日に施行された改正義務教育標準法によって，小学校の「40 人学級」という学級編制の標準人数を，5 年間かけて計画的に 40 人から定員を引き下げて，「35 人学級」を実現することが決定された。(文部科学省，2021)。こうした学級編成標準人数の引き下げの動きは，学力が向上することが実証的に示されているためである（国立教育政策研究所，2015)。したがって，学級の人数の引き下げは，児童生徒のきめ細やかな教育的ニーズに応じるための有効な教育政策といえるだろう。こうした教育政策の動向も踏まえて，児童生徒の個々の教育的ニーズに着目しながら，教師は学級集団を育成していく必要があるといえよう。それではどのような学級集団を育成するべきなのであろうか。

　学級は児童生徒にとって学校生活で最も身近で基礎的な所属集団である。年間をとおして，学級の仲間と日々の生活をともにする。子どもたちは豊かで規律ある生活を送るために，葛藤や対立を経験する。学級の活動では課題を全員で解決するために，一人ひとりの意見の違いや多様性を大切にしながら，学級で合意形成をする必要がある。必要な役割や仕事を決め，全員で分担して協力してやり遂げることが児童生徒には求められている（文部科学省，2018a，2018b)。つまり，学校生活では，問題や課題が生じることを前提として，それを児童生徒が協力して自分たちでどのように解決していけるかどうかが重要になる。したがって，教師は，学級の児童生徒がお互いの多様性を認めながらも，全員で協力して課題に取り組むような集団づくりが求められているのである。

3　学級集団の特徴

　さて，心理学では，集団を 2 人以上の人々によって形成される集合体として，以下の特徴がある（山口，2021)。①持続的な相互作用，②規範の形成，③成員に共通の目標とその目標達成のための協力関係の存在，④地位や役割の分化とともに全体が統合，⑤外部との境界が意識される，⑥私たちの感情や集団への愛着の存在，である。集団はこれらの 6 つの特徴をすべて有しているわけで

はないが，これらの要素が積みあがることで高度な集団とされる。学級集団は
これら6つの特徴を満たしており，まさしく集団そのものである。

　そして，集団には公式集団（formal group）と非公式集団（informal group）
があり，当然学級にもこの2つの集団の特徴がある。学級は，学校の公的な目
標達成や活動や集団が運営されるために必要な役割（係活動など）が組織化さ
れていることから，公式集団の特徴がある。一方で，さまざまな活動をとおし
て，児童生徒同士の相互作用や相互依存が生まれ，心理的な結びつきによる仲
間集団が学級の中で形成される。学級は公的に組織された集団だけでなく，自
然発生的に生じた非公式集団としての特徴もある。

　学級集団は，①教師と児童生徒で構成される教育的な集団，②教師に人為的
に編成され，年度ごとに編成や解散をくり返すような時間的な特徴があり，③
学級の相互作用をとおして，人格形成および知的発達を促進することが目標と

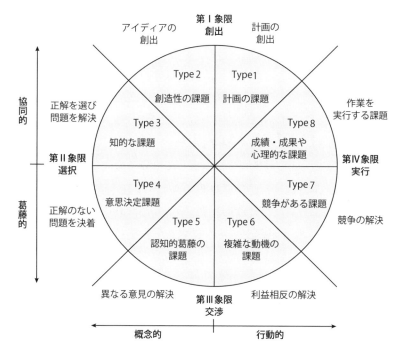

図14-1　課題円環モデル（McGrath, 1984 をもとに作成）

し，④集団の発達の中で，目標に向けて協力して活動に取り組む協同体験の場となる，という特徴がある（たとえば，蘭ら，1996; 柳井・浜名，1979）。こうした集団で取り組む課題について，マクグラス（McGrath, 1984）は，感情の円環モデル（Russell, 1980）にグループダイナミクスの視点を取り入れ，集団における課題の活動を大きく4つの象限に分類した（図14-1）。学級集団ではこうした課題を解決する活動をとおして，個人や集団が発達していくと考えられる。

4 　学級集団の機能

●●● 1．社会的促進と社会的抑制

　学級が教育目標を達成するための集団として機能していれば，構成主義パラダイム（第13章を参照のこと）に基づく教育方法によって，主体的・対話的で深い学びが実現されよう。たとえば，自分以外の意見を聴いたり，一緒に課題を解決することによって，知識の習得や知識の構築が期待されるだろう。仲間と一緒に活動することで活動に没頭することができたり，級友のやり方をモデリング（modeling）によって観察学習ができたり，一生懸命にがんばっている級友から刺激を受けて動機づけが伝播して自分の動機づけが向上する可能性もあるだろう。このように，他者との活動でパフォーマンス（成績や動機づけなど）が向上することを社会的促進（social facilitaion）という（Allport, 1924）。一般的には，取り組みやすい課題やよく学習した課題は，他者の存在によって社会的促進が生じやすい。

　一方，他者が存在していても，課題に対する学習が不十分な場合や課題が難しい場合には，パフォーマンスが低下することがある。また，級友と競争することでストレスを感じる，教師が近くにいることで緊張するなど，他者の評価を気にする評価懸念などが媒介している可能性も示唆されている。このような他者の存在によってパフォーマンスが低下する現象は社会的抑制（social inhibition）という。とくに，一人で課題をするときよりも，集団で課題をするときにパフォーマンスが低下することを社会的手抜き（social loafing）という。リンゲルマン（Ringelmann, M.）の綱引きの実験から始まり，集団のサイズが大きくなることでパフォーマンスが低下することが明らかにされている（Latané et al., 1979）。

　それでは，学級の活動の社会的促進を高めるためにはどうすればよいだろうか。社会的促進を阻害する要因の1つである社会的手抜きの低減について，以下のことが指摘されている（たとえば，Karau & Williams, 1993; Hertel et al., 2000）。①個人の貢献度の識別や評価に関するフィードバックすること，②活動に対する個人の重要度を高めること，③集団への一体感を高めることなどがある。また，協同学習（第13章を参照）の方法も参考になるだろう。教師は望ましい学級集団になるように，社会的促進が生じる学級づくりが必要であるといえるだろう。

●●● 2. 集団規範

　集団に所属する個人は，同じような習慣を持ち，似たような行動様式を持っている。集団ではどのような行動をすることが適切で，どのような行動をすると問題があるのかという判断の基準が共有されている。このような認知的な枠組みや行動様式が集団規範（group norm）である。学級には，授業のときの発表の仕方や，列の並び方など，児童生徒が学級で生活するために課せられるさまざまなルールがある。このルールが集団規範である。校則のような明文化されたルールもあるが，非公式の暗黙のルールもある。集団規範は，行動を方向づけたり，相互作用の型を規定する。児童生徒がルールを守ることで，その集団の一員であるという意識が維持されるのである。また，このような特徴を有する集団規範を測定する方法として，リターン・ポテンシャル・モデル（return potential model）があり（Jackson, 1965），教育分野ではいじめや私語などの問題行動の規定要因として研究されている。

　それでは集団規範はどのように作ればよいのだろうか。集団規範づくりについ

いて，以下の4つのステップがある（吉田，2001）。

①自分たちの規範の現状を知る：自分たちの行動を振り返る。日頃の行動や態度で規制されている集団規範を探す。また，どのような常識で行動しているかを考える。

②メンバー全員が規範の現状を意識する：規範について，メンバー全員がそのような規範があること納得して改善を考えることが必要になる。

③望ましい規範を作る具体的方法を考える：メンバー全員が参加して規範を考える機会を作り，自発性を重視した雰囲気づくりをする。

④考えられた方法を実行する：リーダーが決めたことを先頭に立って実行することで，メンバーも自分たちが決めた行動目標を実行することができる。

　したがって，集団規範すなわち学級のルールについて，児童生徒自身が考えるような機会を教師が支援することで，学級の活動の内在化が進み，一緒に協力しようという動機づけが高まるだろう。

●●●　3．集団凝集性

　学級集団は，相互依存関係にある児童生徒が，相互作用をしながら共通の目標に向けて役割を果たしていくという特徴がある。個人では達成することが難しい目標でも，他者がいることで学びが深まる（第13章を参照）。主体的・対話的で深い学びの実現のためにも，教師は児童生徒がその学級集団に所属していたいと思えるような集団を育成していく必要がある。このような自分の集団に留まらせるように働く力の総体を集団凝集性（group cohesiveness）という（Festinger et al., 1950）。

　集団凝集性が高い集団の児童生徒は，集団の一員としての自覚が高く，誇りを持ち，相互に援助し合い，協同的な行動をして，良好な人間関係を築く傾向がある。集団凝集性が高まる条件として，①児童生徒の満足度を高める，②集団内の協力関係をつくる，③自由に相互作用ができる，④目標達成の方法が明確である，⑤メンバー同士が類似している，⑥集団の中で自分の役割がある，目標を持っている，⑦共通の目標を持っている，⑧集団の社会的評価が高い，

などがある。一方，凝集性が低くなる条件として，①グループの意見の調整が
うまくいかず，意見が一致しない，②集団の中で失敗したりなど嫌な経験をす
ることが多い，③集団内のコミュニケーションが不十分，などがある。

　集団凝集性が高いと集団規範が児童生徒の行動に強い影響を及ぼす。そのた
め，集団凝集性が高いと学級がまとまり授業もしやすくなるが，集団凝集性が
低いと学級にまとまりがなく，主体的・対話的で深い学びを実現することが難
しくなる。このように，集団凝集性が高い学級では対人関係が親密になり，積
極的に学級の活動に参加し，成熟した集団になると考えられる。

●●●　4.　同調

　児童生徒は他者と比較を行うことで，その学級の中で適応していこうとす
る。フェスティンガー（Festinger, 1954）による社会的比較理論では，自己の
不確かさを低減するために他者と比較して正確な自己評価をしようとするこ
とで，自己の要求水準や目標を変えたりする。社会的比較の影響として同調
（conformity）がある。同調とは，まわりと同じような行動をしたり，同じ意
見を言ったりすることである。アッシュ（Ash, 1951）による同調行動の実験
は3つの線分（比較刺激）から，別の図で示された同じ長さの線分（標準刺激）
を選ぶという課題であった。ただし，8名のうち実験参加者の一人を除いた全
員がサクラ（実験協力者）で，実験者からの指示で同じ誤答を故意にくり返した。
その結果，実験参加者はサクラの7名と同じような誤答をしたのである。年齢
では，同調は11 ～ 13歳で最も多く，その後ゆるやかに下降することが示され
ている（Costanzo & Shaw, 1966）。

　同調には，規範的影響と情報的影響による動機づけの違いがある（Deutsch
& Gerard, 1955）。規範的影響（normative social influence）とは，他者や集団
からの承認や支持を求め，罰や逸脱を避けたいという動機づけから，集団規範
に沿った行動をすることである。情報的影響(informational social influence)は，
他者や集団の意見や判断を受容して，より正確な判断をしたいという動機づけ
から，より集団に適切な行動をすることである。また，同調は集団凝集性が高

くなることでも同調が生じやすくなる。

　これらのことから，児童生徒が集団規範に沿った行動ができるように，規範的影響を意識した学級づくりが基本となるだろう。学級づくりにおいて，同調がすべて問題なのではなく，集団凝集性を高めながら，どのように児童生徒を集団規範に同調させるかということが重要になる。学級の中に，ポジティブな同調（たとえば，諸活動に対して意欲的に取り組む，良好な人間関係を形成，維持する，多様性を認めるなど）が発生することで，望ましい学級集団が作られるだろう。児童生徒が集団規範を内在化できるように，教師の考えをおしつけるのではなく，児童生徒の意見を取り上げ，児童生徒と一緒に望ましい集団規範を作っていく必要があるだろう。教師は学級集団が正の方向性に発達するように，集団凝集性を高めながらどのような集団規範の内在化を児童生徒にうながすのか，その力量が問われるといえるだろう。

5　学級の集団発達

　集団凝集性が高まるとどのように集団は変化していくのだろうか。児童生徒の成長に発達段階があるように，集団にも発達段階のように集団発達（group development）がある。集団発達とは，集団が成熟して崩壊するまでに生じる構造的な変化や集団のメンバーの心理的な変化のことである。

　タックマン（Tuckman, 1965; Tuckman & Jensen, 1977）は，凝集性の高さに着目した集団発達のモデルを提唱した。集団構造と課題活動の2つの領域で集団の発達を示した。メンバー間の対立や葛藤の人間関係に関する集団構造と課題を達成するための課題活動の2つである。学級の集団発達についてタックマンのモデルを援用し整理すると表14-1のようになる。なお，集団構造の発達について，広田（1958）が児童は横の人間関係から縦の人間関係を経て小集団としてまとまり，小集団の対立を経て大きな集団としてまとまり，教師から自立していくというプロセスを示している。具体的には，孤立探求期，水平分化期，垂直的分化期，部分集団形成期，集団統合期の6つの発達段階がある。

表 14-1　学級の集団発達

集団発達段階	集団構造および課題活動の特徴
形成期（Forming）	新しい学級へ順応するために不安と緊張を感じやすい。どのような対人行動が受け入れられるのか，関わりについて模索し，教師および児童生徒間の相互依存関係を確立しようとする。
混乱期（Storming）	意見や価値観の相違から人間関係の対立や葛藤などが生じる。学級からの要求にネガティブな感情を表出したり，反発しようとする。
規範期（Norming）	混乱期の危機を乗り越え，集団目標が明確になり，集団規範が確立される。学級に一体感が生まれ，相互作用が促進し，学級が安定する。
遂行期（Performing）	集団として成熟し，機能的な役割関係が構築され，集団凝集性が高い。親密な関係が形成され，相互理解に基づいてお互いに協力し，課題の達成に効果的に行動する。
散会期（Adjourning）	年度末になり，学級が解散することで，学級内の相互依存関係が終結する。

　一方，蘭ら（1996）は教師の行動に着目し，教師の活動，個人への対応，学級集団への対応の3つの領域から学級の集団発達のモデルを提唱した。以下の4つのプロセスで整理される。

❶学級導入期（教師主導期）

　学級が開始されるため，新しく出会った教師や級友と慣れることが課題になる。教師は学級の様子を把握しながら，期待や願いを伝え，学級をまとめる方向で動機づけを高めながら，リーダーの育成などを行う。

❷学級形成期（教師主導潜在期）

　教師の主導によって，児童生徒とともに学級づくりのための生活ルールを確立しながら，子どもたち同士の仲間づくり行う。学級目標の合意形成を働きかけ，班や係などの役割を決定して，学級集団を育成していく。その過程のさまざまな場面で，教師は子どもとの信頼関係や子ども同士の信頼関係を作るなど，学級のシステムづくりを行う。

❸学級安定期・変革期（児童生徒主導への移行期）

　学級集団を自立化するために，児童生徒による積極的な学習や生活の活動が展開される。教師は児童生徒が安心して活動に従事できるように目標を決めて実行し，その評価をくり返すことで学習させ，教師から児童生徒へ活動の主導

権を委任していく。協同的な問題解決の経験を重ねさせながら，児童生徒の価値観や学級集団の規範について再考させ，たえず学級規範の再構築を図る。

❹学級定着期（児童生徒主導・教師相談役）

　この時期では，学年末の学級解散に向けて，児童生徒の自立が課題となる。児童生徒が学級集団の一員として役割や存在の自覚をうながし，自分で選択した価値の検討を行わせる。教師は指導よりも援助することが求められ，児童生徒が学級集団を支えにして教師から自立できるようにしていく。

　集団発達の視点は，学級集団づくりをするうえで，児童生徒の能力を伸ばしていくような開発的な支援の視点を得ることができるだろう。しかしながら，集団の発達を踏まえると，対立や葛藤によって問題が生じることは避けることができない。問題を未然に防ぐことも重要である。なぜ学級で問題が生じるのだろうか。学級の問題が生じる潜在的な特徴について，以下の6つの次元がある（Doyle, 1986）。

①教室の多次元性：教室では授業に代表されるような学業的活動，学校や学級の社会的活動，友だちとのコミュニケーションや遊びなど，あらゆる活動の場となっている。

②同時性：教室では，多くのことが同時に起こっている。あるグループは机で書いていたり，ある子どもは教師と話していたりなど，同時並行で進んでいる。

③即時性：教室では突発的に問題が生じたりするので迅速な対応が必要になる。

④予測不可能性：その日の活動を計画し，組織化された環境でも，予想できない出来事が生じることが多い。

⑤公共性：教室は公共の場所であり，ルールの指導，予期しない出来事などに対する教師の対応は，児童生徒から観察される環境にある。

⑥歴史性：児童生徒は年度初めに教師がルールに関することについてどのように対応したかを覚えている。

　このように，学級の6つの次元の空間的な特徴によって，さまざまな出来事や問題が生じる。したがって，教師による年度初めの数週間のうちに学級のル

ールを設定することや公平に児童生徒に対応したりするなど，予防開発的な視点を持ち，説得的なコミュニケーションで対応していくことが重要であるといえるだろう。

6　学級集団を発達させる教師の関わり

●●● 1. リーダーシップ

　よりよい学級集団を発達させるために，教師がどのような働きかけをすることが有効なのであろうか。教師は教育目標達成のために，児童生徒の行動を導く役割がある。学習指導をしたり，生活指導をしたりして，学級の活動ができるようにリーダーシップ（leadership）を発揮していく。リーダーシップとは，集団の維持，強化，目標達成に導くための能力や行動である。リーダーシップには，権威的（authoritarian），民主的（democratic），放任的（laissez faire）の 3 つのリーダーシップがあり，それぞれの特徴は表 14-2 に示したとおりである（Lewin et al., 1939）。

　教師のリーダーシップは，三隅による PM 理論による研究が多く検討されてきた。三隅ら（1977）は，「生活・学習における訓練・しつけ」，「社会性・道徳性の訓練・しつけ」の 2 因子を P 機能（Performance function; 目標達成機能），「教師の児童に対する配慮」，「教師の児童への親近性」，「学習場面における緊張緩和」の 3 因子を M 機能（Maintenance function; 集団維持機能）として見いだし，この 2 つの機能によって指導行動を類型化している（図 14-2）。モラールの「学級の連帯性」において PM 型，pM 型，Pm 型，pm 型の順に高く，「学校不満」において P 型が最も高い。強い M 機能に強い P 機能が結合するときに学級意識や学級雰囲気に対する潜在的な影響力が大きくなる（佐藤・篠原，1976）。そのため，PM 型の教師のリーダーシップが望ましいといえる。しかしながら，どちらか一方だけでなく，状況に応じて柔軟にリーダーシップを児童生徒に伝わるように発揮していくことが重要であると考えられる。

表 14-2　リーダーシップ行動のタイプ（Lewin et al., 1939 をもとに作成）

	権威的リーダーシップ	民主的リーダーシップ	放任的リーダーシップ
方針の決定	リーダーがすべて	集団の決議で決め，指導者は補佐	リーダーはできるだけ関与しないで個人に任せる
仕事の見通し	すべてリーダーが指示するため，作業全体の見通しがない	話し合って決めるため，仕事の見通しを立てられる	材料を与えるだけで，メンバーの話合いには加わらない
仕事の分担	すべてリーダーが指示して決める	グループに任せ，仕事相手もメンバーが自由に選ぶ	リーダーはまったく関与しない
メンバーの仕事に対する評価	主観的な評価	ほめることは即時に行うが，客観的に評価をする	ほめることも叱ることもしない

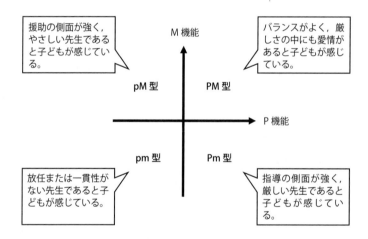

図 14-2　PM 理論による集団機能のタイプ（三隅，1978 をもとに作成）

●●● 2. 教師期待効果

　児童生徒の学級の行動や学業成績に影響を与える教師要因の1つとして，教師期待効果（teacher expectation effect）がある。教師期待効果は，ピグマリオン効果（Pygmalion effect）やローゼンタール効果（Rosenthal effect）とも呼ばれる。児童生徒の能力に対して教師が期待することで能力が向上することである。教師が期待を持つことで対象の児童生徒に対する関わりが増え，教師の期待する方向へと動機づけられる（Brophy & Good, 1974）。ローゼンタールとジェイコブソン（Rosenthal & Jacobson, 1968）の実験は，児童を対象に知能検査を実施した。その際，教師には今後能力が伸びる児童を伝えたが，実際は無作為にランダムに選ばれた児童であった。そのため，児童による能力の違いに差はなかった。その結果，低学年において，教師期待効果が示されたのである。

　一方，教師期待効果はネガティブに働くこともある。教師が児童生徒に対して問題があると否定的にとらえることで成績が下がることをゴーレム効果（golem effect）という。このように，教師による児童生徒に対する認知的な評価が児童生徒の相互作用に対してポジティブにもネガティブにも影響を与えるのである。

7　学級風土

　さて，「自分の学級は明るい」のように，学級は集団であるにもかかわらず，個人の性格として表現したことはないだろうか。学級は集団規範が形成され，凝集性が高まると，その学級独自の雰囲気が強くなる。リーダーシップなどの教師の関わりによって学級がうまくいくかどうかは，教師が作り出す独特の雰囲気である社会的風土（social climate）に影響され（Lewin, et al., 1939），学級独自の雰囲気を学級風土（classroom climate）という。

　学級風土は，学級が持つ雰囲気や個性というマクロ的な視点で記述される学

級の場の性格を意味する（伊藤・松井，1998）。学級風土は，集団規範や凝集性だけでなく，学級内の人間関係，教師の指導方法や学級運営，教室の物理的環境などの影響を受ける。教師と子ども，子ども同士の人間関係が土台となって，学級風土が形成され，それによって学校生活における児童生徒の行動が規定されるのである。

表 14-3　相互作用による教育の枠組み （Hamre et al., 2013 をもとに作成）

領域	次元	記述
情動的支援	肯定的雰囲気	学級全体や教師と子どもの関係性における肯定的な情動状態
	否定的雰囲気	学級全体や教師と子どもの間における攻撃性などの否定的な情動表出のレベル
	教師の敏感さ	子どもの学業達成や情動に対する気づきやニーズに対する教師の応答
	子ども視点への配慮	一方的な教師主導ではなく，子どもの興味・関心，動機づけを重視した学級活動や子どもと教師の関わりをどの程度しているか
	過剰なコントロール	子どもの興味やニーズを犠牲にして厳格に管理されている程度
学級の組織化	行動マネジメント	行動の問題に費やす時間を最小限にし，明確な行動の期待を示すことで，不適切な行動に対する予防や修正するための効果的な方法を使える教師の能力
	生産性	子どもが学ぶ機会を最大限確保するために，授業時間やルーティンの管理についてどれほど深く考えているか
	学習形態	興味深い活動，教育，教材を提供することで，教師が子どもの学習能力やエンゲージメントをどの程度最大化しているか
	学級の乱れ	学級崩壊や学級の荒れが進行するような，学級で教師が非効率的に子どもを管理している程度
教育的支援	概念の発達	暗記や事実に基づく学習を重視するのではなく，教育的な議論や活動が子どもの高次思考スキルをどの程度促進しているか
	フィードバックの質	正しさや最終成果（総括的評価）ではなく，学習と理解の拡大（形成的評価）を重視した教師によるフィードバックの提供について考慮しているか
	言語モデリング	子どもと個人，小グループ，大グループの相互作用をとおして，言語刺激や言語促進技術をどのくらいの質や量で教師が活用しているか
	教育方法の豊富さ	より深く，より複雑なレベルでの，教材に対する子どもの考えや理解を促進するために，さまざまな方略をどのくらい活用しているか

　近年，学級風土の研究は，ブロフェンブレナー（Bronfenbrenner & Ceci, 1994; Bronfenbrenner & Morris, 2006）の生物生態学モデル（Bioecological model）を理論的枠組みとして，個人と環境の相互作用を重視した多次元性が強調されている。環境の質によって個人の潜在的可能性が引き出されるような相互作用のプロセスを強調した，人間発達におけるエピジェネティック（epigenetic）な視点である。具体的には，情動的支援（emotional support），学級の組織化（classroom organization），教育的支援（instructional support）の3つの領域が明らかにされており，表14-3に示したとおりである（Hamre et al., 2013）。

　したがって，学級は，児童生徒同士，教師との相互作用が長期にわたって連続的に生じることから，児童生徒の発達課題の達成を促進させる最適な環境であるといえるだろう。

8　学級アセスメント

　それでは，学級集団の発達の状態やあるいは集団内の力動関係などを把握するためには，どのような方法があるのであろうか。ここでは，代表的な方法として，ソシオメトリックテスト，ゲス・フー・テスト，学級風土尺度，Q-Uを取り上げる。

(1) ソシオメトリックテスト

　モレノ（Moreno, 1934）は，集団の成員同士にみられる選択（好意）と排斥（嫌悪）の感情をもとに集団構造を把握するソシオメトリーを体系化した。その測定方法として，ソシオメトリックテスト（sociometric test）を考案している。遊びや学習場面を想定し，選択基準として「好きな友だち」や「一緒にいたくない友だち」などがある。

　実施には十分な配慮が必要になり，一般的には次の条件を指定して実施される。①選択だけにするか，排斥も答えさせるか，②指名人数を何人にするか，

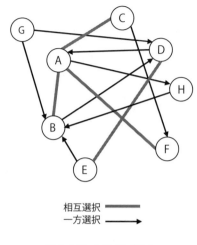

相互選択 ━━━━━
一方選択 ────→

図14-3 ソシオグラム

③所属集団内にするか，集団外も含めるか，④どのような場面を想定するか，
⑤結果の秘密保持，である。

　排斥の判断をするときの負の影響が懸念されるため，倫理的配慮のために
好意だけを指定されたりもする。データはソシオグラムとしてまとめられる
（図14-3）。1980年ぐらいまで，座席やグループ決めに活用されていたが（保田,
2016），現在の日本では，ソシオメトリックテストが活用されることはほとん
どない。集団内の構造を可視化できるが，倫理的な観点から慎重に実施する必
要性や指定する人数が増えると手動での集計に時間がかかる問題がある。

　なお，研究ではソシオグラムが社会的ネットワークの研究として社会現象を
説明するための研究分野として発展し（Borgatti et al., 2009），グラフ理論を
もとにネットワーク分析の方法が確立され（Freeman, 2004），学級の児童生
徒の関係性に関する生態学的妥当性に着目した研究を可能にした。

(2) ゲス・フー・テスト

　ハーツホーン（Hartshorne, H.）によって考案された，子ども同士の人物評
価を知ることができるテストがゲス・フー・テスト（guess who technique /

test）である。パーソナリティーや行動的特徴を例示し，学級内の社会的地位の高さを把握することができる。これによってソシオメトリックテストの結果と同様に，子ども達の人間関係を把握することができる。

(3) その他の質問紙尺度

伊藤・宇佐美（2017）は，モース（Moos, 1979）の理論的枠組みを援用して，新版中学生用学級風土尺度を作成している。この尺度は，図 14-4 に示したようにさまざまな要因から構成されているが，それらは大きく分けて，「関係性」，「個人発達と目標志向」，「組織の維持と変化」といった 3 つの領域に分類される。そして図 14-4 に例示した A 学級は，学習や規律が高くトラブルも低いことから，学級が安定していると解釈される。一方，リーダーの得点が低く，級友への自己開示や協力で男女差が示されていることから，学級をまとめるリーダーや男女の認識に課題を見いだすことができる。そのため，リーダーを育てることや女子に対する支援として，教師による自己開示をモデルとし，活動をとおして男女の自己開示をうながす指導やリーダーシップのスキルを指導するとい

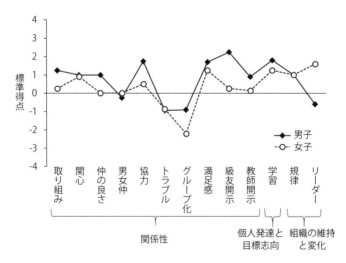

図 14-4　A 学級の特徴（伊藤・宇佐美，2017 をもとに作成）

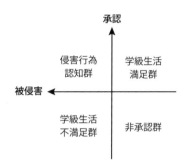

図 14-5　Q-U の 4 群の特徴（河村，1999 をもとに作成）

う学級集団を育成する方向性が考えられる。このように，学級風土という観点
から学級を多面的に詳細に把握することができ，教師が実践的に活用できるこ
とを可能にしている。

　また，Q-U（Questionnaire Utilities）は，児童生徒の学級生活の満足度を
把握するために，学級満足度尺度と学校生活意欲尺度で構成される（河村，
2006）。河村（1999）によって作成され，いじめや不登校の可能性を早期に発
見するために作成され，承認得点と被侵害得点の 2 軸で類型化される（図 14-
5）。Q-U は現在の教育現場で，学校のいじめや不登校などの学校適応の問題に
対して，学校生活満足度という視点を導入した教育実践が学校レベルや行政レ
ベルで展開されている。

　その他にもさまざまな尺度が開発されているが，それは各研究者の固有の視
点を反映したものであり，どの観点から学級をとらえるのかによって使用され
る尺度は異なる。

9　学級集団づくりに活かすために

　子どもは，自分から学級を選択することはできない。教師や級友との出会い
は運命だろう。学級は社会化するための重要な集団であり，主体的・対話的で

深い学びを実現するためのフィールドとなる。学級の出来事は，子どもにとって楽しいことばかりだけではない。集団の理論を踏まえれば，葛藤や対立が生じ，学級は日々何らかの大なり小なりのトラブルが生じることがあたりまえという意識が必要だろう。問題解決をするにあたり，教師が人格発達のための課題としてとらえることで，Society 5.0 で求められる人材に必要な生き抜くために必要な学びの1つとして位置づけられよう。教師の支援によって，精神的に成長し，レジリエンス（resilience）を築くことにもなるだろう。児童生徒が能動的な学び手になるように教師は学級を導くだけでなく，学びの支援者としての役割も担うことが求められているのである。

　生物心理社会モデル（Engel, 1977）や国際生活機能分類（ICF）はブロフェンブレナーの生態学的システム理論の影響を受けており，個人と環境の相互作用の視点を導入している。学級の中で多様な子どもたちを受容していくためには，これまでの学級集団の理論を土台として，集団と子どもとのミクロな相互作用にも着目していく必要がある。したがって，学級集団の実態を把握し，円環的な相互作用の視点からの学級集団づくりが重要になると考えられる。

第15章

教育評価のあり方

1 教育評価の概要

●●● 1. 教育評価のとらえ方

　本章の解説に先立ち，日常的にも目や耳にすることの多い教育評価という用語を明確にしておく必要がある。「教育評価」とはどのようなものか尋ねた場合，読者の多くがこれまで各学校段階で経験してきた「テスト」や「通知表」などを考えるのではないだろうか。あるいは，児童生徒の能力を選別や序列化するものと考えている可能性もある。佐藤（2002）は，評価が他者に対する値踏みと考える「評定主義の誤解」，評価が問題になるのは一定の教育活動の後のみと考える「結果主義の誤解」という2つの教育評価に対する誤解があると指摘している。こうした誤解は，教育評価のとらえ方に支障をきたす。本来，教育評価は，教育に関する事象の実態を把握して解釈や価値判断および教育実践に活用する総体を意味する。しかし，教育に関する事象は多種多様であるため，教育評価の目的や対象は多岐にわたる。具体的には，児童生徒の学習に対する評価，教育課程評価，教員評価や学校評価，そして全国学力・学習状況調査なども教育評価に含まれる。つまり，教育評価は，児童生徒や教師，保護者だけでなく，学校や行政機関そして社会全体にわたり注目を集めている。そのため，教育実践の一翼を担う者は，改めて教育評価のとらえ方を理解しておく必要がある。

　「評価」という用語は，異なる意味を持つ「測定」と混同され，そのこと

が誤解を招く要因ともなる。測定（measurement）は，事象の実態を把握し，何らかの規則に基づき数値的なデータなどで記述することであり，そこには解釈や価値判断は含まない。一方，評価（evaluation）は，測定された結果に対して何らかの解釈や価値判断を含む。この違いを学校のテストで考えれば，Aさんの国語のテストを採点して 90 点という数値的なデータで記述することが測定であり，測定された 90 点に対してクラスや学年の平均点や偏差値を求め，学力の程度を解釈することが評価である。つまり，教育評価は，測定から評価を経るものととらえられる。

2. 教育評価の起源と現在

　20 世紀初頭のアメリカでは，教育測定運動が生まれ，多様な客観テストが開発された。このことは，知能や学力など教育に関する事象をすべて量的に測ることができるという考え方に基づいている。天野（1993）によれば，1930年代に教育測定運動は批判され，子どもの能力を客観的に測定し教育的に働きかける過程，結果を評価し改善への情報を得ようとする考え方が出現した。この考え方は，教育評価（evaluation）という概念を土台としている。日本では，第二次世界大戦以降に evaluation を翻訳した教育評価の考え方が導入され，現在の基礎が形づくられた。つまり，教育評価の原義には，測定された内容を子どものための教育実践に活用しようとする考え方があることを認識する必要がある。

　近年の欧米での教育評価研究では，教育評価の原語にエバリュエーション（evaluation）だけでなくアセスメント（assessment）も使用されることが多い。田中（2008）は，①同意語としての使用，②アセスメントを多角的な視点から多様な評価方法により評価資料を収集すること，エバリュエーションをアセスメントにより得られた資料から教育実践の目標に照らし到達度を価値判断する行為およびそれに基づき改善の方策を打ち出す行為の各機能を区別しての使用，③エバリュエーションの意味や意義が時代とともに薄れ標準テストなどを連想させる用語になっている現状から原義や真正の評価などの新しい教育評価

の動向を反映しての使用の3つがあるとしている。また，アセスメントは特別支援教育や教育相談の中でも使用されている。そのため，教育評価がどのような意味で使用されているかに留意する必要がある。

●●● 3. 教育評価のプロセス

　教育評価は，目的に応じた教育事象の実態把握と記述を行う測定，測定された結果の解釈や価値判断を行う評価だけでなく，教育目標の実現に向けた次の教育実践の判断や改善を行うプロセスである。たとえば，教師は，各学校の目標を達成するための教育課程，年や学期単位のものから単元や本時までの指導計画を立案したうえで教育実践に臨む。そのため，教師は，指導計画に基づく教育実践を教育評価のプロセスの中で検証し，次の指導計画への改善に活用する必要がある。つまり，教育評価のプロセスは，評価単独でなく，教育目標や教育実践を踏まえた総体であり，1つの循環構造となる。図15-1は，評価の目的に基づき構成され，測定と評価が実施され，次の教育実践の判断や改善に活用する教育評価のプロセスを整理したものである。

　図15-1からも明らかだが，教育事象の実態把握と記述を行う測定の段階が正確になされなければ，評価を見誤る。そのため，実施者の主観が測定に反映されない客観性，くり返し測定を行った際にほぼ同一の結果が得られる測定結果の安定性を示す信頼性，測定したいものを正しく測定できているのかを示す

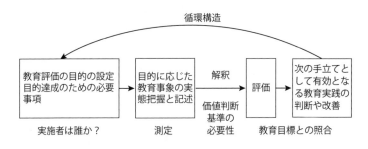

図 15-1　教育評価のプロセス（筆者作成）

妥当性といった 3 つを備えていることが望ましい。また，評価以降の段階では，次の手立てとして有効となる教育実践の判断や改善が求められる。

2 学習評価の基本的な考え方

　適切な教育評価実現のためには，目的に応じた教育評価の時期や役割の理解が必要となる。教育評価は，時期や役割の視点から，診断的評価，形成的評価，総括的評価に区分される（Bloom et al., 1971）。しかし，学校での教育活動の中では，教師は日々の児童生徒の学習に最も注意を払う。学習評価は，学校での教育活動における児童生徒の学習状況を測定および評価するものである。つまり，学習評価は，教師にとっては指導と評価の一体化だけでなく教育課程評価や説明責任につながり，児童生徒にとっては自己教育力や自己評価能力の育成につながる。そのため，学習評価は教育評価の中でも極めて重要であり，教育課程や教師自身の指導方法だけでなく児童生徒の学習改善に寄与する。本節では，教育評価の中でも学習評価に焦点を置き，学習評価の時期や役割，解釈や判断を行うための基準などの基本的な考え方を解説する。

●●● 1．学習評価の時期や役割

　学習評価は，機械的に単元や学期の終わりにだけ行えばよいものではなく，目的に応じた評価の時期を考える必要がある。まず，診断的評価は，教育活動を開始する前に児童生徒の学習の前提となる状態（学習レディネス）を把握することを目的として行う。具体的には，新しい単元，学期，学年，入学や授業開始時などに児童生徒の知能などの特性，学習の前提となる知識の習熟度を把握することが該当する。診断的評価は，授業時には児童生徒のグループ編成，入学や新しい学年時には長期的な視野を備えた指導計画などを検討するうえで有効な資源として活用できる。

　形成的評価は，授業などの学習過程の中で児童生徒がどの程度学習内容を理

解し，どの部分につまずいているのか把握することを目的として行う。具体的には，授業中や小単元後に実施する小テスト，机間指導やノートの確認をとおして児童生徒の学習状態を把握し指導計画の改善や修正に役立てることが該当する。形成的評価は，補い授業の設定や宿題の内容，そして授業内容の修正を検討するうえで有効な資源として活用できる。指導案の評価計画に基づき児童生徒の姿を判断し次の指導の改善を考えることは，形成的評価に該当する。形成的評価は，役割の観点から指導に活用できる評価であるため，3つの評価の中でも近年とくに注目されている。ハッティ（Hattie, 2009）は，形成的評価が学年段階，指導の期間，テストの頻度などを問わず効果的であること，教師自身の判断よりデータやエビデンスに基づく場合のほうが効果的であることを示している。

　総括的評価は，学習活動が一段落した時期に全体的な成果を把握することを目的として行う。具体的には，単元終了時や学期・学年末に教育目標をどれだけ達成できたのかを把握する成績評価や単位認定などが該当する。なお，教師は，成績評価を児童生徒の学びの改善だけでなく，教師自身の指導方法を改善する資源の1つとして活用することが重要となる。

　授業の小単元での進行過程に沿った診断的評価，形成的評価，総括的評価の概要および指導と評価の枠組みは，図15-2のように整理できる。

　教師は計画した学習評価を時期に応じて形式的に実施するだけではなく，目の前の児童生徒の姿を臨機応変かつ多面的に把握することも求められる。奈須（1996）は，「つける」と「みとり」の側面があることを指摘している。「つける」は，指導要録や通知表などをつけるものであり，「みとり」は，日々の学校生

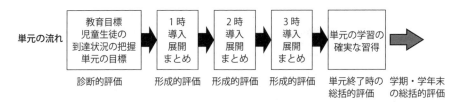

図15-2　診断的評価，形成的評価，総括的評価の概要および指導と評価の枠組み

活の中で一人ひとりの子ども知り，その子の学習・生活を支援するためにみとるものである。つまり，教師による「みとり」の多面的な実施は，今後の児童生徒の学びを支援するうえで多くの資源を獲得できる。それでは，多面的に測定された結果は，どのように解釈すればよいのか解説する。

●●● 2. 学習評価のものさし

　学習評価を実施するためには，当然のことながら何らかの「ものさし」となる基準が必要となる。学習評価は，基準により相対評価と絶対評価の2つに整理できる。相対評価は，評価対象となる個人の所属する学習集団のどのあたりに位置しているかを基準に解釈を行う。最も単純な相対評価は，順位がある。何人中何位という順位は，当該児童生徒の位置関係を表せる。しかし，ひとりを除き全員が0点という極端な場合は，全員が2位となる。そのため，分布という考え方を用いて解釈を行う。テストの成績などは，データ数が大きくなるにつれ，一般に図15-3のような分布曲線を描き，正規分布と呼ばれる。

　相対評価は，正規分布を仮定し，平均値や偏差値に基づき個々の児童生徒の学習活動の成果の良し悪しの評価を行うため，評価者の主観を除いたうえで基準を設定することが容易であり，解釈も簡便である。そのため，集団に準拠した評価（集団準拠評価）とも呼ばれる。なお，相対評価は，所属集団内での位置づけだけでなく，各評価段階に一定の割合の人数枠を設け，相対的な位置を表示する。図15-3の正規分布のように集団を仮定できる場合には，上位7％が偏差値65以上，5段階評価の「5」という評価の基準となる。しかし，相対評価は，評価対象となった所属集団内での位置づけでしかないため，所属集団により評価が変わること，所属集団間の学力差が反映されない問題もある。また，相対評価は，所属集団内での位置づけにより序列が決まる。そのため，選抜を目的とする場合は，利点があるものの所属集団での児童生徒の努力が結果に反映されにくい問題もある。

　絶対評価は，教育目標の評価基準を設定し，基準に対してどの程度到達したかの程度の解釈を行う。そのため，相対評価と異なり，各段階の配分比率は自

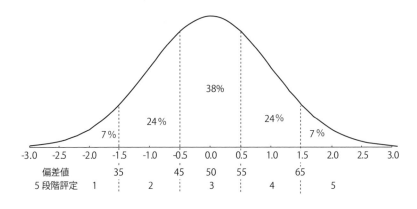

図 15-3　正規分布とものさしの関係

由に決められ，全員が設定された評価基準を超えれば全員を5段階評価の「5」
や「合格」とすることも可能となる。絶対評価は，目標を評価基準とし，目標
到達度を評価する評価方法である。そのため，目標に準拠した評価（目標準拠
評価）とも呼ばれる。「目標に準拠した評価」は，「規準（criterion）」と「基
準（standard）」の2つのキジュンを考える必要がある。一般に教育界では，「規
準」を「のりじゅん」とし，「基準」を「もとじゅん」としている。評価規準は，
学習目標を具体的に文章表記したものであり，児童生徒が身につけるべき資質・
能力を質的にとらえるよりどころとなる。一方，評価基準は，それぞれの評価
規準で示した資質・能力をどの程度まで習得しているのかをより具体的に数値
や記号，文章表記で明示するものであり，判断基準という用語が用いられる場
合もある。具体的には，「十分に満足できる（A）」，「おおむね満足できる（B）」，
「努力を要する（C）」の3段階などの量的にとらえるものである。
　なお，絶対評価は，古くは評価基準が明確になされておらず，評価者側とな
る教師の主観により判断がなされる問題もみられた。このような評価は，主観
的評価となり客観性が乏しく，評価基準次第で優劣が確定する問題もある。そ
のため，評価基準の設定は，詳しく具体的に設定することが教師に求められる。
絶対評価の持つ問題点克服のためには，評価結果を指導の改善に活かす仕組み
が必要であった。日本の学習評価の歴史では，客観性を得るための具体的な到

達目標を設定し，それにどの程度到達したかを評価する到達度評価が開発された。つまり，到達度評価の特徴は，到達目標を基準としてそれに到達しているか評価を行うことにある。

　児童生徒個々人の変化に着目して評価する個人内評価もある。個人内評価は，個々人の測定結果を個々に設定された評価基準に基づき解釈を行う。個人内評価は，横断的個人内評価と縦断的個人内評価の２つに分類される。横断的個人内評価は，複数の教科の測定結果を比べて当該児童生徒の得意な教科と苦手な教科を評価する。一方，縦断的個人内評価は，当該児童生徒の過去と現在の測定結果を比べて当該児童生徒がどの程度変化したのかを評価する。個人内評価は，児童生徒個人の中でどのような特徴や成長がみられたかを評価するのに適しており，個に応じた指導を考えるうえで有効な評価方法である。しかし，横断的個人内評価と縦断的個人内評価に共通する事柄だが，複数の測定結果を比較する場合にはそれぞれの基準の差異に留意しなければならない。

●●● 3. 学習評価の実施者

　学習評価は，測定や評価の実施者が誰によるかで他者評価と自己評価に分類できる。他者評価は，他者が実施者となり対象の学習評価を実施する。そのため，教師の児童生徒に対する学習評価も他者評価に該当する。しかし，学習活動時には，「友だちのよいところを見つけてみよう」なども実施される。すなわち，学習評価の実施者は教師だけでなく，学級の他の児童生徒も実施者となる。また，対象は，ひとりの児童生徒だけでなく他の班やグループとなる場合もある。

　一方，自己評価は，児童生徒自身が実施者となり学習を振り返り評価を行う。そのため，自己評価は，自分の学習活動を点検し改善を行うことが求められる。自分自身で点検し改善を行う指針を得るためには，自分の学習活動の実態を具体的に把握する自己評価が必要となる。自己評価活動を支えるためには，評価基準だけでなく，自己評価の対象を可視化する材料も必要となる。

　学習評価の実施者が誰なのかは，重要な意味が伴う。児童生徒を教師が評価することは，通常考えやすい。しかし，今後の社会を生き抜く力を養うために

は，児童生徒の自律性や学ぶ姿勢を伸長し，自らの学習を自分自身で評価でき
ることが必要となる。そのため，教師は児童生徒の自己評価活動を支援し，児
童生徒が自身の学びを適切に自己評価できるよう導かねばならない。また，児
童生徒が評価活動に参加できる学習活動を展開することが教師に求められる。
それでは，日本における学習評価の実態，実践的な方法や留意点，そして教師
として学習評価を学び続ける意義を次節で解説する。

3　学習評価の実態と実践的な試み

●●● 1．指導要録から把握する学習評価

　学習評価を含む教育評価の結果は，学校現場においておもに指導要録や通知
表といった形式で記録，保存，活用される。指導要録は，「児童生徒の学歴並
びに指導の過程及び結果の要約を記録し，その後の指導及び外部に対する証明
などに役立たせる原簿」（文部科学省，2010）とされ，学校教育法により作成
と保管が法的に義務づけられた公簿である。石田（2020）は，指導要録が国の
評価の基準となり，指導の過程及び結果を要約して記録するあり方を示し，指
導の資料（指導機能）と外部への証明の原簿（証明機能）として用いられるこ
とを指摘している。一方，通知表（通信簿やあゆみなどの呼称がある）は，指
導機能を有するが法的な根拠はなく各学校に作成の有無や方法は委ねられてい
る。

　指導要録は，指導の基準となる学習指導要領の改訂にあわせて改訂される。
学習評価の基準は，2001 年の改訂時に「相対評価」から「目標に準拠した評価」
すなわち「絶対評価」に移行した。2019 年版の指導要録は，2001 年以降の「目
標に準拠した評価」が採用され観点別評価を実施すること，児童生徒の可能性
や成長をとらえるため「個人内評価」を重視することなどは前回の 2010 年版
を継承している。一方，文部科学省（2019）「小学校，中学校，高等学校及び
特別支援教育学校等における児童生徒の学習評価及び指導要録の改善等につい

て（通知）」（平成 31 年 3 月 29 日）では，指導要録の参考様式（書式）が示され，どの教科の評価観点も「知識・技能」，「思考・判断・表現」，「主体的に学習に取り組む態度」の 3 観点により表記された。すなわち，観点別評価は，2010年版の指導要録の 4 観点から 3 観点へと変更された。この変更は，学習指導要領における今後の子どもたちに必要な「資質・能力」を 3 つの柱で整理したことを反映させている。学習指導要領の 3 つの柱は，「知識及び技能」，「思考力，判断力，表現力等」，「学びに向かう力，人間性等」である。つまり，2019 年版の指導要録では，学習指導要領という教育目標の観点と指導要録という評価の観点との対応関係が明確化された。

　2010 年版の評価観点は，4 観点を基本としながらも教科間に違いがみられた。しかし，2019 年版の指導要録では，すべての教科が 3 観点により明確に整理され，統一的な考え方に基づき学習評価を行えることになった。このことは，具体的な児童生徒の学習活動に即した評価規準の設定方法をどの教科でも共通して検討できる。つまり，この度の指導要録の改訂は，児童生徒の学習改善や教師の指導改善を教科横断的な視点でとらえ共有することにつながり，学習評価をより充実させる可能性がある。指導要録における観点別評価の「観点」の変更の概要は，図 15-4 に整理した。

　しかし，「学びに向かう力，人間性等」については，留意する必要がある。「学びに向かう力，人間性等」は，目標に準拠した観点別評価に合致する部分である「主体的に学習に取り組む態度」と合致しない部分である「感性，思いやり等」に区分されている。そして，合致しない部分である「感性，思いやり等」は，評定でなく個人内評価を実施することが明示された。このことは，教師が児童生徒一人ひとりの情意面の可能性や変化の状況などにも注意を払うことを明確化している。学習評価の観点別学習状況の全体概要は，図 15-5 のように位置づけられている。

　図 15-5 の「評定」は，目標に準拠した評価を採用している。一方，個人内評価は，個々の児童生徒にみられる特徴や成長をとらえる材料も必要となる。そのため，ポートフォリオの活用が一般に推奨されている。ポートフォリオとは，芸術家が自分の作品を紙挟み形式のファイルに保存していたものを原義と

図15-4　学習指導要領と指導要録の対応関係と指導要録の観点別評価の変更

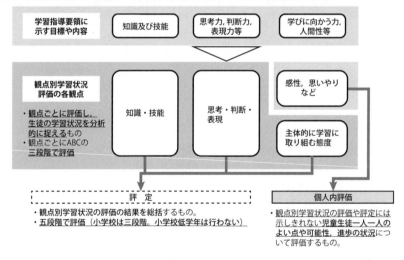

図15-5　学習評価の観点別学習状況の位置づけ
（中央教育審議会初等中等教育分科会教育課程部会，2019）

する。個人内評価を実施する材料には，各教科で生み出された成果物，自己評価，他の児童生徒や教師からの評価などが該当する。そのため，教師には児童生徒一人ひとりにポートフォリオの意義を認識させ作成を求める必要がある。また，児童生徒が評価活動に参加できる学習活動を展開し，自己評価や他の児童生徒からの評価などを生み出す工夫も教師側に求められる。こうしたポートフォリ

オは，個々の児童生徒の学習プロセスを縦断的にとらえることを可能にする。

　「知識・技能」の観点は，従来どおりの筆記テストや実技テストで評価することが想定されている。一方，「思考・判断・表現」あるいは「主体的に学習に取り組む態度」の観点は，パフォーマンス課題で評価することも求められる。そのため，パフォーマンス課題の内容設定は，「思考・判断・表現」と「主体的に学習に取り組む態度」の各観点を区分することにつながる。それでは，各観点の評価に寄与する学校で用いられる学習評価の測定手法を解説する。

●●● 2. 学校で用いられる学習評価の測定手法

　学校で用いられる学習評価の測定手法は，テストが最も一般的で考えやすい。児童生徒の各単元での学習状況を確認するため教師自身により作成されるテストは，教師作成テストと呼ばれる。一方，全国学力・学習状況調査内の教科に関する調査など，実施方法や問題の内容，採点方法が明確化されているテストは，標準テストと呼ばれる。標準テストは，測定の信頼性や妥当性が高いと考えられている。テストは，出題形式により表15-1のように整理できる。

　客観テストは，原則正解は1つであるため，評価の客観性が保証され信頼性も高い。しかし，高次かつ複合的な能力の測定は難しく，児童生徒の暗記学習をうながす問題もある。一方，論文体テストや問題場面テストは，深い知識・技能だけでなく，高次かつ複合的な能力を測定するのに適している。パフォーマンス課題は，現実に起きるような文脈で知識・技能を総合して使いこなすことを求め，高次かつ複合的な能力を測定するものである。そのため，パフォーマンス課題は，目的や内容にもよるが論文体テスト，問題場面テストだけでなく，持ち帰りテストや口頭発表テストも該当する。一方，これらのテストは，評価の段階で使用する採点基準設定の難しさや客観性に配慮する必要もある。

　パフォーマンス課題は，児童生徒の回答やパフォーマンスに多様性や幅が生じるため質的な判断が求められる。この判断時にはルーブリックが必要となる。ルーブリックとは，「成功の度合いを示す数レベル程度の尺度と，それぞれのレベルに対応するパフォーマンスの特徴を記した記述語からなる評価基準表」

表 15-1　テストの出題形式（藤澤，2017 を一部改変）

大分類	下位分類		説明，例示など
客観テスト	再認テスト	真偽	正誤判定○×テスト
		多肢選択	次の選択肢から正しい答えを選べ。
		組み合わせ	A 群 B 群の最適解を線で結べ。
		選択完成	選択式空所補充
		再配列	語順整序作文
		その他	問題文中に正解が含まれている問題
	再生テスト	短答記述式	定義解説，実例提示
		完成記述式	空所補充
		訂正記述式	誤文訂正
		演算問題（技能）	数式計算，図形証明
論文体テスト	理解確認論文		A と B を比較せよ。～例をあげて説明せよ。
	応用力・独創性点検論文		～はなぜか。～はどうしたらよいか。
問題場面テスト	既習場面	読解解釈型	長文，グラフ，資料，実験場面の提示があり，読み取って設問に答える。
		演算型	数学文章題など
	新設場面	問題解決型	利用原理不提示課題。新学力問題
	資料活用力判定		翻訳，問題解決など
持ち帰りテスト	レポート		調べ学習 / 研究＋報告書
口頭発表テスト	プレゼンテーション		調べ学習 / 研究＋発表＋ハンドアウト

（西岡，2016）であり，パフォーマンス課題の評価の際に用いられる。ルーブリックは，回答やパフォーマンス全体をまとめて採点する全体的なルーブリック，回答やパフォーマンスを構成する複数の観点ごとに採点する観点別ルーブリックにも分類できる。ルーブリックは，教育実践の中で生まれる児童生徒のパフォーマンス課題に対する成果物を踏まえ絶えず再検討することでより良いものに改善できる。ルーブリックの信頼性を高めるためには，学級間や学校間で同一のパフォーマンス課題を用いた教育実践を行い，そこで生まれたルーブリックと成果物を教員間で持ちより共通性と多様性の統一を検討する作業も有

効といえる。

　テストの出題形式は，それぞれに特徴を備え優劣を一概に決定するものではない。そのため，教師には児童生徒の発達段階や学習活動との関連そして評価の目的に応じて適切な測定手法を選択および活用することが求められる。

●●● 3. 学習評価の実践上の留意点

　学校現場では，学期末に大量の客観テストが実施される現実もある。このことは，学習評価が知識・技能の観点をどの程度習得しているかを測定・評価することに矮小化した事例の1つである。こうしたテストの使用は，対象とする観点を限定させ，結果として児童生徒が評価に学習の仕方を合わせてしまう可能性もある。藤澤（2002）は，テストをクリアするためだけの形骸化した学習を「ごまかし勉強」として問題を提起している。こうした問題は，評価の本来的な目的が忘れ去られ，教育目標が達成できないだけでなく，評価が目的化してしまっている。学習評価は，本来さまざまな観点から総合的にとらえるべきものである。そのため，教師はテストを何のために実施するかを認識する必要がある。

　テストなどの評価を含む課題に対して生じる不安は，テスト不安と呼ばれる。テスト不安研究では，テスト不安が高い場合，テストの出題形式を問わずテストの成績が低いこと，テスト不安とテストの成績との関連が中学校段階で最も高くなることが示されている（von der Embse et al., 2018）。また，テストや評価の形式は，学習者の動機づけや学習方略に影響を及ぼす。たとえば，鈴木（2011）は，「テストの実施目的・役割に対する学習者の認識」をテスト観と位置づけ，学習改善に活用する「改善」，自発的に学習を行うためのペースメーカーになる「誘導」，教師が生徒同士を比較させる「比較」，学習を強制させる「強制」よりテスト観は構成され，「改善」や「誘導」の側面を強く認識する学習者ほど高い学習動機を持ち適応的な学習方略を使用する傾向があるが，「比較」や「強制」の側面を強く認識する学習者ほど学習動機が低くテストのための形骸化した学習に陥ることを示している。また，児童生徒が小学校時と比較し中

第2部　学　習

学校入学後に成績を気にする割合が増加すること（山口，1986），小学5年生が中学2年生よりも「意味理解志向学習観」を備え，中学2年生が小学6年生よりも「暗記再生志向学習観」を備えていること（鈴木，2013）が明らかにされている。これらは，テストの出題形式が学校段階を経るごとに児童生徒の学びを偏ったものに導く可能性を示す。そのため，テストの出題形式だけでなく，児童生徒のテストに対する考え方を適宜変容させる教育実践が必要となる。

　児童生徒のテストに対する考え方を変容させる手法には，テストの実施目的や評価基準を児童生徒に理解させるインフォームドアセスメント，テストで出題される問題様式が取り上げられている。鈴木（2012）は，インフォームドアセスメントを教師が行っていると認知する学習者ほどテストが学習改善に活用でき学習機会を誘導するものと強く認識すること，テストで出題される内容が実用性の高いものと認知する学習者がテストを自身の学習改善に活用でき学習機会を誘導するものと強く認識すること，暗記さえすれば解けると認知している学習者がテストを自身に勉強を強制し周囲と比較するものと強く認識すること，学習者の認知だけでなく学校としてインフォームドアセスメントを実施することの重要性を示した。つまり，教師は児童生徒をテスト実施により疲弊させるのではなく学びを促進させることを目指す役割を担わなければならない。そのため，教育目標に鑑み，教師は児童生徒にテストの実施目的や評価基準を明示し，学習を展開する工夫が求められる。また，インフォームドアセスメントや出題内容を検討し，学校単位でのテスト運用の工夫も重要となる。

●●●　4．児童生徒の学びを創る学習評価の視点

　教師は，教育目標に基づき児童生徒が考え解決したくなる「問い」の設定や自己評価活動なども指導計画の中に含め，児童生徒の自己教育力や自己評価能力を育成する必要がある。また，児童生徒一人ひとりの個性の伸長を踏まえ，身につけた資質・能力の実態を適切に測定及び評価する工夫を行うことが教師に求められる。つまり，教師は，凝り固まった評価観ではなく，一人ひとりの児童生徒に真摯に向き合い適切な評価観を創造する柔軟な姿勢を備えておく必

要がある。こうした児童生徒の学びを創る視点として，自己調整学習とダイナミック・アセスメントのとらえ方を解説する。

　自己教育力や自己評価能力に関わる概念として，自己調整学習に注目が集まっている。自己調整学習とは，自分で計画や環境を調整し能動的に学習を進めるものである。自己調整学習のプロセスは，予見，遂行または意識的制御，自己内省の3段階から構成され，各段階で初学者と熟達者に違いがあるものの3段階を循環しながら自律的に学習を進める（Schunk & Zimmerman, 1998）。予見段階では，学習目標を設定し学習の進め方を考える。遂行または意識的制御段階では，学習課題に実際に取り組み自分の学習の取り組み具合を確認しながら学習を展開する。そして，自己内省段階では，目標をもとに自分の学習状況を自己評価し，学習成果を振り返り次の予見段階につなげる。自己内省段階は，重要なプロセスであり自己評価と重なる。なお，指導要録の「主体的に学習に取り組む態度」の一側面には，「自らの学習を調整しようとする側面」が示されている（中央教育審議会初等中等教育分科会教育課程部会，2019）。むろん，児童生徒の教科の内容理解もおろそかにしてはいけないため，教科の内容理解を深め児童生徒の実態に沿い学習を展開することも教師に求められる。すなわち，教師は実態に沿いつつ自己調整学習の視点で児童生徒が学びを深めるためにはどうすれば良いか検討する必要もある。なお，教師が児童生徒とともに学習過程を振り返り，次の目標や計画を話し合うことは児童生徒の自己内省と予見の各段階をはぐくむ方法となる。

　ダイナミック・アセスメントとは，固有な1つの手段は存在しないが，評価者と学習者との相互作用により学習者の思考過程をとらえ学習可能性を評価する方法である。たとえば，単元の核となる考え方を理解できていなかった児童を見いだし，対象児への個別の相互作用により思考を評価すると同時に適切な支援を行い正答へ導く実践（平田，2008）も試みられている。この評価方法は，評価が教育的な介入の中で具体的になされ，指導と評価の一体化を具現化したものの1つである。学習者の誤りやつまずきを指導に反映させる点に立脚すれば形成的評価ともとらえられるが，学習目標の達成より児童生徒の学習可能性の発見に主眼が置かれている。つまり，児童生徒の学習可能性に主眼を置き，

第2部　学　習

評価者と学習者の相互作用により指導と評価をくり返し，児童生徒の学習状況に合わせながら支援するものである。

●●● 5. 学習評価を教師として学び続ける意義

学習評価の目的を誤った過剰な重視は，何らかの数値目標主義に陥ってしまう危険性がある。学習評価は，児童生徒に対する学習が適切になされているかどうかを把握し，教育実践の改善に役立てるものである。つまり，学習評価は，教育目標の到達度などから教師自身の指導の適切性や授業の軌道修正，児童生徒の学習方法改善や動機づけ向上にも資する。そのため，評価のための評価に陥らず，教師自身が常に評価のあり方を点検し，児童生徒の次の指導や支援に活用することが重要である。また，学習評価は，教師が自身の授業実践を振り返る際にも有効である。

学習評価の実践上の留意点を学ぶことは，児童生徒の自己教育力や自己評価能力の育成に役立つ。そのため，学習評価の最新の知見や進展を教師として学び続ける必要がある。なお，児童生徒の学習改善をうながす評価結果のフィードバックは，熟達教師が中堅教師より形成的フィードバックを与える機会や種類が多く，学習状況に応じてフィードバックを使い分けている（佐久間ら，2016）。このことは，熟練教師の実践知の1つとして学習評価をたくみに活用していることを実証するものである。そのため，教師には学習評価の理論的側面と学校現場で経験を積む実践的側面の両面をバランスよく学び続けることが重要となる。

246

●●● 引用・参考文献 ●●●

【第 1 章】

秋田喜代美（2005）学校でのアクション・リサーチ―学校との協働生成的研究― 秋田喜代美・恒吉僚子・佐藤 学（編）教育研究のメソドロジー―学校参加型マインドへのいざない―東京大学出版会 pp.163-183.

秋田喜代美・市川伸一（2001）教育・発達における実践研究 南風原朝和・市川伸一・下山晴彦（編）心理学研究法入門―調査・実験から実践まで― 東京大学出版会 pp.153-190.

後藤宗理・大野木裕明・中澤 潤（編）（2000）心理学マニュアル要因計画法 北大路書房

保坂 亨・中澤 潤・大野木裕明（編）（2000）心理学マニュアル面接法 北大路書房

鎌原雅彦・宮下一博・大野木裕明・中澤 潤（編）（1998）心理学マニュアル質問紙法 北大路書房

加藤 司（2008）心理学の研究法―実験法・測定法・統計法―〈改訂版〉 北樹出版

Kato, T.（2013）Assessing coping with interpersonal stress: Development and validation of the Interpersonal Stress Coping Scale in Japan. *International Perspectives in Psychology: Research, Practice, Consultation, 2,* 100-115.

北尾倫彦（2006）教育心理学の成り立ち 北尾倫彦・中島 実・林 龍平・広瀬雄彦・高岡昌子・伊藤美加（著） 精選コンパクト教育心理学―教師になる人のために― 北大路書房 pp.1-5.

文部科学省（2017）教職課程コアカリキュラム Retrieved from https://www.mext.go.jp/b_menu/shingi/chousa/shotou/126/houkoku/1398442.htm（2021 年 9 月 10 日閲覧）

村井潤一郎（編）（2012）Progress & Application 心理学研究法 サイエンス社

中井大介（2019）教育の諸問題―多様な子どもをどう支援するか― 川畑直人・大島 剛・郷式 徹（監），水野治久・串崎真志（編） 教育・学校心理学―子どもの学びを支え，学校の課題に向きあう― ミネルヴァ書房 pp.11-26.

中澤 潤・大野木裕明・南 博文（編）（1997）心理学マニュアル 観察法 北大路書房

沼 初枝（2009）臨床心理アセスメントの基礎 ナカニシヤ出版

大山 正・岩脇三良・宮埜壽夫（2005）心理学研究法―データ収集・分析から論文作成まで―サイエンス社

佐野正之（編）（2005）はじめてのアクション・リサーチ―英語の授業を改善するために― 大修館書店

Thorndike, E. L.（1918）The nature, purposes, and general methods of measurements of educational products. In G. M. Whipple（Ed.）*The seventeenth yearbook of the national society for the study of education. Part II. The measurement of educational products.* Bloomington, IL: Public School

Publishing Company. pp.16-24.

横溝紳一郎（2000）日本語教師のためのアクション・リサーチ　凡人社

【第2章】

安藤寿康（2018）なぜヒトは学ぶのか―教育を生物学的に考える―　講談社現代新書

新井邦二郎（2000）発達課題　新井邦二郎（編）図でわかる発達と学習　福村出版　pp.107-122.

Bronfenbrenner, U.（1979）*The ecology of human development: Experiments by nature and design*. Cambridge, MA: Harvard University Press. 磯貝芳郎・福富 護（訳）（1996）人間発達の生態学　川島書店

Erikson, E. H.（1963）*Childhood and society. Second Edition*. New York: W. W. Norton & Company. 仁科弥生（訳）（1973）幼児期と社会 1　みすず書房

藤永 保・斎賀久敬・春日 喬・内田伸子（1980）研究委員会企画特別研究報告―初期環境の貧困による発達遅滞の事例―　教育心理学年報, *19*, 106-111, 189.

Havighurst, R. J.（1953）*Human development and education*. New York: Longmans, Green & Co. 荘司雅子（監訳）（1995）人間の発達課題と教育　玉川大学出版部

Haworth, C. M. A., Wright, M. J., Luciano, M., Martin, N. G., de Geus, E. J. C., van Beijsterveldt, C. E. M., …Plomin, R.（2010）The heritability of general cognitive ability increases linearly from childhood to young adulthood. *Molecular Psychiatry*, *15*, 1112-1120.

Krapohl, E., Rimfeld, K., Shakeshaft, N. G., Trzaskowski, M., McMillan, A., Pingault, J.…Plomin, R.（2014）The high heritability of educational achievement reflects many genetically influenced traits, not just intelligence. *Proceedings of the National Academy of Sciences*, *111*, 15273-15278.

Piaget, J.（1970）Piaget's theory. In P. H. Mussen (Ed.) *Carmichael's manual of child psychology* (3rd ed.). Vol.1. New York: John Wiley & Sons. 中垣 啓（訳）（2007）ピアジェに学ぶ認知発達の科学　北大路書房

【第3章】

帖佐悦男（2021）子どもの運動器の成長　体育の科学, *71*, 164-169.

Gallahue, D. L.（1993）*Developmental physical education for today's children*. Dubuque, IA: Brown & Benchmark Publishers. 杉原 隆（監訳）（1999）幼少年期の体育―発達的視点からのアプローチ―　大修館書店

日高庸春（2019）パワポ　LGBTQをはじめとするセクシュアルマイノリティ授業　少年写真新聞社

日野林俊彦（2013）発達加速現象　日本発達心理学会（編）丸善出版　pp.426-427.

平田智秋（2012）分化を繰り返す運動発達　中込四郎・伊藤豊彦・山本裕二（編）よくわかるスポーツ心理学　ミネルヴァ書房　pp.4-5.

いのちリスペクト。ホワイトリボン・キャンペーン（2014）LGBTの学校生活に関する実態調査2013結果報告書　https://sogilaw.org/attachment/cfile8.uf@260C904153733B28023716.pdf（2021

年6月閲覧)

金子公宥（1974）瞬間的パワーからみた人体筋のダイナミクス　杏林書院

柏尾眞津子（2006）思春期のからだとこころ　白井利明（編）よくわかる青年心理学　ミネルヴァ
　　書房　pp.42-43.

厚生労働省（2010）乳幼児身体発育調査

宮丸凱史（2011）子どもの運動・遊び・発達―運動のできる子どもに育てる―　学研教育みらい

文部科学省（2020）学校保健統計調査年次統計　https://www.e-stat.go.jp/dbview?sid=0003147022
　　（2021年6月閲覧）

中野尚久（2016）新生児・乳児期に観察されるジェネラルムーブメント　発達, *148*, 26-31.

中澤潤（2011）4章 幼児期　無藤隆・子安増生（編）　発達心理学Ⅰ　東京大学出版会

日本サッカー協会　The FIFA 11+ https://www.jfa.jp/medical/11plus.html（2021年6月閲覧）

大藪泰（2013）赤ちゃんの心理学　日本評論社

Prechtl H. F. R, & Nolte, R.（1984）Motor behaviour of preterm infants. In H. F. R. Prechtl（Ed.）
　　Continuity of neural functions from prenatal to postnatal life. Clinics in Developmental Medicine. No.
　　94. Oxford: Blackwell Scientific Publications. pp.79-92.

Scammon, R. E.（1930）The measurement of the body in childhood. In J. A. Harris, C. M. Jackson, D.
　　G. Paterson, & R. E. Scammon（Eds.）*The measurement of man.* Minneapolis, MN: University of
　　Minnesota Press.

スポーツ庁（2018a）平成29年度運動部活動等に関する実態調査　報告書　東京書籍

スポーツ庁（2018b）平成30年度体力・運動能力調査結果

スポーツ庁（2018c）平成30年度全国体力・運動能力，運動習慣等調査

スポーツ庁（2018d）運動部活動の在り方に関する総合的なガイドライン

杉原隆（2014a）幼児期の運動発達の特徴　杉原隆・河邉貴子（編）　幼児期における運動発達
　　と運動遊びの指導―遊びのなかで子どもは育つ―　ミネルヴァ書房　pp.12-30.

杉原隆（2014b）幼児期の発達的特徴に応じた運動指導のあり方　杉原隆・河邉貴子（編）　幼
　　児期における運動発達と運動遊びの指導―遊びのなかで子どもは育つ―　ミネルヴァ書房
　　pp.45-64.

杉原隆・吉田伊津美・森司朗・中本浩揮・筒井清次郎・鈴木康弘・近藤充夫（2011）幼児の運
　　動能力と基礎的運動パターンとの関係 体育の科学, *61*, 455-461.

杉原隆・吉田伊津美・森司朗・筒井清次郎・鈴木康弘・中本浩揮・近藤充夫（2010）幼児の運
　　動能力と運動指導ならびに性格との関係 体育の科学, *60*, 341-347.

鈴木宏哉（2021）子どもの体力と運動・スポーツの2極化と運動・スポーツガイドライン　体育
　　の科学, *71*, 156-163.

田中越郎（2019）イラストでまなぶ人体のしくみとはたらき〈第3版〉　医学書院

【第4章】

浅野孝平（2015）発達性ディスレクシアの脳機能画像　*Clinical Neuroscience, 33*, 950-953.

Butterworth, G., & Jarrett, N.（1991）What minds have in common is space: Spatial mechanisms serving
　　joint visual attention in infancy. *British Journal of Developmental Psychology, 9*, 55-72.

Chomsky, N.（1965）Aspects of the theory of syntax. Massachusetts: M.I.T. Press. 福井直樹・辻子美保子（訳）（2017）統辞理論の諸相—方法論序説— 岩波書店

Chomsky, N.（1975）The logical structure of linguistic theory. New York: Springer. 福井直樹・辻子美保子（訳）（2014）統辞構造論—付『言語理論の論理構造』序論— 岩波書店

Chomsky, N.（1995）The minimalist program. Massachusetts: M.I.T. Press. 外池滋生・大石正幸（訳）（1998）ミニマリスト・プログラム 翔泳社

Corriveau, K., & Harris, P. L.（2009）Choosing your informant: weighing familiarity and recent accuracy. *Developmental Science, 12*, 426-437.

DeCasper, A. J., & Fifer, W. P.（1980）Of human bonding: Newborns prefer their mothers' voices. *Science, 208*, 1174-1176.

DeCasper, A. J., & Melanie, J. S.（1986）Prenatal maternal speech influences newborns' perception of speech sounds. *Infant Behavior and Development, 9*, 133-150.

Eimas, P. D., Siqueland, E. R., Jusczyk, P., & Vigorito, J.（1971）Speech perception in infants. *Science, 171*, 303-306.

Gardner, B. T., & Gardner, R. A.（1975）Evidence for sentence constitutents in the early utterances of child and chimpanzee. *Journal of Experimental Psychology: General, 104*, 244-267.

Gershkoff-Stowe, L., & Smith, L. B.（2004）Shape and the first hundred nouns. *Child Development, 75*, 1098-1114.

Goldfield, B. A., & Reznick, J.（1990）Early lexical acquisition: Rate, content, and the vocabulary spurt. *Journal of Child Language, 17*, 171-183.

林安紀子（1999）声の知覚の発達 桐谷滋（編）ことばの獲得 ミネルヴァ書房 pp.37-70.

橋本竜作（2012）発達性ディスレクシアと脳 *Brain Medical, 24*, 323-329.

Harris, P. L., & Corriveau, K. H.（2011）Young children's selective trust in informants, *Philosophical Transactions of the Royal Society B, 366*, 1179-1187.

針生悦子（1991）幼児における事物名解釈方略の発達的検討—相互排他性と文脈の利用をめぐって— 教育心理学研究, *39*, 11-20.

池田伸子（2013）日本語教師はディスレクシアをどう認識しているのか—日本語教員養成プログラム開発のための基礎研究— 日本語教育実践研究, *1*, 1-15.

Jusczyk, P. W., Houston, D. M., & Newsome, M.（1999）The beginnings of word segmentation in English-learning infants. *Cognitive Psychology, 39*, 159-207.

Kamhi, A. G.（1986）The elusive first word: The importance of the naming insight for the development of referential speech. *Journal of Child Language, 13*, 155-161.

金重利典・針生悦子・奥村優子・小林哲生（2019）3-5歳児は出身地の方言話者から学ぼうとするか？—東京方言と岡山方言の比較— 電子情報通信学会技術研究報告, *118*, 77-82.

金重利典・針生悦子・浜名真以・池田慎之介・齋藤友香・山本寿子（2017）ラベル－オブジェクト関係の状況を越えた一貫性の理解—12か月児における検討— 電子情報通信学会技術研究報告, *116*, 133-138.

Kinzler, K. D., Shutts, K., DeJesus, J., & Spelke, E. S.（2009）Accent trumps race in guiding children's social preferences. *Social Cognition, 27*, 623-624.

Kinzler, K. D., Corriveau, K. H., & Harris, P. L.（2011）Children's selective trust in native-accent speakers. *Developmental Science, 14*, 106-111.

Koenig, M., & Harris, P. L.（2005）Preschoolers mistrust ignorant and inaccurate speakers. *Child Development, 76*, 1261-1277.

小林晴美（2008）語彙の獲得―ことばの意味をいかに知るのか― 小林晴美・佐々木正人（編）新・子どもたちの言語獲得 pp.89-117.

小林哲生（2018）言語の発達 開一夫・齋藤慈子（編） ベーシック発達心理学 東京大学出版会 pp.157-170.

Liszkowski, U., Carpenter, M., Henning, A., Striano, T., & Tomasello, M.（2004）Twelve-month-olds point to share attention and interest. *Developmental Science, 7*, 297-307.

Markman, E. M.（1990）Constraints children place on word meanings. *Cognitive Science, 14*, 57-77.

Markman, E. M., & Hutchinson, J. E.（1984）Children's sensitivity to constraints on word meaning: Taxonomic versus thematic relations. *Cognitive Psychology, 16*, 1-27.

Markman, E. M., & Wachtel, G. F.（1988）Children's use of mutual exclusivity to constrain the meanings of words. *Cognitive Psychology, 20*, 121-157.

Mehler, J., Jusczyk, P. Lambertz, G. Halsted, N., Bertoncini, J., & Amiel-Tison, C.（1988）A precursor of language acquisition in young infants. *Cognition, 29*, 143-178.

水上啓子・加藤忠明・樋口のぞみ（1984）胎児期の聴覚経験に関する一研究 教育心理学研究, *32*, 143-147.

文部科学省（2018）小学校学習指導要領（平成29年告示）解説国語編 東洋館出版社

岡ノ谷一夫（2010）さえずり言語起源論―新版 小鳥の歌からヒトの言葉へ― 岩波書店

岡本夏木（1982）子どもとことば 岩波書店

岡本夏木（1985）言葉と発達 岩波書店

小椋たみ子（2001）言語獲得と認知発達 乾敏郎・安西祐一郎（編） 認知科学の新展開3：運動と言語 岩波書店 pp.87-126.

小椋たみ子（2007）日本の子どもの初期の語彙発達 言語研究, *132*, 29-53.

小椋たみ子（2015）ことばの発達の道筋 小椋たみ子・小山正・水野久美 乳幼児期のことばの発達とその遅れ―保育・発達を学ぶ人のための基礎知識― ミネルヴァ書房 pp.41-90.

Quine, W. V. O.（1960）Word and object. Massachusetts: M.I.T. Press. 大出晃・宮館恵（訳）（1984）ことばと対象 勁草書房

Saffran, J. R., Aslin, R. N., & Newport, E. L.（1996）Statistical learning by 8-month-old infants. *Science, 274*, 1926-1928.

澤井亜美・村山拓（2020）第二言語として英語を学習する中学生の読み書き困難― URAWSS English の結果から見る誤答と書字における困難の特徴― 東京学芸大学紀要総合教育科学系, *71*, 267-273.

島村直己・三神廣子（1994）幼児のひらがなの習得―国立国語研究所の1967年の調査との比較を通して― 教育心理学研究, *42*, 70-76.

志村洋子・今泉敏（1996）乳児は伝える 日本音響学会誌, *52*, 547-551.

Sorce, J. F., Emde, R. N., Campos, J. J., & Klinnert, M. D.（1985）Maternal emotional signaling: Its effect on the visual cliff behavior of 1-year-olds. *Developmental Psychology, 21*, 195-200.

鈴木孝明（2005）現代の文法研究 岩立志津夫・小椋たみ子（編） よくわかる言語発達 ミネ

ルヴァ書房　pp.10-13.

高橋　登（2005）読み書きの発達　岩立志津夫・小椋たみ子（編）　よくわかる言語発達　ミネルヴァ書房　pp.64-67.

Tomasello, M.（1992）*First Verbs: A case study of early grammatical development.* New York: Cambridge University Press.

柳田早織・今井智子・榊原健一・西澤典子（2011）前言語期の音声発達　音声言語医学，*52*, 1-8.

Werker, J. F., & Tees, R. C.（1984）Cross-language speech perception: Evidence for perceptual reorganization during the first year of life. *Infant Behavior and Development, 7*, 49-63.

綿巻　徹（2001）発話構造の発達　秦野悦子（編）　ことばの発達入門　大修館書店　pp.82-113.

Woodward, A.（2003）Infants' developing understanding of the link between looker and object. *Developmental Science, 6*, 297-311.

【第5章】

Alzahabi, R., & Becker, M. W.（2013）The association between media multitasking, task-switching, and dual-task performance. *Journal of Experimental Psychology: Human. Perception Performance, 39*, 1485-1495.

朝日新聞「英語教師は人型ロボット　相模原の小学校で「NAO」が授業」2018年10月10日付朝刊（石平道典）

朝日新聞「ロボット先生，小学校で毎週英語授業に」2018年3月24日付朝刊（森川愛彦）

Cain, M. S., Leonard, J. A., Gabrieli, J. D. E., & Finn, A. S.（2016）Media multitasking in adolescence. *Psychonomic Bulletin and Review, 23*, 1932-1941.

DeCasper, A. J. & Spence, M. J.（1986）Prenatal material speech influences newborns' perception of speech sounds. *Infant behavior and Development, 9*, 133-150.

Fantz, R. L.（1958）Pattern vision in young infants. *The Psychological Record, 8*, 43–47.

郷間英世（2006）現代の子どもの発達の特徴とその加齢に伴う変化― 1983年および2001年のK式発達検査の標準化資料の比較による検討 II ― 小児保健研究，*65*, 282-290.

Inhelder, B., & Piaget, J.（1958）*The growth of logical thinking from childhood to adolescence: An essay on the construction of formal operational structures* (A. Parsons & S. Milgram, Trans.). New York: Basic Books.

Lui, K. F. H., & Wong, A. C. N.（2012）Does media multitasking always hurt? A positive correlation between multitasking and multisensory integration. *Psychonomic Bulletin and Review, 19*, 647-653.

Mandler, J. M., & McDonough, L.（1993）Concept formation in infancy. *Cognition Development, 8*, 291-318.

長尾圭造・志野和子・上好あつ子（1990）発語前言語発達検査法　脳と発達，*22*, 319-326.

Okanda, M., Taniguchi, K., Wang, Y., & Itakura, S.（2021）Preschoolers' and adults' animism tendencies toward a humanoid robot. *Computers in Human Behavior, 118*, 106688.

Piaget, J., & Inhelder, B.（1948）*La représentation de l'espace chez l'enfant.* Paris: Presses Universitaires de France.

Piaget, J., & Inhelder, B.（1966）*La psychologie de l'enfant*. Paris: Presses Universitaires de France. 波多野完治・須賀哲夫・周郷　博（訳）（1969）新しい児童心理学　白水社

Quinn, P. C., & Johnson, M. H.（2000）Global-before-basic object categorization in connectionist networks and 2-month-old infants. *Infancy, 1*, 31-46.

Rosch, E., Mervis, C. B., Gray, W. D., Johnson, D. M., & Boyes-braem, P.（1976）Basic objects in natural categories. *Cognitive Psychology, 8,* 382-439.

Taniguchi, K., Tanabe-Ishibashi, A., & Itakura, S.（2020）The categorization of objects with uniform texture at superordinate and living/non-living levels in infants: An exploratory study. *Frontiers in Psychology, 11,* 2009.

Uncapher, M. R., Thieu, M. K., & Wagner, A. D.（2016）Media multitasking and memory: Differences in working memory and long-term memory. *Psychonomic Bulletin and Review, 23,* 483-490.

渡辺雅彦（編）（2002）みる見るわかる脳・神経科学入門講座〈下巻〉　羊土社

Wilmer. H. H., Sherman. L.E., & Chein. J. M.（2017）Smartphones and cognition: A review of research exploring the links between mobile technology habits and cognitive functioning. *Frontiers in Psychology, 8,* 605.

【第 6 章】

Ainsworth, M. D. S., Blehar, M. C., Waters, E., & Wall, S.（1978）*Patterns of attachment: A psychological study of the strange situation*. Lawrence Erlbaum.

安藤有美・新堂研一（2013）　非行少年における視点取得能力向上プログラムの介入効果　教育心理学研究, *61*, 181-192.

有光興記・藤澤 文（編）（2015）　モラルの心理学　北大路書房

Bowlby, J.（1969）*Attachment and loss,* Vol. 1, *Attachment*. Basic. (revised ed., 1982).

中央教育審議会（2002）青少年の奉仕活動・体験活動の推進方策等について（答申）　https://www.mext.go.jp/b_menu/shingi/chukyo/chukyo2/siryou/020701a.htm（2021 年 9 月 10 日閲覧）

Damon, W.（1983）*Social and personality development: Infancy through adolescence*. New York: Norton.

Davis, M. H.（1994）*Empathy: A social psychological approach*. Madison, WI; Brown & Benchmark Publishers.

Eisenberg, N., & Mussen, P. H.（1989）*The roots of prosocial behavior in children*. Cambridge: Cambridge University Press.

遠藤利彦（2011）人との関係の中で育つ子ども　遠藤利彦・佐久間路子・徳田治子・野田淳子（編）乳幼児のこころ　有斐閣アルマ　pp.85-119.

Epstein, J. L.（1989）　The selection of friends: Changes across the grades and in different school environments. In T. J. Berndt & G. W. Ladd（Eds.）*Peer relationships in child development*. New York: Wiley. pp.158-187.

藤澤 文・高橋征仁（2015）　道徳的判断 有光興記・藤澤 文（編）　モラルの心理学　北大路書房 pp.2-37.

藤原和政・西村多久磨・福住紀明・河村茂雄（2019）　視点取得はソーシャルスキルの変化を予測するか──親和動機の調整効果──　心理学研究, *89*, 562-570.

繁多 進（1987）　愛着の発達　大日本図書

原田唯司・鈴木勝則（2000）　中学校における生徒・保護者・教師の規範意識の比較検討　静岡大学教育学部研究報告（人文・社会科学篇），*50*, 267-283.

Harlow, H. F., & Zimmermann, R. R.（1959）　Affectional responses in the infant monkey. *Science*, *130*, 421-432.

広島県教育委員会（2007）豊かな人間性や社会性を育む生徒指導の進め方について—社会奉仕体験活動を通して—　https://www.pref.hiroshima.lg.jp/uploaded/attachment/29568.pdf（2021 年 9 月 10 日閲覧）

Hoffman, M. L.（1987）The contribution of empathy to justice and moral judgment. In N. Eisenberg & Strayer（Eds）*Empathy and its development*. Cambridge: Cambridge University Press. pp.47-80.

本間優子・内山伊知郎（2017）役割取得能力が学校適応に影響を及ぼすプロセス　心理学研究，*88*, 184-190.

保坂　亨・岡村達也（1986）キャンパス・エンカウンター・グループの発達的・治療的意義の検討—ある事例を通して—　心理臨床学研究, *41*, 15-26.

伊藤忠弘・平林秀美（1997）向社会的行動の発達　井上健治・久保ゆかり（編）　子どもの社会的発達　東京大学出版　pp.167-184.

Kohlberg, L. (1984) *Essays on moral development Vol. II: The psychology of moral development*. San Francisco: Harper & Row.

久保ゆかり（2014）社会性の発達　下山晴彦（編集代表）心理学辞典〈新版〉　誠信書房　pp.210-213.

水野君平・太田正義・加藤弘通（2018）　道徳教育による規範意識の涵養といじめ問題の関連—小中学生を対象とした自己 / 他者の罪悪感といじめ調査からの一考察—　心理科学, *39*, 1-8.

文部科学省（2001）　少年の問題行動等に関する調査研究協力者会議報告（概要）　https://www.mext.go.jp/component/a_menu/education/detail/__icsFiles/afieldfile/2016/05/12/1370854_010.pdf（2021 年 9 月 10 日閲覧）

文部科学省（2006）児童生徒の規範意識を育むための教師用指導資料

文部科学省（2009）現代の子どもの成長と徳育をめぐる今日的課題 https://www.mext.go.jp/b_menu/shingi/chousa/shotou/053/gaiyou/attach/1286155.htm（2021 年 9 月 10 日閲覧）

村上達也・西村多久磨・櫻井茂男（2014）小中学生における共感性と向社会的行動および攻撃行動の関連—子ども用認知・感情共感性尺度の信頼性・妥当性の検討—　発達心理学研究, *25*, 399-411.

村上達也・西村多久磨・櫻井茂男（2016）家族，友だち，見知らぬ人に対する向社会的行動—対象別向社会的行動尺度の作成—　教育心理学研究, *64*, 156-169.

西村多久磨・村上達也・櫻井茂男（2015）共感性を高める教育的介入プログラム—介護福祉系の専門学校生を対象とした効果検証—　教育心理学研究, *63*, 453-466.

西村多久磨・村上達也・櫻井茂男（2018）向社会性のバウンスバック—児童期中期から青年期前期を対象として—　心理学研究, *89*, 345-355.

落合良行・佐藤有耕（1996）青年期における友達とのつきあい方の発達的変化　教育心理学研究, *44*, 55-65.

Padilla-Walker, L. M., & Carlo, G.（Eds.）（2014）*Prosocial development: A multidimensional approach*.

New York: Oxford University Press.

埼玉県教育委員会（2021）第 3 期埼玉県教育振興基本計画―豊かな学びで未来を拓く埼玉教育―
https://www.pref.saitama.lg.jp/f2203/3kyouikusinnkoukihonnkeikaku.html（2021 年 9 月 10 日閲覧）

坂本真士 (2017) 社会性を育む　櫻井茂男（編）たのしく学べる最新教育心理学　図書文化社
pp. 155-175.

Selman, R. L.（1976）Social cognitive understanding. In T, Lickona（Eds.）*Moral development and behavior*. New York: Halt. pp.299-316.

戸田有一（1997）道徳性の発達　井上健治・久保ゆかり（編）　子どもの社会的発達　東京大学
出版　pp.150-166.

渡辺弥生（2005）社会的スキルおよび共感性を育む体験的道徳教育プログラム― VLF（Voices of Love and Freedom）プログラムの活用―　法政大学文学部紀要,*50*, 87-104.

山田洋平・小泉令三・中山和彦・宮原紀子（2013）小中学生用規範行動自己評定尺度の開発と規
範行動の発達的変化　教育心理学研究,*61*, 386-397.

【第 7 章】

Allport, G. W.（1937）*Personality: A Psychological Interpretation*. New York: Holt.　詫摩武俊・青木孝悦・近藤由紀子・堀 正（訳）（1982）パーソナリティ―心理学的解釈―　新曜社

Brewer, M. B.（1988）A dual process model of impression formation. In T. K. Srull & R. S. Wyer, Jr. (Eds.), *Advances in Social Cognition*. Vol.1. New Jersey: Lawrence Erlbaum Associates. pp.1-36.

Butcher, J. N., Dahlstrom, W. G., Graham, J. R., Tellegen, A., & Kaemmer, B.（1989）*The Minnesota Multiphasic Personality Inventory-2 (MMPI-2): Manual for administration and scoring*. Minneapolis, MN: University of Minnesota Press.

Carnaghi, A., Maass, A., Gresta, S., Bianchi, M., Cadinu, M., & Arcuri, L.（2008）Nomina sunt omina: On the inductive potential of nouns and adjectives in person perception. *Journal of Personality and Social Psychology, 94,* 839-859.

Caspi, A., Roberts, B. W., & Shiner, R. L.（2005）Personality development: Stability and change. *Annual Review of Psychology, 56,* 453-484.

Cattell, R. B.（1947）Confirmation and clarification of primary personality factors. *Psychometrika, 12,* 197-220.

Coleman, J.S., Campbell, E.Q., Hobson, C.J., McPartland, J., Mood, A.M., Weinfeld, F.D., & York, R.L.（1966）*Equality of Educational Opportunity*. Washington, D.C.: Government Printing Office.

Costa, P. T., Jr., & McCrae, R. R.（1995）Solid ground in the wetlands of personality: A reply to Block. *Psychological Bulletin, 117,* 216-220.

Darley, J. M., & Gross, P. H.（1983）A hypothesis-confirming bias in labeling effects. *Journal of Personality and Social Psychology, 44,* 20-33.

Erikson, E. H.（1959）*Identity and the life cycle*. New York: International Universities Press. 小此木 啓吾（訳編）（1973）自我同一性―アイデンティティとライフサイクル―　誠信書房

Erikson, E. H.（1963）*Childhood and society* (2nd revised & enlarged edition). New York: Norton.　仁科弥生（訳）（1977）幼児期と社会 1　みすず書房

Eysenck, H. J.（1953）*The structure of human personality*. London: Methuen.

Fiske, S. T., & Neuberg, S. L.（1990）A continuum of impression formation, from category-based to individuating processes: Influences of information and motivation on attention and interpretation. In M. P. Zanna (Ed.), *Advances in experimental social psychology*. Vol. 23. New York: Academic Press (pp. 1-74).

Fiske, S. T., & Taylor, S. E.（1995）*Social cognition* (2nd ed.). New York: McGraw-Hill.

Friedman, H. S., Tucker, J. S., Tomlinson-Keasey, C., Schwartz, J. E., Wingard, D. L., & Criqui, M. H.（1993）Does childhood personality predict longevity? *Journal of Personality and Social Psychology, 65*, 176-185.

Goldberg, L. R.（1981）Language and individual differences: The search for universals in personality lexicons. In L. Wheeler (Ed.), *Review of personality and social psychology*: Vol.2. Beverly Hills, CA: SAGE. pp.141-165.

Hatano, K., Sugimura, K., & Klimstra, T. A.（2017）Which came first, personality traits or identity processes during early and middle adolescence? *Journal of Research in Personality, 67*, 120-131.

本田由紀（2020）教育は何を評価してきたのか　岩波新書

池上知子（2001）対人認知の心理機構　唐沢 譲・池上 知子・唐沢 かおり・大平 英樹（著）社会的認知の心理学―社会を描く心のはたらき―　ナカニシヤ出版　pp.14-45.

伊藤裕子（1978）性役割の評価に関する研究　教育心理学研究, 26, 1-11.

John, O. P., & Srivastava, S.（1999）The Big Five trait taxonomy: History, measurement, and theoretical perspectives. In L. A. Pervin & O. P. John（Eds.）, *Handbook of personality: Theory and research*. New York: Guilford Press. pp.102-138.

Jung, C. G.（1921）*Psychologische Typen*. Zürich: Rascher Verlag. 林 道義（訳）（1987）タイプ論 みすず書房

Kawamoto, T., & Endo, T.（2015）Personality change in adolescence: Results from a Japanese sample. *Journal of Research in Personality, 57*, 32-42.

川本哲也・小塩真司・阿部晋吾・坪田祐基・平島太郎・伊藤大幸・谷 伊織（2015）ビッグ・ファイブ・パーソナリティ特性の年齢差と性差―大規模横断調査による検討―　発達心理学研究, 26, 107-122.

Kowaz, A. M., & Marcia, J. E.（1991）Development and validation of a measure of Eriksonian industry. *Journal of Personality and Social Psychology, 60*, 390-397.

Kretschmer, E.（1921）*Körperbau und Charakter*. Springer: Berlin.

Leikas, S., & Salmela-Aro, K.（2015）Personality trait changes among young Finns: The role of life events and transitions. *Journal of Personality, 83*, 117-126.

Lodi-Smith, J. L., Jackson, J. J., Bogg, T., Walton, K., Wood, D., Harms, P. D., & Roberts, B. W.（2010）Mechanisms of health: Education and health related behaviors partially mediate the relationship between conscientiousness and self-reported physical health. *Psychology and Health, 25*, 305-319.

Lodi-Smith, J., & Roberts, B. W.（2007）Social investment and personality: A meta-analysis of the relationship of personality traits to investment in work, family, religion, and volunteerism. *Personality and Social Psychology Review, 11*, 68-86.

Luo, D., Thompson, L. A., & Detterman, D. K.（2006）The criterion validity of tasks of basic cognitive processes. *Intelligence, 34,* 79-120.

Luyckx, K., Goossens, L., Soenens, B., & Beyers, W.（2006）Unpacking commitment and exploration. *Journal of Adolescence, 29*, 361-378.

Maass, A., Milesi, A., Zabbini, S., & Stahlberg, D.（1995）Linguistic intergroup bias: Differential expectancies or in-group protection? *Journal of Personality and Social Psychology, 68*, 116-126.

McAdams, D.P., & Zapata-Gietl, C.（2014）Three strands of identity development across the human life course: Reading Erik Erikson in full. In K. C. McLean & M. Syed (Eds.), *The Oxford Handbook of Identity Development*. New York: Oxford University Press. pp.81-94.

文部科学省（2013）第 2 期教育振興基本計画（本文）文部科学省 https://www.mext.go.jp/a_menu/keikaku/detail/__icsFiles/afieldfile/2013/06/14/1336379_02_1.pdf（2021 年 9 月 10 日閲覧）

文部科学省（2018）第 3 期教育振興基本計画（本文）文部科学省 https://www.mext.go.jp/content/1406127_002.pdf（2021 年 9 月 10 日閲覧）

森永康子・坂田桐子・古川善也・福留広大（2017）女子中高生の数学に対する意欲とステレオタイプ　教育心理学研究, *65*, 375-387.

明和政子（2019）ヒトの発達の謎を解く―胎児期から人類の未来まで―　ちくま新書

小塩真司・阿部晋吾・Cutrone, P.（2012）日本語版 Ten Item Personality Inventory（TIPI-J）作成の試み　パーソナリティ研究, *21*, 40-52.

小塩真司・岡田涼（2021）パーソナリティ特性と社会指標の関連―時系列分析による検討―心理学研究, *92*, 46-51.

Poropat, A. E.（2009）A meta-analysis of the five-factor model of personality and academic performance. *Psychological Bulletin, 135*, 322-338.

Roberts, B. W., Kuncel, N., Shiner, R. N., Caspi, A., & Goldberg, L. R.（2007）The power of personality: A comparative analysis of the predictive validity of personality traits, SES, and IQ. *Perspectives in Psychological Science, 2*, 313-345.

Rosenthal, R., & Jacobson, L.（1968）Pygmalion in the classroom. *Urban Review, 3*, 16-20.

Rushton, J. P., & Irwing, P.（2008）A general factor of personality（GFP）from two meta-analyses of the Big Five: Digman（1997）and Mount, Barrick, Scullen, and Rounds (2005). *Personality and Individual Differences, 45*, 679-683.

Shikishima, C., Hiraishi, K., Yamagata, S., Sugimoto, Y., Takemura, R., Ozaki, K., Okada, M., Toda, T., & Ando, J.（2009）Is g an entity? A Japanese twin study using syllogisms and intelligence tests. *Intelligence, 37*, 256-267.

Shiner, R. L., & Masten, A. S. (2012). Childhood personality as a harbinger of competence and resilience in adulthood. *Development and Psychopathology, 24*, 507-528.

Shiner, R. L., Masten, A. S., & Roberts, J. M.（2003）Childhood personality foreshadows adult personality and life outcomes two decades later. *Journal of Personality, 71*, 1145-1170.

Shiner, R. L., Masten, A. S., & Tellegen, A.（2002）A developmental perspective on personality in emerging adulthood: Childhood antecedents and concurrent adaptation. *Journal of Personality and Social Psychology, 83*, 1165-1177.

Spencer, S. J., Steele, C. M., & Quinn, D. M.（1999）Stereotype threat and women's math performance. *Journal of Experimental Social Psychology, 35*, 4-28.

Uleman, J. S., Adil Saribay, S., & Gonzalez, C. M.（2008）Spontaneous inferences, implicit impressions, and implicit theories. *Annual Review of Psychology, 59*, 329-360.

Wilson, T. D., & Brekke, N.（1994）Mental contamination and mental correction: Unwanted influences on judgments and evaluations. *Psychological Bulletin, 116*, 117-142.

Yamagata, S., Suzuki, A., Ando, J., Ono Y., Kijima, N., Yoshimura, K., Ostendorf, F., Angleitner, A., Riemann, R., Spinath, F. M., Livesley, W. J., & Jang, K. L.（2006）Is the genetic structure of human personality universal? A cross-cultural twin study from North America, Europe, and Asia. *Journal of Personality and Social Psychology, 90*, 987-998.

矢田部達郎（1954）性格自己診断検査の作製　京都大学文学部研究紀要，*3*, 71-167.

吉野伸哉・小塩真司（2021）日本における Big Five パーソナリティの地域差の検討―3 つの大規模調査のデータセットを用いて―　環境心理学研究，*9*, 19-33.

【第 8 章】

渕上康幸（2010）破壊的行動障害の連鎖と不適切養育経験及び非行抑制傾向の関連　犯罪心理学研究，*48*, 1-10.

保坂 亨（1998）児童期・思春期の発達　下山晴彦（編）教育心理学 II ―発達と臨床援助の心理学　東京大学出版会　pp.103-123.

石隈利紀（1999）学校心理学　誠信書房

伊藤美奈子（2011）不登校は今どうなっているか（不登校の現在）児童心理，*65*, 1-10.

伊藤美奈子（2017）いじめる・いじめられる経験の背景要因に関する基礎的研究―自尊感情に着目して―　教育心理学研究，*65*, 26-36.

加藤 厚（1990）適応　國分康孝（編）カウンセリング辞典　誠信書房　p. 400.

警察庁（2021）令和 2 年における少年非行，児童虐待及び子供の性被害の状況　https://www.npa.go.jp/publications/statistics/safetylife/R2.pdf（2021 年 9 月 10 日閲覧）

厚生労働省（2013）こども虐待対応の手引き（平成 25 年 8 月改正版）　https://www.mhlw.go.jp/seisakunitsuite/bunya/kodomo/kodomo_kosodate/dv/dl/130823-01c.pdf（2021 年 9 月 10 日閲覧）

文部科学省（2003）今後の不登校への対応のあり方について（報告）

文部科学省（2009）参考資料 2　各発達段階における子どもの成育をめぐる課題等について（参考メモ）〈改訂〉　https://www.mext.go.jp/b_menu/shingi/chousa/shotou/053/shiryo/attach/1285897.htm（2021 年 9 月 10 日閲覧）

文部科学省（2011）暴力行為のない学校づくりについて（報告書）　https://www.mext.go.jp/b_menu/shingi/chousa/shotou/079/houkou/1310369.htm（2021 年 9 月 10 日閲覧）

文部科学省（2012）通常の学級に在籍する発達障害の可能性のある特別な教育的支援を必要とする児童生徒に関する調査結果について https://www.mext.go.jp/a_menu/shotou/tokubetu/material/1328729.htm（2021 年 9 月 10 日閲覧）

文部科学省（2020a）令和元年度 児童生徒の問題行動・不登校等生徒指導上の諸課題に関する調査　https://www.mext.go.jp/content/20201015-mext_jidou02-100002753_01.pdf（2021 年 9 月 10 日閲覧）

文部科学省（2020b）学校・教育委員会等向け虐待対応の手引き　https://www.mext.go.jp/

content/20200629-mxt_jidou02-100002838.pdf（2021 年 9 月 10 日閲覧）

森田洋司（1985）「いじめ」集団の構造に関する社会学的研究（文部省科学研究費補助金研究成果報告書）　大阪市立大学社会学研究室

内閣府（2017）自殺総合対策大綱　https://www.mhlw.go.jp/file/06-Seisakujouhou-12200000-Shakaiengokyokushougaihokenfukushibu/0000172329.pdf（2021 年 9 月 10 日閲覧）

小保方晶子・無藤 隆（2006）中学生の非行傾向行為の先行要因　心理学研究, 77, 424-432.

大場玲子（2007）犯罪・非行と学校・職場・地域　藤岡淳子（編）犯罪・非行の心理学　有斐閣　pp.109-119.

押切久遠（2004）非行　特定非営利法人日本教育カウンセラー協会（編）　教育カウンセラー標準テキスト初級編　pp.163-172.

小澤美代子（2011）効果的な登校刺激—アセスメントと対応の実際—　児童心理, 65（9）, 67-75.

下山晴彦（1998）教育心理学Ⅱ—発達と臨床援助の心理学—　東京大学出版会

米田衆介・糸井岳史（2005）【誌上シンポジウム】発達障害への支援の可能性を探る　各分野の支援の最前線を語る　医学的な支援の実際とその課題　児童心理, 59, 56-62.

【第9章】

Bandura, A.（1971）*Social learning theory*. New York: General Learning Press.

Bandura, A., Ross, D., & Ross, S. A.（1963）Imitation of film-mediated aggressive models. *The Journal of Abnormal and Social Psychology, 66*, 3-11.

Goh, H.-L., & Iwata, B. A.（1994）Behavioral persistence and variability during extinction of self-injury maintained by escape. *Journal of Applied Behavior Analysis, 27*, 173-174.

Jones, M. C.（1924）A laboratory study of fear: The case of Peter. *The Pedagogical Seminary, 31*, 308-315.

Köhler, W.（1948）The mentality of apes, 1917. In W. Dennis (Ed.), *Century psychology series. Readings in the history of psychology*. Appleton-Century-Crofts. pp. 497-505.

Myers, D. G.（2013）*Psychology,* Tenth Edition. New York: Worth Publishers.

中島定彦（2020）学習と言語の心理学　昭和堂

日本行動分析学会（2015）「体罰」に反対する声明　行動分析学研究, 29, 96-107.

Pavlov, I.P.（1927）*Conditioned reflexes* (G.V. Anrep, Trans.). London: Oxford University Press.

Skinner, B. F.（1938）*The behavior of organisms: An experimental analysis*. New York: Appleton-Century-Crofts.

Skinner, B. F.（1954）The science of learning and the art of teaching. *Harvard Educational Review, 24*, 86-97.

鈴木伸一・神村栄一（2005）実践家のための認知行動療法テクニックガイド—行動変容と認知変容のためのキーポイント—　北大路書房

Thorndike, E. L.（1898）Animal intelligence: an experimental study of the associative processes in animals. *The Psychological Review: Monograph Supplements, 2*.

Tolman, E. C.（1948）. Cognitive maps in rats and men. *Psychological Review, 55*, 189-208.

Tolman, E. C., & Honzik, C. H.（1930）. Introduction and removal of reward, and maze performance in rats. *University of California Publications in Psychology, 4,* 257-275.

Watson, J. B., & Rayner, R.（1920）Conditioned emotional reactions. *Journal of experimental psychology, 3,* 1-14.

吉野俊彦（2015）反応抑制手続きとしての弱化―自己矛盾の行動随伴性― 行動分析学研究, 29, 108-118.

【第 10 章】

Cheon, S. H., Reeve, J., Lee, Y., & Lee, J.-w.（2018）Why autonomy-supportive interventions work: Explaining the professional development of teachers' motivating style. *Teaching and Teacher Education, 69,* 43-51.

Dweck, C. S.（2006）*Mindset: The new psychology of success.* New York: Random House.

Eccles, J. S., & Wigfield, A.（2002）Motivational beliefs, values, and goals. *Annual Review of Psychology, 53,* 109-132.

Elliot, A. J., & McGregor, H. A.（2001）A 2 × 2 achievement goal framework. *Journal of Personality and Social Psychology, 80,* 501-519.

Harackiewicz, J. M., Canning, E. A., Tibbetts, Y., Priniski, S. J., & Hyde, J. S.（2016）Closing achievement gaps with a utility-value intervention: Disentangling race and social class. *Journal of Personality and Social Psychology, 111,* 745-765.

Harackiewicz, J. M., Rozek, C. S., Hulleman, C. S., & Hyde, J. S.（2012）Helping parents to motivate adolescents in mathematics and science: An experimental test of a utility-value intervention. *Psychological Science, 23,* 899-906.

速水敏彦（2012）感情的動機づけ理論―やる気の素顔― ナカニシヤ出版

Hecht, C. A., Grande, M. R., & Harackiewicz, J. M.（2021）The role of utility value in promoting interest development. *Motivation Science, 7,* 1-20.

Hulleman, C. S., & Harackiewicz, J. M.（2009）Promoting interest and performance in high school science classes. *Science, 326* (5958), 1410-1412.

鹿毛雅治（2013）学習意欲の理論―動機づけの教育心理学― 金子書房

Kamins, M. L., & Dweck, C. S.（1999）Person versus process praise and criticism: implications for contingent self-worth and coping. *Developmental Psychology, 35,* 835-847.

解良優基・中谷素之・梅本貴豊・中西満悠・柳澤香那子（2016）利用価値介入が大学生の課題価値の認知に及ぼす影響 日本教育工学会論文誌, 40, 57-60.

Lazowski, R. A., & Hulleman, C. S.（2016）Motivation interventions in education: A meta-analytic review. *Review of Educational Research, 86,* 602-640.

Murayama, K., & Elliot, A. J.（2011）Achievement motivation and memory: Achievement goals differentially influence immediate and delayed remember-know recognition memory. *Personality and Social Psychology Bulletin, 37,* 1339-1348.

Murayama, K. & Elliot, A. J.（2012）The competition-performance relation: A meta-analytic review and test of the opposing processes model of competition and performance. *Psychological Bulletin, 138,*

1035-1070.

Ohtani, K., Murayama, K., Ishii, R., Fukuzumi, N., Ishikawa, S., Sakaki, M., Suzuki, T., & Tanaka, A.（2020）Parental motivational perseverance predicts adolescents' depressive symptoms: An intergenerational analysis with actor-partner interdependence model. *Journal of Youth and Adolescence, 49,* 212-227.

大谷和大・中谷素之・伊藤崇達・岡田　涼（2012）学級の目標構造は自己価値の随伴性の効果を調整するか―内発的興味と自己調整学習方略に及ぼす影響―　教育心理学研究, *60,* 355-366.

岡田　涼（2017）教師の自律性支援−統制の有効性認知に関する研究―学校種，教職経験年数，教師効力感との関連から―　香川大学教育実践総合研究, *35,* 27-37.

Reeve, J., & Jang, H.（2006）What teachers say and do to support students' autonomy during a learning activity. *Journal of Educational Psychology, 98,* 209-218.

Reeve, J., Jang, H., Carrell, D., Jeon., S., & Barch, J.（2004）Enhancing students' engagement by increasing teachers' autonomy support. *Motivation and Emotion, 28,* 147-169.

Reeve, J.（2016）Autonomy-supportive teaching: What it is, how to do it. In W. C. Liu, J. C. K. Wang, & R. M. Ryan (Eds.), *Building autonomous learners: Perspectives from research and practice using self-determination theory*. Singapore: Springer. pp.129-152.

Perez, T., Cromley, J. G., & Kaplan, A.（2014）The role of identity development, values, and costs in college STEM retention. *Journal of Educational Psychology, 106,* 315-329.

Robinson, K. A., Lee, Y.-k., Bovee, E. A., Perez, T., Walton, S. P., Briedis, D., & Linnenbrink-Garcia, L.（2019）Motivation in transition: Development and roles of expectancy, task values, and costs in early college engineering. *Journal of Educational Psychology, 111,* 1081-1102.

Ryan, R. M., & Deci, E. L.（2000）Intrinsic and extrinsic motivations: Classic definitions and new directions. *Contemporary Educational Psychology, 25,* 54-67.

Simpkins, S. D., Davis-Kean, P. E., & Eccles, J. S.（2006）Math and science motivation: A longitudinal examination of the links between choices and beliefs. *Developmental Psychology, 42,* 70-83.

Tracey, D., Morin, A. J. S., Pekrun, R., Arens, A. K., Murayama, K., Lichtenfeld, S., Frenzel, A. C., Goetz, T., & Maïano, C.（2020）Mathematics motivation in students with low cognitive ability: A longitudinal study of motivation and relations with effort, self-regulation, and grades. *American Journal on Intellectual and Developmental Disabilities, 125,* 125-147.

Van Yperen, N. W., Blaga, M., & Postmes, T.（2014）A meta-analysis of self-reported achievement goals and nonself-report performance across three achievement domains (work, sports, and education). *PLoS ONE, 9*: e93594.

Wigfield, A., & Eccles, J. S.（2000）Expectancy-value theory of achievement motivation. *Contemporary Educational Psychology, 25,* 68-81.

山田剛史・村井潤一郎（2004）よくわかる心理統計　ミネルヴァ書房

Yeager, D. S., Hanselman, P., Walton, G. M., ... Dweck, C. S.（2019）A national experiment reveals where a growth mindset improves achievement. *Nature, 573,* 364-369.

【第 11 章】

Atkinson, R. C., & Shiffrin, R. M.（1968）Human memory: A proposed system and its control processes. In K. W. Spence & J. T. Spence, *The psychology of learning and motivation: II*. New York: Academic Press.

Ausubel, D. P.（1960）The use of advance organizers in the learning and retention of meaningful verbal material. *Journal of Educational Psychology, 51*, 267-272.

Baddeley, A.（1986）*Working memory*. Oxford: Clarendon Press/Oxford University Press.

Baddeley, A.（2000）The episodic buffer: A new component of working memory? *Trends in Cognitive Sciences, 4*, 417-423.

Brady, T. F., Konkle, T., & Alvarez, G. A.（2011）A review of visual memory capacity: Beyond individual items and toward structured representations. *Journal of Vision, 11*, Article 4.

Collins, A. M., & Loftus, E. F.（1975）A spreading-activation theory of semantic processing. *Psychological Review, 82*, 407-428.

Collins, A. M., & Quillian, M. R.（1969）Retrieval time from semantic memory. *Journal of Verbal Learning & Verbal Behavior, 8*, 240-247.

Ebbinghaus, H.（1885）*Memory: A contribution to experimental psychology*. Translated by Henry A. Ruger & Clara E. Bussenius（1913）Originally published in New York by Teachers College, Columbia University.

Ebbinghaus, H. E.（1885/1964）*Memory: A contribution to experimental psychology* In A. H. Ruger & C. E. Buseenius (Trans.). New York: Dover. 宇津木 保・望月 衛（訳）（1978）記憶について—実験心理学への貢献—誠信書房

Glanzer, M., & Cunitz, A. R.（1966）Two storage mechanisms in free recall. *Journal of Verbal Learning & Verbal Behavior, 5*, 351-360.

Radvansky, G. A.（2017）Human Memory (English Edition) 3rd. Routledge. 川崎惠里子（監訳）（2021）記憶の心理学—基礎と応用—　誠信書房

Miller, G. A.（1956）The magical number seven, plus or minus two: Some limits on our capacity for processing information. *Psychological Review, 63*, 81-97.

【第 12 章】

中央教育審議会（2013）初等中等教育における当面の教育課程及び指導の充実・改善方策について（答申）https://www.mext.go.jp/b_menu/shingi/chukyo/chukyo0/toushin/f_03100701.htm（2021年 9 月 10 日閲覧）

中央教育審議会（2016）幼稚園，小学校，中学校，高等学校及び特別支援学校の学習指導要領等の改善及び必要な方策等について（答申）http://www.mext.go.jp/b_menu/shingi/chukyo/chukyo0/toushin/__icsFiles/afieldfile/2017/01/10/1380902_0.pdf（2021年 9 月 10 日閲覧）

大六一志（2019a）改訂新版　障害児・障害者のためのアセスメント技法 2 —検査法—　大六一志・山中克夫　障害児・障害者心理学特論—福祉分野に関する理論と支援の展開—　放送大学教育振興会　pp.70-85.

大六一志（2019b）知能検査　津川律子・遠藤裕乃（編）心理的アセスメント　遠見書房

pp.109-120.

Flanagan, D. P., & Kaufman, A. S.（2009）*Essentials of WISC-IV Assessment* (2nd Ed.). Hoboken, NJ: Wiley. 上野一彦（監訳）（2014）エッセンシャルズ WISC-Ⅳ による心理アセスメント　日本文化科学社

Gardner，H.（1999）*Intelligence reframed: Multiple intelligences for the 21st century*. New York: Basic Books. 松村暢隆（訳）（2001）MI —個性を生かす多重知能の理論—　新曜社

本田由紀（2020）教育は何を評価してきたのか　岩波書店

市川伸一（2002）学力低下論争　筑摩書房

勝田守一（1972）学力とは何か（一）　勝田守一　勝田守一著作集　第四巻—人間形成と教育—　国土社　pp.365-379.

Kaufman, A.S., & Kaufman, N.L. (1983). *Kaufman Assessment Battery for Children*. Circle Pines, MN: American Guidance Service.

Kaufman, A. S., Lichtenberger, E. O., Fletcher-Janzen, E., & Kaufman, N. L.（2005）*Essentials of KABC-II assessment*. Hoboken, NJ: Wiley. 藤田和弘・石隈利紀・青山真二・服部 環・熊谷恵子・小野純平（監修）（2014）エッセンシャルズ KABC-II による心理アセスメントの要点　丸善出版

国立教育政策研究所（編）（2017）TIMSS2015 算数・数学教育 / 理科教育の国際比較　明石書店

国立教育政策研究所（2018）知識・活用を一体的に問う調査問題の在り方について　https://www.nier.go.jp/kaihatsu/zenkokugakuryoku_sakuseihoushin_2019/mondai_arikata.pdf（2021 年 9 月 10 日閲覧）

国立教育政策研究所（2019）生きるための知識と技能 7 OECD 生徒の学習到達度調査（PISA）— 2018 年調査国際結果報告書—　明石書店

三好一英・服部環（2010）海外における知能研究と CHC 理論　筑波大学心理学研究, *40*, 1-7.

中村淳子・大川一郎（2003）田中ビネー知能検査開発の歴史　立命館人間科学研究, *6*, 93-111.

日本テスト学会（編）（2010）見直そう，テストを支える基本の技術と教育　金子書房

野﨑剛毅（2006）学習指導要領の歴史と教育意識　國學院短期大学紀要, *23*, 151-171.

Rychen, D.（2016）Education 2030: Key Competencies for the future. https://www.oecd.org/education/2030/E2030-CONCEPTUAL-FRAMEWORK-KEY-COMPETENCIES-FOR-2030.pdf（2021 年 9 月 10 日閲覧）

Rychen, D. S., & Salganik, L. H.（2003）*Key competencies for a successful life and a well-functioning society*. Cambridge, MA: Hogrefe & Huber. 立田慶裕（監訳）（2006）キー・コンピテンシー—国際標準の学力をめざして—　明石書店

白井 俊（2020）OECD Education2030 プロジェクトが描く教育の未来—エージェンシー，資質・能力とカリキュラム—　ミネルヴァ書房

Sternberg, R. J.（1996）*Successful intelligence: How Practical and Creative Intelligence Determines Success in Life*. New York: Simon & Schuster. 小此木啓吾・遠藤公美恵（訳）（1998）知脳革命　潮出版社

鈴木朋子（2018）田中教育研究所における知能検査の継承—大川一郎・中村淳子へのインタビューから—　横浜国立大学教育学部紀要 I：教育科学, *1*, 95-112.

田中耕治・水原克敏・三石初雄・西岡加名恵（2018）新しい時代の教育課程〈第 4 版〉　有斐閣アルマ

上野一彦・松田 修・小林 玄・木下智子（2015）日本版 WISC-Ⅳによる発達障害のアセスメント—代表的な指標パターンの解釈と事例紹介— 日本文化科学社

【第 13 章】

安彦忠彦（2014）「コンピテンシー・ベース」を超える授業づくり 図書文化社

Aronson, E., & Patnoe, S.（2011）*Cooperation in the classroom: The Jigsaw Method*. London: Pinter & martin Ltd. 昭和女子大学教育研究会（訳）（2016）ジグソー法ってなに？—みんなが協同する授業— 丸善プラネット

Barkley, E. F., Cross, K. P., & Major, C. H.（2005）*Collaborative learning techniques: A handbook for college faculty*. San Francisco, CA: Jossey-Bass. 安永悟（監訳）（2009） 協同学習の技法—大学教育の手引き— ナカニシヤ出版

Brown, J. S., Colling, A., & Duguid, P.（1989）Situated cognition and the culture of learning. *Educational Researcher, 18,* 32-42.

Bruffee, K. A.（1999）*Collaborative learning: Higher education, interdependence, and the authority of knowledge* (2nd ed.). Baltimore, MD: Johns Hopkins University Press.

Bruner, J. S.（1961）The act of discovery. *Harvard Educational Review, 31,* 21-32.

中央教育審議会（2016）幼稚園，小学校，中学校，高等学校及び特別支援学校の学習指導要領等の改善及び必要な方策等について（答申）https://www.mext.go.jp/b_menu/shingi/chukyo/chukyo0/toushin/__icsFiles/afieldfile/2017/01/10/1380902_0.pdf（2021 年 9 月 10 日閲覧）

Davidson, N., & Major, C. H.（2014）Boundary crossings: Cooperative learning, collaborative learning, and problem-based learning. *Journal on Excellence in College Teaching, 25,* 7-55.

Dewey, J.（1916）*Democracy and education: An introduction to the philosophy of education*. New York: Macmillan.

波多野誼余夫（1996）認知心理学—学習と発達— 東京大学出版会

Jacobs, G. M.（2015）Collaborative learning or cooperative learning? The name is not important; flexibility is. *Online Submission, Beyond Words, 3,* 32-52. http://journal.wima.ac.id/index.php/BW/article/view/676/675.

Johnson, D. W., Johnson, R. T., & Holubec, E. J.（2002）Circles of learning: Cooperation in the classroom (5th ed.). Edina, MN: Interaction Book Company. 石田裕久・梅原巳代子（訳）（2010） 学習の輪—学び合いの協同教育入門— 二瓶社

北澤 武（2019）構成主義と構築主義 大島 純・千代西尾祐司（編） 主体的・対話的で深い学びに導く学習科学ガイドブック 北大路書房 pp.29-31.

久保田賢一（1995）教授・学習理論の哲学的前提—パラダイム論の視点から— 日本教育工学雑誌, *18,* 219-231.

Lave, J. & Wenger, E.（1991）*Situated Learning: Legitimate peripheral participation*. Cambridge: Cambridge University Press. 佐伯 胖（訳）（1993）状況に埋め込まれた学習—正統的周辺参加— 産業図書

Long, M., Wood, C., Littleton, K., Passenger, T., & Sheehy, K.（2010）*The Psychology of Education* (2nd ed.). London: Routledge.

三宅なほみ・齊藤萌木・飯窪真也・利根川太郎（2011）学習者中心型授業へのアプローチ―知識構成型ジグソー法を軸に― 東京大学大学院教育学研究科紀要, *51*, 441-458.

文部科学省（2017a）新しい学習指導要領の考え方―中央教育審議会における議論から改訂そして実施へ― https://www.mext.go.jp/a_menu/shotou/new-cs/__icsFiles/afieldfile/2017/09/28/1396716_1.pdf（2021年9月10日閲覧）

文部科学省（2017b）平成29・30年改訂学習指導要領のくわしい内容 https://www.mext.go.jp/a_menu/shotou/new-cs/1383986.htm（2021年9月10日閲覧）

森本康彦（2008）eポートフォリオの理論と実際 教育システム情報学会誌, *25*, 245-263.

Oxford, R. L.（1997）Cooperative learning, collaborative learning, and interaction: Three communicative strands in the language classroom. *The Modern Language Journal, 81*, 443-456.

Palincsar, A. S., & Brown, A. L.（1984）Reciprocal teaching of comprehension-fostering and comprehension-monitoring activities. *Cognition and Instruction, 1*, 117-175.

Phillips, J. D.（1948）Report on discussion 66. *Adult Education Journal, 7,* 181-182.

Piaget, J.（1964）Part I: Cognitive development in children: Piaget development and learning. *Journal of research in science teaching, 2*, 176-186. 芳賀 純（訳）（1979）発達と学習の条件 誠信書房

Piaget, J.（1970）*Genetic epistemology* (E. Duckworth, Trans.). New York: Columbia University Press. 芳賀 純（訳）（1987）発生的認識論 評論社

関田一彦・安永 悟（2005）協同学習の定義と関連用語の整理 協同と教育, *1*, 10-17.

塩田芳久（1967）学級集団の研究V―課題によるバズ学習の指導― 名古屋大學教育學部紀要（教育心理学科）, *14*, 121-132.

Upham, P., Carney, S., & Klapper, R.（2014）Scaffolding, software and scenarios: Applying Bruner's learning theory to energy scenario development with the public. *Technological Forecasting and Social Change, 81*, 131-142.

Vygotsky, L. S.（1987）Thinking and speech. In R. W. Rieber & A. S. Carton（Eds.）, *The collected works of L.S. Vygotsky, Volume 1: Problems of general psychology*. New York: Plenum Press. pp.39-285.（Original work published 1934）

Wood, D., Bruner, J. S., & Ross, G.（1976）The role of tutoring in problem solving. *Journal of Child Psychology and Psychiatry, 17*, 89-100.

【第14章】

Allport, F. H.（1924）*Social psychology*. Boston: Houghton Mifflin.

蘭 千壽・武市 進・小出俊雄（1996）教師の学級づくり 蘭 千壽・古城和敬（編）対人行動学研究シリーズ2 教師と教育集団の心理 誠信書房 pp.77-128.

Asch, S. E.（1951）Effects of group pressure upon the modification and distortion of judgements. In H. Guetzkow (Ed.), *Groups, leadership and men*. Pittsburgh, PA: Carnegie Press. pp.177-190.

Bronfenbrenner, U., & Ceci, S. J.（1994）Nature-nuture reconceptualized in developmental perspective: A bioecological model. *Psychological Review, 101,* 568-586.

Bronfenbrenner U., & Morris, P. A.（2006）The bioecological model of human development. In R. M. Lerner (Ed.), *Theoretical models of human development. Volume 1 of the Handbook of child psychology* (6th ed.). Hoboken, NJ: Wiley. pp.793-828.

Brophy, J. E., & Good, T. L.（1974）*Teacher-student relationships: Causes and consequences.* New York: Holt, Rinehart & Winston.

Costanzo, P. R., & Shaw, M. E.（1966）Conformity as a function of age level. *Child Development, 37,* 967-975.

Deutsch, M., & Gerard, H. B.（1955）A study of normative and informational social influences on individual judgement. *Journal of Abnormal and Social psychology, 51,* 629-636.

Doyle, W.（1986）Classroom organization and management. In M. C. Wittrock (Ed.), *Handbook of research on teaching* (3rd ed.). New York: Macmillan.

Engel, G. L.（1977）The need for a new medical model: a challenge for biomedicine. *Science, 196,* 129-136.

Festinger, L.（1954）A theory of social comparison processes. *Human Relations, 7,* 117-140.

Festinger, L., Schachter, S., & Back, K.（1950）*Social pressures in informal groups: A study of human factors in housing.* Stanford: Stanford University Press.

Freeman, L.（2004）*The development of social network analysis.* Vancouver, BC: Empirical Press.

Hamre, B. K., Pianta, R. C., Downer, J. T., DeCoster, J., Mashburn, A. J., Jones, S. M., Joshua L. Brown, Elise Cappella, Marc Atkins, Susan E. Rivers, Marc A. Brackett, & Hamagami, A.（2013）Teaching through interactions: Testing a developmental framework of teacher effectiveness in over 4,000 classrooms. *The Elementary School Journal, 113,* 461-487.

Hertel, G., Kerr, N. L., & Messé, L. A.（2000）Motivation gains in performance groups: Paradigmatic and theoretical developments on the Köhler effect. *Journal of Personality and Social Psychology, 79,* 580-601.

広田君美（1958）学級構造　波多野完治・沢田慶輔・鈴木 清・中野佐三・三好 稔（監）現代教育心理学大8　学級社会の心理　中山書店　pp.77-128.

伊藤亜矢子・松井 仁（2001）学級風土質問紙の作成　教育心理学研究, *49,* 449-457.

伊藤亜矢子・宇佐美慧（2017）新版中学生用学級風土尺度（Classroom Climate Inventory; CCI）の作成　教育心理学研究, *65,* 91-105.

Jackson, J. M.（1965）Structural characteristics of norms. In I. D. Steiner & M. Fishbein (Eds.), *Current studies in social psychology.* New York: Holt, Rinehart & Winston. pp.301-309.

Karau, S. J., & Williams, K. D.（1993）Social loafing: A meta-analytic review and theoretical integration. *Journal of Personality and Social Psychology, 65,* 681-706.

河村茂雄（1999）生徒の援助ニーズを把握するための尺度の開発（1）―学校生活満足度尺度（中学生用）の作成―　カウンセリング研究, *32,* 274-282.

河村茂雄（2006）学級づくりのためのQ-U入門　「楽しい学校生活を送るためのアンケート」活用ガイド　図書文化社

国立教育政策研究所（2015）平成25～26年度プロジェクト研究「少人数指導・少人数学級の効果に関する調査研究」調査研究報告書　学級規模が児童生徒の学力に与える影響とその過程 https://www.nier.go.jp/05_kenkyu_seika/pdf_seika/h26/0-1_all.pdf（2021年4月1日閲覧）

Latané, B., Williams, K., & Harkins, S.（1979）Many hands make light the work: The causes and consequences of social loafing. *Journal of Personality and Social Psychology, 37,* 822-832.

Lewin, K., Lippitt, R., & White, R. K.（1939）Patterns of aggressive behavior in experimentally created "social climates". *The Journal of Social Psychology, 10*, 271-299.

McGrath, J. E.（1984）*Groups: Interaction and performance* (Vol. 14). Englewood Cliffs, NJ: Prentice Hall.

三隅二不二・吉崎静夫・篠原しのぶ（1977）教師のリーダーシップ行動測定尺度の作成とその妥当性の研究　教育心理学研究, *25*, 157-166.

三隅二不二（1978）リーダーシップ行動の科学　有斐閣

文部科学省（2018a）中学校学習指導要領（平成 29 年告示）解説特別活動編　東洋館出版社

文部科学省（2018b）小学校学習指導要領（平成 29 年告示）解説特別活動編　東洋館出版社

文部科学省（2021）小学校における 35 人学級の実現／約 40 年ぶりの学級編制の標準の一律引下げ https://www.mext.go.jp/b_menu/activity/detail/2021/20210331.html（2021 年 4 月 1 日閲覧）

Moos, R. H.（1979）*Evaluating educational environments: Procedures, measures, findings and policy implications.* San Francisco, CA: Jossey-Bass.

Moreno, J. L.（1934）*Who shall survive? A new approach to the problem of human interrelations.* Beacon, NY: Beacon House.

Rosenthal, R., & Jacobson, L.（1968）Pygmalion in the classroom. *The Urban Review, 3*, 16-20.

Russell, J. A.（1980）A circumplex model of affect. *Journal of Personality and Social Psychology, 39*, 1161-1178.

佐藤静一・篠原弘章（1976）学級担任教師の PM 式指導類型が学級意識及び学級雰囲気に及ぼす効果―数量化理論第Ⅱ類による検討―　教育心理学研究, *24*, 235-246.

Tuckman, B. W.（1965）Developmental sequence in small groups. *Psychological Bulletin, 63*, 384-399.

Tuckman, B. W., & Jensen, M. A. (1977). Stages of small-group development revisited. *Group and Organization Studies, 2*, 419-427.

山口裕幸（2021）集団　子安増生・丹野義彦・箱田裕司（監）　有斐閣 現代心理学辞典　有斐閣 p.345.

柳井 修・浜名外喜男（1979）学級の出会い　小川一夫（編）学級経営の心理学　北大路書房 pp.1-24.

保田直美（2016）小学校の学級活動で用いられる技術の変遷―学校は心理学的な技術をどのように受容するか―　佛教大学教育学部学会紀要, *15*, 37-55.

吉田道雄（2001）人間理解のグループダイナミックス　ナカニシヤ出版

【第 15 章】

天野正輝（1993）教育評価史研究―教育実践における評価論の系譜―　東信堂　pp.209-210.

Bloom, B. S., Hastings, T. H., & Madaus, G. F.（1971）*Handbook on formative and summative evaluation of student learning.* New York: McGraw-Hill. 梶田叡一・渋谷憲一・藤田恵璽（訳）（1973）教育評価法ハンドブック　第一法規

中央教育審議会初等中等教育分科会教育課程部会（2019）「児童生徒の学習評価の在り方について（報告）」平成 31 年 1 月 21 日　https://www.mext.go.jp/component/b_menu/shingi/toushin/__icsFiles/afieldfile/2019/04/17/1415602_1_1_1.pdf（2021 年 9 月 10 日閲覧）

藤澤伸介（2002）ごまかし勉強（上）―学力低下を助長するシステム― 新潮社

藤澤伸介（2017）学力テストの実施法 藤澤伸介（編）探求！教育心理学の世界 新潮社 pp.202-203.

Hattie, J.（2009）*Visible learning: A synthesis of over 800 meta-analyses relating to achievement.* London: Routledge, Taylor & Francis.

平田知美（2008）「発達の最近接領域」の評価に関する実践的研究―算数授業におけるダイナミック・アセスメントの試み― 教育方法学研究, *33*, 13-24.

石田恒好（2020）学習指導要領と指導要録 指導と評価, *784*, 6-8.

文部科学省（2010）「児童生徒の学習評価の在り方について（報告）」https://www.mext.go.jp/b_menu/shingi/chukyo/chukyo3/004/gaiyou/attach/1292216.htm（2021 年 9 月 10 日閲覧）

文部科学省（2019）「小学校，中学校，高等学校及び特別支援教育学校等における児童生徒の学習評価及び指導要録の改善等について（通知）平成 31 年 3 月 29 日」https://www.mext.go.jp/b_menu/hakusho/nc/1415169.htm（2021 年 9 月 10 日閲覧）

奈須正裕（1996）「みとり」―子どもへのまなざしとしての評価― 若き認知心理学者の会（編）認知心理学者教育評価を語る 北大路書房 pp.162-171.

西岡加名恵（編）（2016）「資質・能力」を育てるパフォーマンス評価―アクティブ・ラーニングをどう充実させるか― 明治図書出版

佐久間 大・吉井拓哉・室田真男（2016）総合的な学習の時間における教師の形成的フィードバックの分類 日本教育工学会論文誌, *40*, 57-74.

佐藤康司（2002）授業を創る教育評価 宇野 忍（編） 授業に学び授業を創る 教育心理学 第 2 版 中央法規 pp.279-307.

Schunk, D. H., & Zimmerman, B. J. (Eds.).（1998）*Self-regulated learning: From teaching to self-reflective practice.* New York: Guilford Press.

鈴木 豪（2013）小・中学生の学習観とその学年間の差異―学校移行期の変化および学習方略との関連― 教育心理学研究, *61*, 17-31.

鈴木雅之（2011）テスト観とテスト接近 - 回避傾向が学習方略に及ぼす影響―有能感を調整変数として― テスト学会誌, *7*, 52-65.

鈴木雅之（2012）教師のテスト運用方法と学習者のテスト観の関連―インフォームドアセスメントとテスト内容に着目して― 教育心理学研究, *60*, 272-284.

田中耕治（2008）教育評価 岩波書店

山口 剛（1986）児童・生徒におけるストレス徴候と学習成績に対する親・子の意識および態度との関連性について 佐賀大学教育学部研究論文集, *34*, 1-15.

von der Embse, N. P., Jester, D., Roy, D., & Post, J.（2018）Test anxiety predictors, correlates, and effects: A 28-year meta-analytic review. *Journal of Affective Disorders*, *227*, 483-493.

人名索引

事項索引

あとがき

　大学の教職課程が抱える大きな課題として，①学問的側面が過度に強調され，大学教員の研究的関心に偏った授業が展開される傾向にあること，②学校現場の課題が複雑・多様化する中で，実践的指導力や課題への対応力が十分に修得されていないことなどがこれまで指摘されてきた。こうした状況のもと，大学の教職課程で共通的に修得すべき資質能力を明確化し，教員養成の全国的な水準を確保することを目的として，「教職課程コアカリキュラム」が作成され，それに則った新たな教職課程が実施されることとなった。現在，各大学では，教職課程コアカリキュラムの定める内容を土台として，地域や学校現場のニーズに対応する教育内容や大学の自主性・独自性を発揮する教育内容を加味した体系的な教職課程を編成することが求められている。

　教育心理学は，新たな教職課程では「教育の基礎的理解に関する科目」に属しており，「幼児，児童及び生徒の心身の発達及び学習の過程」に関する内容を扱う。教育心理学のコアカリキュラムについては，全体目標として，「幼児，児童及び生徒の心身の発達及び学習の過程について，基礎的な知識を身につけ，各発達段階における心理的特性を踏まえた学習活動を支える指導の基礎となる考え方を理解する」ことが掲げられている。また，「心身の発達の過程及び特徴を理解する」こと，「学習に関する基礎的知識を身に付け，発達を踏まえた学習を支える指導について基礎的な考え方を理解する」ことといった2つの一般目標があげられている。

　本書は，このコアカリキュラムの内容に準拠して，「発達」と「学習」の2部構成となっている。第1部の「発達」では，発達の諸要因・各段階，乳幼児期から青年期における身体・運動の発達，乳幼児期から児童期における言語の発達，胎児期から青年期初期における認知の発達，乳幼児期から青年期における社会性の発達，児童期から老年期おけるパーソナリティの発達，発達上の課題と問題行動について解説が行われている。第2部の「学習」では，行動主義

的学習理論，動機づけ理論とその応用，記憶のメカニズム，知能の構造と学力観，構成主義的学習理論とそれに基づく教育方法，学級集団の特徴・構造，教育評価（学習評価）の概要・実態について説明がなされている。これらの内容を学ぶことによって，教育心理学のコアカリキュラムに示された全体目標，一般目標，到達目標（一般目標の到達基準）が達成できるように本書は編集されている。

　本書の各章では，教育心理学の重要な理論や最新知見がわかりやすく紹介されているだけなく，それらを実際の学校現場でどのように活用したらよいかについて具体的な解説が行われている。教職課程では，理論と実践を融合することで，高い水準の教員を養成することが常に求められており，両側面を兼ね備えた本書は，そうした要望にも十分に応え得るものとなっている。現在，教職課程を履修している学生の方をはじめとして，教育心理学の理論と実践について再学習したいと考えている現職の先生方，さらには，教育場面における心理学的課題とその解決方法について興味・関心を持つ一般の方々に，ぜひお手にとっていただければ幸いである。

　新たな教職課程の開始から1年半が経過した昨秋，約8年の長い構想期間を経て，『学校現場で役立つ教育相談―教師をめざす人のために―』が発刊される運びとなった。おかげさまで，多くの方々に手に取ってご覧いただいており，編者として大変嬉しく思っている次第である。こうした状況も後押しとなり，このたび，「緩やかなシリーズ」として，新たに『学校現場で役立つ教育心理学―教師をめざす人のために―』が発刊されることとなった。共同編者の藤原先生には，改めて，教育心理学に精通した多くの先生方をご推薦いただいた。各執筆者の先生方には，理論と実践の両面に言及した原稿を作成していただき，心より感謝を申し上げたい。最後に，「緩やかなシリーズ」という願ってもないご提案をいただき，前書に引き続き，本書の企画・執筆・編集作業のすべてに深く関わっていただいた編集部の若森乾也氏，このような大変貴重な機会を再び与えていただいた代表取締役の奥野浩之氏に心より御礼を申し上げる。

　2021年　権現山公園のふもと，助け合いの日に

編者を代表して　谷口弘一

■ **執筆者一覧**（執筆順）────────────────────────────── ＊は編著者

谷口弘一＊　　（下関市立大学経済学部）………………………… 第1章，あとがき

藤原健志　　（新潟県立大学人間生活学部）………………… 第2章

大内晶子　　（常磐短期大学幼児教育保育学科）………… 第3章

金重利典　　（大阪総合保育大学）………………………… 第4章

谷口康祐　　（大阪総合保育大学）………………………… 第5章

藤原和政＊　　（長崎外国語大学外国語学部）………………… まえがき，第6章，

　　　　　　　　　　　　　　　　　　　　　　　　　　　第13章（共著）

石井　僚　　（奈良教育大学学校教育講座）………………… 第7章

川俣理恵　　（鈴鹿大学こども教育学部）………………… 第8章

村上達也　　（高知工科大学共通教育教室）………………… 第9章，第13章（共著）

大谷和大　　（北海道大学大学院教育学研究院）………… 第10章

西村多久磨　（福山市立大学教育学部）………………………… 第11章，第13章（共著）

鈴木雅之　　（横浜国立大学教育学部）………………………… 第12章

福住紀明　　（高知大学教育学部）………………………… 第13章（共著），第14章

野中陽一朗　（高知大学教育学部）………………………… 第15章

■ 編著者紹介 ─────────────────────────────

藤原和政（ふじわら・かずまさ）

2015 年　早稲田大学大学院教育学研究科教育基礎学専攻博士後期課程修了

現　在　長崎外国語大学外国語学部准教授　博士（教育学）

〈主著・論文〉

　学校現場で役立つ教育相談―教師をめざす人のために―（共編著）北大路書房　2020
　　　年

　やさしくナビゲート！不登校への標準対応（共編著）ほんの森出版　2021 年

谷口弘一（たにぐち・ひろかず）

2001 年　広島大学大学院生物圏科学研究科博士課程後期修了

現　在　下関市立大学経済学部教授　博士（学術）

〈主著〉

　対人関係と適応の心理学―ストレス対処の理論と実践―（共編著）北大路書房　2006
　　　年

　対人関係のダークサイド（共編著）北大路書房　2008 年

　児童・生徒のサポートの互恵性と精神的健康　晃洋書房　2013 年

　教育・学校心理学―子どもの学びを支え，学校の課題に向きあう―（共編著）ミネルヴァ
　　　書房　2019 年

　学校現場で役立つ教育相談―教師をめざす人のために―（共編著）北大路書房　2020
　　　年

学校現場で役立つ

教育心理学

教師をめざす人のために

2021 年 12 月 10 日　初版第 1 刷印刷
2021 年 12 月 20 日　初版第 1 刷発行

定価はカバーに表示
してあります。

編著者	藤 原 和 政
	谷 口 弘 一
発行所	㈱北大路書房

〒 603-8303　京都市北区紫野十二坊町 12-8
電　話　(075) 4 3 1 - 0 3 6 1 ㈹
Ｆ Ａ Ｘ　(075) 4 3 1 - 9 3 9 3
振　替　0 1 0 5 0 - 4 - 2 0 8 3

編集・製作　本づくり工房　T.M.H.
装　幀　　　野田和浩
印刷・製本　(株) 太洋社

ISBN 978-4-7628-3179-9　C3011　Printed in Japan© 2021
検印省略　落丁・乱丁本はお取替えいたします。

学校現場で役立つ
教育相談：教師をめざす人のために

藤原和政，谷口弘一　編著
A5 判・296 頁・本体 2200 円＋税
ISBN978-4-7628-3125-6

目の前にいる子どもの抱える問題を理解するために，今日の学校現場で求められる教育相談について解説する。最新の研究知見と具体的な対応の両面を網羅して，教育相談の意義と課題，カウンセリングやアセスメント，子ども発達課題や問題行動，関係機関との連携のあり方などを論じる。
教職課程コアカリキュラムに準拠。

＊近刊　2022 年秋
『学校現場で役立つ 生徒指導・進路指導：教師をめざす人のために』
（藤原和政，谷口弘一　編著）